PAUL DE SÉMANT

Gaëtan Faradel

Champion

du

Tour du Monde

PARIS
ERNEST FLAMMARION, ÉDITEUR
26, RUE RACINE, 26

GAËTAN FARADEL

CHAMPION DU TOUR DU MONDE

ILS PARTIRENT A CHEVAL POUR REGAGNER LA VOIE FERRÉE. (Page 303.)

PAUL DE SÉMANT

GAËTAN FARADEL

Champion
du
Tour du Monde

PARIS
ERNEST FLAMMARION, ÉDITEUR
26, RUE RACINE, 26

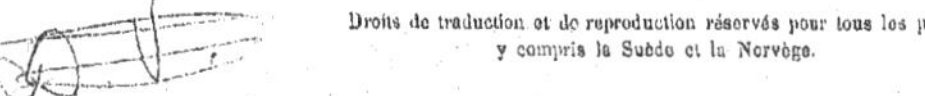

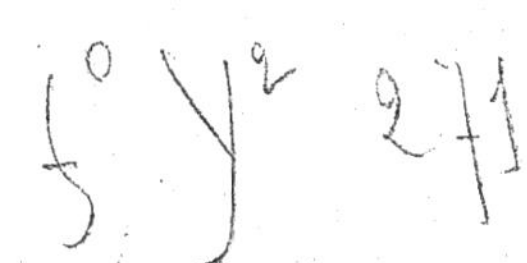

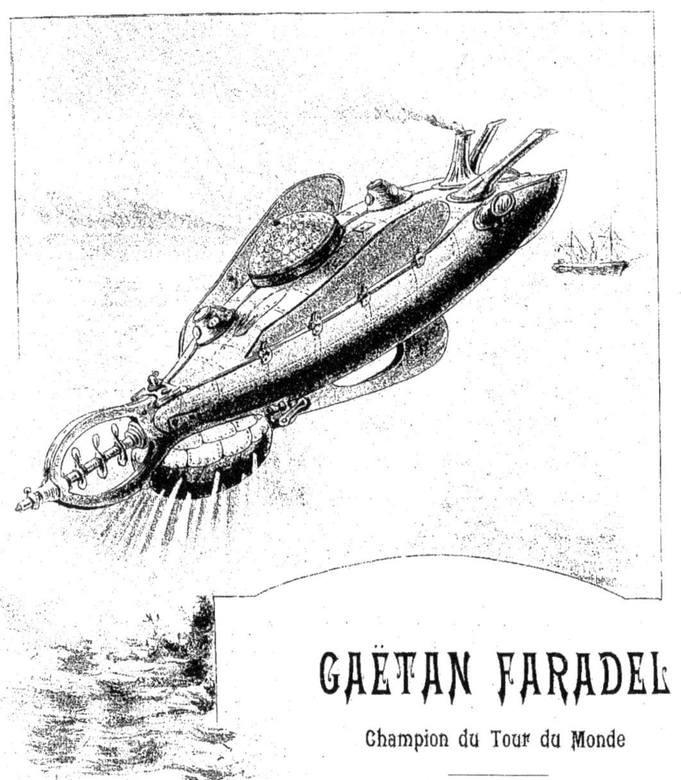

GAËTAN FARADEL

Champion du Tour du Monde

CHAPITRE PREMIER

Où il est démontré qu'un navigateur paisible a tout avantage à ne pas s'approcher trop près d'un combat naval.

Un matin, vers onze heures, le bureau central des télégraphes de la rue de Grenelle reçut de Zanzibar, *viâ* Suez et Brindisi, la longue dépêche suivante :

« Syndic faillite Société Coloniale française.

Paris.

« Gaëtan Faradel avise Syndic Société Coloniale que, après avoir, il y a cinq ans et six mois, appris à Monrovia déconfiture de la Société Coloniale dont, à l'époque, il était représentant pour l'Afrique, il a dû quitter précipitamment Monrovia par suite événements tout à fait indépendants de sa volonté. Depuis cette date, Faradel s'est trouvé en impossibilité absolue pouvoir donner nouvelles, attendu qu'il a été forcé traverser pédestrement, équestrement ou autrement l'Afrique du Cap à Zanzibar avec crochets multiples sur les lacs Tanganika et Nyanza. Revenu sain et sauf à la côte, il avise Syndic qu'il lui est dû fortes sommes pour commissions et appointements, et qu'il entend figurer sur liste créanciers. Convaincu que, étant donné la marche ultra-lente de justice française, opérations de liquidation sont toujours en suspens, Faradel requiert son inscription comme créancier à faillite Société Coloniale et, au surplus, rachèterait peut-être, si passif pas trop élevé, la généralité des créances. Donc, prière d'aviser de l'état d'actif et passif par télégramme adressé : Faradel, télégraphe restant, Port-Saïd, car embarquant ce jour à Zanzibar, serai prochainement Port-Saïd. Expédie d'autre part mandat télégraphique de mille francs en compte pour provision. Saluts empressés.

GAËTAN FARADEL. »

Le commis principal qui dirigeait la section télégraphique où parvint cette dépêche était un garçon bien coté dans l'administration. Il connaissait son service sur le bout du doigt et ne se fût pas permis la moindre initiative en matière d'interprétation des règlements.

— Syndic faillite Société Coloniale? murmura-t-il. C'est extrêmement vague ! Ce n'est pas une adresse, cela ! Il y a sûrement une vingtaine de syndics de faillite à Paris. Comment cet idiot d'expéditeur qui a nom Faradel veut-il que je m'y reconnaisse !... J'ai bien envie de faire un *retour à l'envoyeur pour cause d'insuffisance d'adresse !*

Pourtant, il était malgré lui très impressionné, en raison de l'importance même de la dépêche, et aussi par le billet de 1.000 francs, mandaté télégraphiquement par l'expéditeur.

Cela fit fléchir les rigides principes de sa conscience d'employé. Saisissant alors le Bottin, il y prit la liste des syndics de faillite et se livra à une opération postale qui révélait chez lui une dose réelle de génie.

La dépêche fut d'abord présentée au premier syndic... qui la refusa, car la Société Coloniale française n'avait pas le bonheur d'être sous sa coupe : la dépêche revint donc au bureau central. On l'envoya alors par poste et avec taxe de trois sous au deuxième syndic et... le résultat fut identique. Au troisième, même refus ! Bref, tous les syndics de la capitale refusèrent l'un après l'autre, et pour le même motif que le premier, la dépêche de Gaëtan Faradel.

Satisfait alors d'avoir accompli son devoir avec intelligence, le commis principal réexpédia le tout à Zanzibar avec cette mention : « Inconnu à toutes les adresses ».

Le lecteur ne s'étonnera donc pas en apprenant que Gaëtan Faradel attendit vainement, lors de son passage à Port-Saïd, la réponse qu'il réclamait, puisqu'à ce moment même les facteurs des postes suaient sang et eau à rechercher le destinataire de sa dépêche.

A vrai dire, il ne s'en étonna pas outre mesure, car depuis cinq ans et six mois qu'il vivait en pleine aventure, il avait eu tout le temps de se cuirasser de flegme en face des surprises de la vie. Du reste, les lecteurs qui ont suivi ses différents avatars, depuis son arrivée à bord du *Griffin* jusqu'à son installation chez Nioroh, roi des Ourondis, savent que le sang-froid et la belle humeur étaient les inséparables compagnons de ce brave garçon devenu par la force des circonstances *Explorateur malgré lui* (1).

— Ma foi ! Ça ne m'étonne qu'à demi ! dit-il donc à son ami Paul Hugueville qui l'avait accompagné au télégraphe. En effet, un syndic de faillite est, par essence, un être peu pressé. J'en serai quitte pour aller lui flanquer des sottises en arrivant à Paris.

Sur ce, ils reprirent la direction du quai pour se réembarquer sur l'*Albatros*, petit steamer qu'ils avaient frété à Zanzibar et qui les rapatriait sur France avec Bordeaux comme objectif.

1. Ces épisodes sont relatés dans *Gaëtan Faradel, explorateur malgré lui*. 1 vol. Flammarion, éditeur.

Or, comme ils arrivaient en vue de leur bateau, les deux camarades aperçurent le capitaine qui, du plus loin qu'il les vit, les héla en faisant de grands gestes d'appel.

— Hé! Messieurs! clamait-il avec un terrible accent bordelais. Dépêchez-vous! Hé! Nous n'avons plus que cinq minutes pour déguerpir! Hé! Dépêchez! Tonnerre de Bordeaux! Hé!

Gaëtan Faradel et Paul Hugueville prirent le pas gymnastique. Peu après ils étaient en nage et... à bord; et, sans plus tarder, le capitaine fit larguer les amarres.

— Ah! çà! mon brave monsieur Ladislas Pingou, dit alors Faradel en s'adressant au capitaine, me direz-vous pour quel motif vous nous imposâtes, à Hugueville et à moi, 300 mètres de trot accéléré sous un soleil à rissoler un nègre?

— Ordre supérieur! dit le capitaine. Le canal doit être libre pour laisser passer une escadre anglaise. Si nous n'avions pas pris la mer tout de suite, nous aurions dû rester vingt-quatre heures de plus à quai. Or, je n'ai que le temps, tout juste, d'arriver à Bordeaux dans le délai stipulé par nos conventions! Et je vais maintenant vous apprendre quelque chose qui va vous étonner, sans doute, hé! mais qui, j'en suis sûr, vous fera plaisir! hé! hé!

— Lancez-nous ça, dit Hugueville.

— La guerre est déclarée!

— La guerre?... Nous sommes en guerre avec l'Angleterre?... Tonnerre de sort!... Quelle veine!...

— Oh! mais non!... Pas nous!... Pas la France!

— Dommage!... Et qui donc?...

— Les États-Unis qui se sont alliés avec le Japon et veulent, paraît-il, à eux deux, frotter l'épine dorsale aux Anglais, hé! J'ai su cela tout à l'heure, pendant que vous étiez au télégraphe. La nouvelle est toute fraîche. Il paraît que ça mijotait depuis trois ou quatre jours : mais c'est officiel seulement depuis une heure. Et ma foi, hé! je ne l'ai su que par hasard : c'est le capitaine d'un navire de commerce anglais que je connais qui me l'a dit, hé! en passant, hé! C'était inévitable, conclut le capitaine. Depuis la solution de la guerre Russo-Japonaise, il était logique, fatal même, que ce serait bientôt le tour des Anglais d'entrer en lutte avec les petits Jaunes. Ça va chauffer dur, hé! plus dur même qu'avec les Russes!

Sur ce, il les quitta pour donner ses ordres, et l'*Albatros* se mit en route.

Une fois sorti du canal et après cinq minutes de marche, on arrivait en vue de l'escadre anglaise rangée en position d'attente. Un petit croiseur filait vivement dans sa direction, sans doute pour lui porter l'ordre de mise en route. Puis l'*Albatros* obliquant vers l'Ouest la perdit de vue, et Faradel se dirigea vers l'arrière où, sous un velum tendu, trois autres passagers causaient en prenant le café que venait de leur servir un négrillon vêtu à la mode arabe.

Ces trois passagers : un homme âgé déjà, un jeune garçon bien découplé et une jeune fille très belle étaient, tout comme Hugueville, les compagnons d'aventure de Faradel pendant les rudes années qu'il venait de passer en pleine Afrique. C'étaient un Français, le docteur d'Arvil et deux Sud-Africains, Mlle Jacqueline Pierson et son frère Jean Pierson, tous deux d'origine boër.

Quant au négrillon, il faisait, lui aussi, partie de la troupe. Recueilli dans la brousse africaine par le docteur d'Arvil, on l'avait baptisé *Jus-de-Réglisse* et transformé, depuis Zanzibar, en jeune domestique arabe.

En dehors de ces passagers et du fret leur appartenant, le capitaine Pingou (Ladislas) n'emportait aucune marchandise étrangère.

En station à Zanzibar où il venait de débarquer un chargement de cotonnades, de guinées et de verroterie, il s'apprêtait à partir *à l'aventure* à la recherche d'un fret, quand Faradel avait traité avec lui.

C'est que, indépendamment du personnel de son expédition, Gaëtan ramenait du centre africain un très important chargement d'or et d'ivoire ; et même un éléphant ou, pour mieux dire, une éléphante répondant au nom de *Fanoche*, que pour rien au monde il n'eût voulu abandonner. Or, aucun des grands steamers à belle vitesse n'avait voulu embarquer l'encombrant animal. Faradel avait donc dû se rabattre sur un petit transport à marche moyenne ; et c'est ainsi que l'*Albatros* se trouvait transformé pour l'instant en yacht particulier au service spécial de Faradel et de ses amis ; et que son pont, entre l'avant et le coffre de cuisine, avait pris un faux air de Jardin des Plantes grâce au box où Fanoche enchaînée avait, du reste, l'air de s'ennuyer terriblement.

Faradel annonça donc, à son tour, la nouvelle à ses amis.

— C'est bien regrettable, dit alors le docteur. Oui, c'est regrettable que le capitaine, désirant revenir à son port d'attache, n'ait pas voulu traiter pour Marseille. Le trajet eût été plus direct et plus court. Or, en temps de guerre navale, et bien que nous soyons des neutres, on ne sait pas ce qui peut arriver.

— Bah ! interrompit Jacqueline Pierson. Je veux croire que nos épreuves sont terminées. Qu'est-ce qu'un risque de quelques jours de plus après ce que nous avons déjà et si victorieusement traversé !

— Sans doute, dit Gaëtan. Et puis voulez-vous que je vous dise, docteur, ma pensée tout entière ? Eh bien ! je donnerais encore de bien bon cœur quelques billets de mille pour assister à une volée navale où les Anglais prendraient une bonne prise !

— Ce serait risquer d'en prendre une, soi-même !

— Mais non ! nous ne sommes pas belligérants. Nous avons bien le droit de regarder !

— Certes, mais les obus ne s'occupent pas toujours des nationalités : aussi, j'espère que nous n'aurons pas cette occasion, mon brave ami ! Nous sommes assez riches en aventures pour ne pas désirer ajouter un supplément à notre collection !

— A la grâce de Dieu ! dit en souriant Jacqueline.

Au reste, la traversée de la Méditerranée s'accomplit sans le moindre incident. En passant en vue de Malte, on put encore remarquer une escadrille anglaise qui semblait faire route vers l'Égypte ; mais on ne rencontra pas un seul navire, de guerre ou autre, battant pavillon américain. Des Japonais ? pas davantage !

L'*Albatros* gagna donc tranquillement le détroit de Gibraltar. Il le franchit comme le jour commençait à poindre et le capitaine Ladislas Pingou, qui avait le quart, venait de donner au timonier la nouvelle direction Nord-Nord-Ouest, quand une sourde détonation retentit dans cette direction !... Lointaine, certes, mais très perceptible. Quant à sa nature, il n'y avait pas à hésiter, c'était bien le bruit détonant d'une pièce de marine.

— Tonnerre de Gascogne ! Hé ! grogna Pingou. Est-ce que nous irions donner du bec dans une omelette anglo-américaine ? Hé !... Mon bateau est à moi ! Fichtre ! Et je ne voudrais pas qu'on en fasse une passoire !

Il réfléchit ; et les conseils de la prudence, unis à des principes très logiquement conservateurs en matière de propriété, déterminèrent chez lui une hésitation marquée.

Or, pendant que le digne capitaine se demandait s'il n'allait pas virer bout pour bout et mettre le cap sur Cadix pour attendre les événements, une autre détonation lui parvint... puis une autre... puis ensuite il y eut comme un roulement de tonnerre formé sans doute de plusieurs coups de canon qui mêlaient leurs ondes sonores.

— Ma foi ! dit-il alors tout haut... Je file !

Mais une voix qui, venant du pont, montait vers la passerelle, s'écria :

— Ah ! mais non ! Pas de bêtises ! mon cher monsieur Pingou ! Vous connaissez nos conventions. Nous devons être à Bordeaux le 24 juin à midi, dernier délai. Vous avez juste le temps !!! Les affaires sont les affaires... Si vous voulez toucher la forte somme, marchez sans dévier. Sans quoi, à l'arrivée, je vous colle un bon petit procès en dommages et intérêts.

Faradel, car c'était lui, ponctua sa phrase d'un large éclat de rire et conclut :

— *Go ahead,* comme ils disent. En avant, monsieur Pingou, forcez les feux et allons voir ces messieurs s'éternuer dans la figure !... Ça va être drôle !

— Que vous dites !... soupira le capitaine. Et si nous nous faisons démolir ?

— Je paie la casse !

— Possible !... Mais... si nous allons au fond de l'eau ?

— Allons donc ! Et puis vous savez nager ! Un bain froid en cette saison, c'est d'excellente hygiène !

— C'est parfait ! hé ! Mais, si nous coulons, votre or coule aussi ! hé ! Avec quoi paierez-vous, comme vous dites, la casse ?

— Je vous ferai observer, mon cher capitaine, que si nous coulions vous n'auriez plus à me réclamer la moindre casse, puisque, ni les uns, ni les autres, nous ne serions plus là. Mais nous ne coulerons pas ! En avant ! vous dis-je. Et souvenez-vous que vous portez Gaëtan Faradel et sa fortune !

— Allons ! soupira le marin. En tous cas, je vais tâcher de passer au large !

Et à regret, il maintint la direction tout en tirant un peu vers la gauche.

Cependant, au cours de ce colloque, le bruit de la bataille — car, évidemment, c'en était une — n'avait pas discontinué. On pouvait même constater qu'il semblait s'être sensiblement rapproché.

L'air, secoué, répercutait lourdement autour de l'*Albatros* les vibrations puissantes soufflées au loin par ces monstres destructeurs que sont les canons de marine.

Réveillés par le bruit, le docteur, Jacqueline, Jean Pierson, Hugueville et le négrillon venaient de monter sur la dunette.

Tout le monde, passagers et matelots, écoutait avec une anxiété compréhensible cette grande voix de la bataille qui roulait en volutes sur le moutonnement des flots.

Et soudain, comme le vent changea brusquement, la sonorité devint plus violente ; puis, sur la ligne d'horizon, deux silhouettes de croiseurs apparurent... bientôt suivies de celles des bâtiments ennemis.

— Les voilà !... Les voilà !... crièrent toutes les bouches.

— En même temps un violent désir de voir s'empara de tous, y compris, disons-le, Ladislas Pingou lui-même. On se précipita sur les lorgnettes, les matelots grimpèrent sur les coffres ; Hugueville et Faradel escaladèrent la passerelle ; et personne n'eut plus de regards ni de pensées que pour le spectacle unique, qui, maintenant, se déroulait au loin devant l'*Albatros*.

.   .   .   .

Sept navires anglais donnaient la chasse à deux croiseurs cuirassés américains. La partie, on le voit, n'était pas égale ! Pourtant, depuis une demi-heure que le premier coup de canon avait été tiré, l'*Oncle Sam* tenait vaillamment tête à *John Bull*.

Les poudres modernes, dites sans fumée, dégagent des vapeurs moins opaques que les anciennes poudres noires ; pourtant l'emplacement du combat baignait dans une buée blanchâtre et transparente, assimilable à un très léger brouillard. Les croiseurs pourchassés fuyaient à toute vitesse, mais en ripostant de toutes leurs pièces de position et de tous les engins mobiles de leur mâture.

Jusqu'alors, étant donné surtout la distance qui les séparait des combattants, les passagers de l'*Albatros* ne pouvaient, même à la lorgnette, constater de gros ravages ni dans un camp, ni dans l'autre. Du reste, beaucoup de projectiles se perdaient. La plupart tombaient à la mer en soulevant au-dessus des vagues glauques des panaches d'écume blanche.

Pourtant l'*Albatros* se rapprochait visiblement des escadres combattantes ; cela grâce au capitaine Ladislas qui, insoucieux maintenant du sort de son bateau, tout à l'emballement que ce spectacle évoquait en son âme d'ancien mathurin de la flotte, s'était emparé de la roue du gouvernail, et sans même s'en rendre un compte exact, avait mis le cap sur la bataille.

Et comme l'*Albatros* ne se trouvait plus guère qu'à deux milles, une catastrophe se produisit chez les Yankees.

Le dernier croiseur, celui qui était le plus en arrière, reçut une volée d'obus, qui, pour employer un terme spécial, *se plaça bien*. Le paquet de projectiles tombant sur le pont creva les cloisons, éclata dans les chaudières, et une violente explosion s'ensuivit. Elle fut même si violente que des petits débris de tôle arrivèrent quelques secondes plus tard jusque sur le pont de l'*Albatros*. Hugueville reçut un boulon sur son chapeau ; mais, au bout de sa vitesse, le morceau de fer ne produisit qu'un choc très relatif.

— Diable ! clama le camarade. Jus-de-Réglisse, va me chercher un parapluie !

Mais Jacqueline Pierson intervint :

— Docteur, dit-elle, vous aviez raison ; c'est tenter le destin que d'approcher ainsi. Monsieur Pingou, allons-nous-en ! Je ne suis pas poltronne, mais c'est égal ! Avancer de la sorte, c'est de la folie !... Nous...

Elle n'acheva pas, car une exclamation de Faradel coupa sa phrase.

Gaëtan clamait :

— Ils coulent ! Ah ! tonnerre !... Ils coulent !

Le croiseur coulait en effet !... Sans doute l'explosion de ses chaudières avait-elle produit au-dessous de la ligne de flottaison une voie d'eau. En tous cas, la catastrophe était manifeste : et les passagers de l'*Albatros*, empoignés de la plus intense émotion, assistèrent en moins de dix minutes à un drame épouvantable.

Voyant son camarade en danger, l'autre Américain avait stoppé ; puis, virant largement, il fonça sur la ligne d'attaque tout en tirant à outrance. Son but évident était de prendre à la remorque son compatriote en détresse ; mais cette tentative héroïque était en réalité une folie, car déjà l'arrière du navire touché se noyait. C'était, de plus, une faute grave au point de vue de la tactique navale, car l'opération était impossible à tenter sous le feu ennemi; et l'audacieux commandant risquait tout bonnement l'existence de son navire et la vie de son équipage.

En effet, l'ennemi exécuta un mouvement enveloppant, et ce fut dans un véritable cratère de flammes que disparurent les deux Américains.

On vit la mâture du premier s'enfoncer, puis disparaître : et le survivant, écrasé sous un feu implacable, son hélice brisée, ses mâts armés crevés à jour, se trouva immobilisé dans un cercle infranchissable.

Tout en continuant impitoyablement le feu, les Anglais hissèrent pourtant le signal *Rendez-vous !* mais le yankee négligea de répondre et maintint son tir comme il put. C'est alors que, pour briser cette héroïque résistance, l'amiral anglais envoya deux cuirassés aborder l'ennemi à l'éperon.

Ce fut court et terrible. L'Américain chavira et s'engloutit, tandis que des hurras de triomphe montaient dans l'espace, poussés par les matelots de l'escadre victorieuse.

— Ah! les brigands! Ils sont fiers à bon compte! gronda Faradel.

— Tu parles! Sept contre deux, ponctua Hugueville.

— Allons-nous-en! reprit Gaëtan, c'est écœurant de voir ça ! Nous ne nous battons pas comme ça en France !

Cependant, comme s'il eût été attiré par une fascination singulière, le capitaine Ladislas continuait à louvoyer autour du champ de bataille où les chaloupes anglaises recueillaient maintenant les survivants. Les passagers, eux aussi, continuèrent à contempler cette scène navrante, sans pouvoir en détacher leurs regards.

Puis, quand le sauvetage fut terminé, les navires anglais reprirent leur place de marche en escadre. Un ordre-signal fut donné à la fusée par le vaisseau-amiral et les vainqueurs, piquant droit vers le détroit de Gibraltar, disparurent.

Sur la mer, maintenant silencieuse, demeura seul un croiseur d'arrière-garde.

— Allons ! dit alors Faradel avec tristesse, cette fois, c'est bien fini ! filons sur Bordeaux !

Il allait descendre de la passerelle, quand, désignant un point de la surface opaline de la mer, Hugueville s'écria :

— Tiens ! regarde donc là-bas !... On dirait un gros poisson !

— Non pas ! interrompit vivement le capitaine Pingou. Ça brille comme de l'or, hé ! Ce doit être un torpilleur, car ce reflet métallique n'appartient pas, que je sache, à un cachalot où à une baleine !

— Mais non ! les torpilleurs sont peints en gris !

— Alors, qu'est-ce que cela peut-être ?

Ces exclamations se croisèrent et, de suite, les lorgnettes se braquèrent vers l'objet signalé.

A quelques centaines de mètres, une forme oblongue rasait le flot, et le soleil y plaquait des éclats analogues à ceux qu'il fait jaillir d'une surface de verre taillée à facettes. Mais on n'eut pas le temps d'examiner l'objet à loisir. *Cela* plongeait... On ne vit plus rien qu'un sillage sur la mer !...

L'*Albatros* passait à ce moment par le travers et à un kilomètre du croiseur anglais d'arrière-garde, et Faradel et ses amis, très intrigués, continuaient à fouiller de leurs lorgnettes la surface des vagues, quand, soudain, sur l'arrière de l'Anglais, un énorme bouillonnement d'eau se produisit. Il s'accompagna d'une détonation, pas très violente, mais sèche, cassante, assez analogue au bruit que ferait un fort chêne que la foudre casserait en deux d'un seul coup.

En même temps, l'arrière du croiseur anglais se soulevait, montrant une déchirure profonde en-dessous des tenons de son hélice. Il demeura dix secondes soulevé par la masse d'écume qui s'élevait, telle un geyser ; son avant avait piqué du nez, et des clameurs affolées montant de son bord emplirent l'air.

Puis, le même cataclysme se produisit sur son flanc gauche hors la vue de l'*Albatros*, et l'Anglais parut alors enlevé tout entier dans une montagne d'écume... Il retomba, couché sur sa tranche de tribord et disparut en cinq secondes !

.   .   .   .

Une épouvante tordait les faces de Faradel et de ses amis. Tous étaient blêmes. Cette vision de destruction foudroyante prenait pour eux, à cette minute, une forme hallucinante de cauchemar.

Devant cette force mystérieuse qui venait de briser en trente secondes une œuvre humaine colossale et patiente, devant cette puissance inconnue qui, d'un coup, engloutissait des centaines d'hommes en pleine force, une angoisse presque admirative les oppressait.

Dans le silence qui clouait leurs bouches, leur pensée à tous se tendait vers cet X formidable.

Qu'était-ce que cela, en effet ?... Une force humaine ? Non ! Vraiment cela ne semblait pas possible ! Et dans leur stupeur à tous, passa ce doute enfantin et terrifié qui vous pousse à admettre la réalité des plus monstrueux animaux des contes fabuleux ou des légendes dantesques.

Ils vécurent quelques instants sous l'impression de cette suggestion morale effarante et ne songèrent pas, tout d'abord, il faut l'avouer, aux naufragés qui peut-être se débattaient à cette minute dans l'écume encore floconnante, à ces malheureux qui peut-être allaient émerger en criant leur détresse. Et, du reste, un spectacle encore plus inattendu vint détourner leur attention tout en exacerbant leur stupeur primitive.

Le monstre..., l'animal... en un mot la *chose* que tout à l'heure avait signalé Hugueville, apparut à nouveau à gauche, à un kilomètre environ ; mais cette fois, elle ne flottait plus ! Seul son arrière disparaissait sous l'onde bouillonnante. Au contraire son corps, à teinte d'or fauve, allongé comme un fuseau et surmonté d'un dôme écrasé où le soleil plaquait des éclats, pointait en l'air une sorte de tête bizarre, armée de tubes qui semblaient des cornes tronquées. L'ensemble formait avec la mer un angle d'environ 30 degrés.

Puis, sur ses deux flancs, jaillirent soudain, ou plutôt s'épanouirent, deux plateaux métalliques horizontaux !... Et propulsé en l'air par on ne sait quelle puissance, l'animal... l'objet... le monstre ailé, partit... s'enleva... s'envola... avec une certaine vitesse.

A ce spectacle, un cri d'indicible surprise s'exhala de toutes les poitrines ! Faradel, nerveusement cramponné à la lisse de la passerelle, juste au-dessus du panneau de bâbord, suivait d'un regard affolé la gigantesque trajectoire de cette chose sans nom.

Elle s'éleva à 100 mètres environ, puis s'inclinant comme un véritable obus elle piqua vers la mer, juste dans la direction de l'*Albatros* !

— Diable ! hurla Hugueville. Ça va nous tomber sur le dos ! Gare aux bosses !

Et son cri détermina dans l'équipage une épouvante qui se manifesta par des exclamations effarées.

Le fait est que la situation était singulièrement impressionnante car la *chose* arrivait avec rapidité. Le ronflement produit par l'air qu'elle déplaçait au cours de son vol était formidable ; et l'instant parut si critique, la catastrophe si certaine, que Jacqueline Pierson se jeta à genoux en joignant les mains.

.   .   .   .

Mais le choc redouté n'eut pas lieu. Le monstre ne frappa point directement l'*Albatros*. Il s'abattit à dix mètres... pas plus ! Mais le déplacement atmosphérique, le jaillissement des vagues, la compression brusque imprimée subitement à la masse liquide créèrent autour du navire une tempête factice. L'*Albatros* pencha violemment sur tribord. Une lame formidable l'enleva et le couvrit un instant. Une masse d'écume s'abattit ensuite sur lui comme

une pluie, mais il reprit pourtant son équilibre après cinq minutes d'invraisemblable tangage !... Et quand les passagers que le choc avait jetés bas se
relevèrent, contusionnés mais sans blessures, ils constatèrent avec désespoir
que Faradel avait disparu !...

CHAPITRE II

Où Gaëtan Faradel entre en relations avec le capitaine Sizikah.

Oui, Faradel avait disparu!... Et cette terrifiante disparition une fois constatée, tout fut mis en œuvre à bord de l'*Albatros* pour tenter de retrouver le malheureux garçon.

Chose étrange! Ce fut Jacqueline Pierson qui fit en la circonstance preuve du plus grand sang-froid. Pourtant elle était sans conteste la plus directement touchée par la catastrophe. N'était-elle pas, en effet, la fiancée de Gaëtan? N'avaient-ils pas échangé là-bas, en plein centre africain, au cours de circonstances affreusement tragiques, l'aveu d'un chaste et profond amour? Puis, la période des aventures cruelles terminée, alors que le destin semblait vouloir leur sourire, riches, heureux, entourés d'affections frater-

3

nelles, ne voguaient-ils point en ce moment vers le bonheur ? Oui ! Quelques jours à peine les séparaient de cet instant si attendu, où, rentrés en France, l'amour échangé allait recevoir la sanction définitive d'un mariage d'amour ardemment désiré ! Et voici qu'une fatalité cruelle les séparait violemment... sans doute pour toujours !

Certes, cette dernière éventualité sembla bientôt la seule admissible; car les recherches dirigées d'abord avec un calme étrange par Jacqueline dont instinctivement tous — y compris le capitaine — subirent à cette minute l'ascendant; ces recherches, disons-nous, n'aboutirent qu'à cette constatation désolante que Gaëtan, projeté sans doute à la mer par le choc, avait dû être broyé par cette infernale machine, et que son cadavre mutilé devait probablement être, à l'heure actuelle, entraîné au loin par le remous.

On louvoya deux heures. On sonda les fonds comme on put. Résultat : néant.

Alors Jacqueline Pierson, sentant tout espoir perdu, défaillit. La réaction se produisit en elle. Sa volonté fléchit. Ses forces la trahirent... Elle s'évanouit...

Le docteur et Hugueville l'emportèrent à sa cabine; Jean Pierson les suivit en pleurant, et le capitaine Pingou, assombri, donna l'ordre de reprendre la direction du Nord.

L'*Albatros* repartit donc sans Faradel, mais avec onze passagers de plus, onze Anglais sauvés de la noyade au cours des recherches faites pour retrouver Gaëtan.

. . . .

Au demeurant, parmi les hypothèses émises au sujet du disparu, il en était une, celle de la chute, qui s'appliquait avec justesse à son cas; mais, à vrai dire, c'était la seule; car Faradel n'était pas mort !

Il avait bien été jeté par-dessus la barre de la passerelle, et c'était bien la lame furieuse soulevée par la chute du monstre qui l'avait enlevé ni plus ni moins qu'un bouchon de liège.

Gaëtan se trouva donc subitement, et sans savoir pourquoi ni comment, la proie d'un remous si violent qu'il se sentit tourner sur lui-même comme une toupie. Cela dura quelques secondes à peine; puis, notre camarade ressentit tout à coup un choc violent sur tout le corps, et, à ce moment, il perdit connaissance.

.   .   .   .

Depuis l'instant de sa chute, jusqu'à celui du choc, il ne s'était guère écoulé que quelques secondes. Combien de temps dura ensuite son évanouissement, il ne le sut que plus tard !

Toujours est-il que lorsque Faradel rouvrit les yeux il se retrouva couché sur une surface métallique légèrement convexe; et que le premier visage qu'il aperçut en sortant de cette période de mort factice fut un visage à pommettes saillantes, aux yeux bridés, à la peau d'un jaune caractéristique. Ce facies manifestement asiatique appartenait à un personnage évidemment animé de bonnes intentions vis-à-vis du naufragé, car en voyant l'évanoui rouvrir les yeux l'homme jaune sourit en montrant des dents de loup mal plantées; puis il articula quelques mots que Gaëtan prit à bon droit — étant donné le précédent sourire — pour une demande de renseignements sur sa santé. Aussi répondit-il poliment :

— Merci bien! Ça va un petit peu mieux! Ça ne sera rien que ça!

De fait, il ne se sentait pas le moins du monde malade, mais seulement courbaturé, moulu, brisé. Il lui restait bien aussi une légère sensation de lourdeur dans la tête, mais c'était très supportable. C'est pourquoi il songea de suite à se mettre debout, car il était couché très incommodément sur le dos; ou, pour mieux dire, il était accoté à un renflement de cette surface métallique, laquelle lui sembla de suite être une sorte de torpilleur bizarrement constitué.

Gaëtan tenta donc un mouvement pour se lever; mais l'homme jaune lui fit signe de ne pas bouger; puis, le laissant là, il contourna le renflement qui servait d'accotoir au naufragé et disparut.

— Au diable! grogna Faradel. Je suis trop mal couché. J'ai l'épine dorsale en capilotade, et il me semble qu'un clou m'entre dans la peau du dos ! Aïe !

Il ne se trompait qu'à demi : mais ses efforts pour se mettre debout furent vains, car sa veste était accrochée à un crampon qui l'avait harponné juste entre les deux épaules au moment de son plongeon.

Cette constatation lui fut une révélation. Ce bateau étrange où il était étendu, n'était point un torpilleur quelconque qui l'avait recueilli en mer. C'était tout bonnement le monstre ailé, cause de sa chute !... Puis, rappelant ses souvenirs, Gaëtan se souvint du choc ressenti par lui. Il était donc tombé sur le monstre !... ou bien encore le monstre l'avait heurté au passage ! Et le crampon si gênant avait été pour lui une sauvegarde, puisqu'il lui avait permis d'être remorqué, au lieu de couler à fond ! La suite se déduisait d'elle-même, et Gaëtan était trop intelligent pour ne pas la deviner.

Ce torpilleur... ce sous-marin... cet aviateur... car quel nom lui donner ? cet engin, un un mot, filant entre deux eaux après sa chute avait accroché Gaëtan et l'avait emporté.

Heureusement pour l'ex-représentant de la Société Coloniale Française, l'immersion avait relativement peu duré, car c'eût été pour lui l'occasion ou jamais de se transformer en « noyé », nouvel avatar, peu séduisant, à ajouter à ceux qu'il possédait déjà (1).

Bref, le sous-marin était peu après revenu à la surface. Un des matelots de ce singulier navire était alors monté sur le pont, ou plus logiquement, sur le dos du bateau. Il avait aperçu Faradel revenant à la vie, et son sourire que Gaëtan avait pris d'emblée pour une marque d'intérêt à son adresse, était, au fond, aussi peu bienveillant que possible. C'était le rictus de volupté du tigre qui sent une proie panteler sous sa griffe ; car le matelot japonais crut voir en ce naufragé un Anglais survivant à la destruction du croiseur. Alors, sûr que l'Anglais ne pourrait s'enfuir, il s'était empressé d'aller prévenir son chef et demander des ordres.

1. Voir *Gaëtan Faradel, explorateur malgré lui*.

Cependant, Faradel avait pris le seul parti logique en la circonstance. Vivement il dégrafa sa veste et tenta de s'en dépouiller, mais la chemise était, elle aussi, accrochée. Gaëtan la fendit net en tirant dessus, et put enfin se lever.

— Ouf! dit-il. Voilà une singulière histoire! Que doivent penser ma pauvre Jacqueline et mes amis?... Décidément j'ai une malchance du diable depuis quelques années!...

Mais l'optimisme étant le fond de sa nature, il se rassura lui-même.

— Après tout! dit-il monologuant, c'est intéressant! Ce n'est pas banal, une situation pareille! Et, n'était le chagrin que doivent éprouver ma chère Jacqueline et mes bons camarades, je serais enchanté!... Oui! parfaitement! Au surplus, ces navigateurs jaunâtres n'ont aucune raison de m'en vouloir. Ils ne me mangeront pas à la vinaigrette. Les cannibales du lac n'y ont bien pas réussi. Ces hommes au safran vont certainement, à ma requête, me déposer au port le plus proche, d'où je télégraphierai pour rassurer tout mon monde.

Comme il achevait son soliloque, un panneau métallique s'ouvrit dans la surface convexe du bateau. Quatre hommes apparurent et, disons-le, Gaëtan fut tout ce qu'il y a de plus étonné. Ajoutons qu'il y avait de quoi!

Le premier, — chef évident des autres, — était un homme dans les quarante-huit à cinquante ans. Sa face, d'un jaune très pâle, était d'une maigreur extrême. Elle était éclairée par deux yeux qui semblaient, sous les longs cils noirs, deux pierres de jais reflétant une lumière de lune. Le regard en était profond, investigateur, un peu cruel, mais en même temps pleins d'une rêverie hallucinée.

La moustache et la barbe, rares comme chez la plupart des Extrême-Orientaux, grisonnaient. La chevelure ramenée en chignon sur le haut du crâne était enserrée d'une large étoffe rouge, richement brodée qui formait turban, et que retenait une grosse épingle laquée.

Comme vêtements, l'homme portait la classique robe japonaise, en soie brochée, admirablement décorée de dessins en broderies soie et or. Dans sa large ceinture de crêpe bleu pailleté de perles et de grains d'or était passé un couteau japonais à manche et fourreau d'ivoire, incrustés d'argent. Au manche pendait un petit éventail.

Les jambes étaient gainées d'un caleçon de soie blanche unie serré aux chevilles par des anneaux de métal filigrané; et les pieds se chaussaient de mocassins de cuir rouge, portant chacun une griffe de dragon brodée en plaquette d'or simulant des écailles.

Les trois autres personnages, serviteurs ou matelots, japonais aussi, étaient plus jeunes. Aucun ne portait ni la barbe ni la moustache. Ils étaient vêtus uniformément et très simplement d'une blouse-seyon japonaise en tissu vert avec, sur la poitrine, le soleil japonais rouge brodé sur un carré de soie blanche, et d'une ceinture rouge unie. Ce vêtement leur laissait les bras nus, et aussi les jambes jusqu'au haut des cuisses. Ils étaient nu-pieds.

Leur coiffure consistait en un foulard de crêpe noir lié en turban. Ils ne portaient aucune arme.

Le chef s'avança d'un pas calme. Sa démarche était digne et majestueuse, presque hiératique, mais sans pose aucune. Il s'arrêta devant Faradel interdit et tandis que ses hommes restaient immobiles à trois pas derrière lui :

— *Your name, sir?* questionna-t-il d'un ton guttural.

— Monsieur, dit Faradel en inclinant la tête, je vois que vous me prenez pour un Anglais... à moins toutefois que vous n'adoptiez cette langue à défaut d'autre langue européenne. Au reste, je la parle, moi aussi, très couramment; mais pour peu que vous soyez familiarisé avec la langue française, je préférerais l'employer si cela vous était égal, attendu que c'est la langue de mon pays. Je suis Parisien, et...

— Ah! très bien! interrompit le Japonais avec une intonation moins rude que tout à l'heure. Ah! vous êtes Français?

— Pour sûr, monsieur! Tout ce qu'il y a de plus Français! Gaulois jusqu'au fond du ventre! Et j'ai nom Gaëtan Faradel... pour vous servir. Et j'ajoute que cela me vexerait profondément d'être pris pour un anglais,

ayant du reste toutes les raisons du monde de leur garder tous les chiens de
ma chienne.

— C'est parfait ainsi, reprit l'autre sans que son visage figé d'immobilité
décelât l'ombre d'une impression. Oui, j'en suis satisfait : d'abord parce que,
malgré les malentendus récents de la guerre russe, j'aime la France; et
ensuite parce que j'ai la plus violente haine pour les Anglais.

Il y eut un silence, Faradel, tout à fait remis d'aplomb, admirait *in petto*
la façon libre et élégante dont, presque sans accent, l'étrange capitaine s'exprimait en français. Il allait pourtant continuer la conversation, mais le singulier
personnage reprit, toujours flegmatique :

— Vous nous nommiez, nous autres Japonais, les « Français d'Extrême-
Orient », n'est-ce pas? Ce sera donc un Français du Japon qui fera les honneurs de son bateau à un Français de Gaule! Monsieur, vous êtes mon hôte
à bord. Veuillez, je vous prie, me suivre. Je vais vous montrer le chemin.

Il donna des ordres à ses trois hommes, qui prestement disparurent par
l'écoutille; puis, devançant Faradel, il descendit. Sans dire un mot, mais
ahuri d'une si curieuse aventure, Gaëtan le suivit.

Un instant plus tard, le brave garçon pénétrait dans une cabine décorée
avec un luxe étrange.

Cette cabine, toute petite, était en effet merveilleusement ornée à la
manière japonaise, mais avec un raffinement d'art dont les spécimens exportés
en Europe ne donnent qu'une très faible idée. Ainsi, la table-guéridon à
plateau mobile était faite d'une tranche d'ivoire cerclée d'or. Douze motifs
décoratifs l'ornaient, représentant des scènes de la guerre sino-japonaise
et dont tous les personnages étaient formés d'incrustations en couleurs, taillées
et marquetées en métaux et pierres précieuses. Le reste à l'avenant.

Les cloisons métalliques étaient tendues d'étoffes qu'un amateur européen eût payées d'une fortune. Mais ce salon ne renfermait, en dehors des
meubles, aucun de ces chimériques bibelots dont l'art vulgaire du Japon est
si prodigue. En revanche, tout un panneau était rempli d'armes modernes,

ornées par les premiers artistes de Yokohama : entre autres un Lebel, dont le bois de noyer avait été remplacé par un fût et une crosse d'ivoire sculpté, fouillé, admirable, digne enfin d'occuper une place d'honneur au musée d'artillerie.

— C'est extraordinaire ! murmura Gaëtan. Oui ! parole d'honneur ! capitaine, je suis littéralement ahuri !

Le Japonais sourit ; puis, cérémonieux :

— Monsieur, dit-il, je n'ai pas d'autre cabine à vous offrir ; mon bâtiment étant de dimensions restreintes, mais voici un divan où vous pourrez reposer assez confortablement.

Il désignait du doigt le meuble en question, que recouvraient, outre des coussins précieux, une admirable fourrure de loutre noire.

— Je vous remercie, capitaine, répliqua Gaëtan, mais...

— Je vous laisse, monsieur... interrompit brusquement l'énigmatique personnage. Mes serviteurs vont venir se mettre à votre disposition.

Sur ce, et avant que Faradel eût eu le temps de placer un mot, le Japonais ouvrit — en pressant un bouton électrique — un panneau dans la cloison ornée, et disparut.

— Quel drôle de bonhomme ! grogna Faradel. Est-ce que, par hasard, il s'imagine que j'ai l'intention de conclure avec lui un bail de trois, six, neuf. Ah ! mais non !... les camarades m'attendent...

Il s'interrompit ; puis, triste. :

— ... Ou plutôt... ils... elle ne m'attend plus !... Elle doit me croire mort ! Et c'est bien pour cela que ce trop aimable amphytrion n'a qu'une chose à faire, c'est de me rapatrier, tambour battant, sur France !... Mais voilà le chiendent ! Il file sans m'écouter et me laisse ici à grelotter dans ces vêtements mouillés... car, c'est à la lettre... je grelotte !

Faradel achevait à peine sa phrase, que le panneau se rouvrit, et deux des matelots japonais apparurent. L'un portait un plateau où fumait une théière. Le second, des vêtements et des linges.

Le premier déposa le plateau sur la table-guéridon, s'inclina et sortit. Quand au second, après avoir posé sa charge sur un siège, il vint droit à Faradel; et, après une révérence, se mit à le dévêtir sans lui demander l'ombre d'une explication.

— Tout de même, dit le camarade, c'est un drôle d'hôtel que cet hôtel flottant! En tout cas le service y est de premier ordre. Va! homme jaune! enlève-moi mes frusques trempées. Bouchonne-moi avec le gant de crin que — je le vois — tu as apporté. Masse-moi à l'aide de ces fines serviettes, et habille-moi de cette robe vert d'eau qui va me donner l'air d'être né à Tokio. Marche, mon garçon, marche! Je ne m'étonne plus de rien. Seulement, si on me débarque à Bordeaux dans cet asiatique équipage, je veux être changé en lampe à pétrole, si ma chère Jacqueline me reconnaît!

Cela dit, Gaëtan se prêta de bonne grâce aux massages de l'Oriental. Puis, chaudement enveloppé de la robe de crépon apportée par le matelot, il éprouva un réel bien-être; une tasse de thé le réconforta encore davantage, et enchanté au fond, il alluma une de ces cigarettes ambrées que, par une délicate attention, le maître de céans avait fait déposer sur le plateau.

Il s'étendit ensuite dans un fauteuil long, en rothang laqué, et prenant un air grand seigneur :

— Mon garçon, dit-il, comme valet de chambre tu n'as pas ton pareil! Je suis content de toi; mais fais-moi l'amitié d'aller dire à ton aimable patron que je désirerais tailler avec lui une petite bavette.

Si l'homme ne comprit pas les mots, il saisit la pensée et surtout le geste de Gaëtan.

Il sortit, et deux minutes plus tard le capitaine pénétrait dans le salon. Sans mot dire, il fut s'étendre — non sans majesté — sur le divan et dit :

— Monsieur... Far...? Voulez-vous me rappeler votre nom ?

— Faradel, monsieur le capitaine. Faradel Gaëtan.

— Monsieur Faradel, êtes-vous satisfait ?

— Si je ne l'étais pas, je serais un ingrat, monsieur; pourtant j'ai une demande (oh ! toute petite) à vous adresser.

— Laquelle ?

— Je voudrais bien m'en aller !

— Impossible, déclara le Japonais, sans que son visage aux yeux d'émail noir réflétât l'ombre d'une impression.

— Qu'est-ce que vous me dites là? clama Gaëtan.

— Je dis : impossible.

Du coup, notre ami s'était dressé, et c'est avec une volubilité qui n'excluait pas l'émotion qu'il raconta, tout d'une traite, les raisons qui, selon lui, militaient en faveur d'un retour immédiat en arrière.

— Monsieur, reprit avec flegme le capitaine, vous me voyez désolé de ne pouvoir acquiescer à votre désir, qui, je le reconnais, est très légitime: mais je répète : impossible. Nous nous rendons en ligne droite et sans arrêt... aux Indes.

— Aux Indes !

— Aux Indes, oui... en doublant le Cap Horn.

— Mais... c'est le tour du monde que vous me proposez là !

— A peu près.

— Ah ! non alors !... Et que vont penser mes amis ?

— Oh ! c'est vous faire bien du tourment pour peu de chose, monsieur Faradel. On voit bien que vous n'avez pas l'âme d'un Oriental. Vous n'êtes pas fataliste.

— Enfin, je...

— Écoutez-moi. Vos amis, n'en doutez pas, vous croient mort.

— Quant à cela !... C'est sûr !

— Eh bien ! qu'ils vous croient mort une heure, un mois ou un an, cela changera-t-il quelque chose à la situation ?

— D'accord ! Mais...

— Inutile d'insister, monsieur, reprit le Japonais d'un ton un peu dur. Au reste, il y a raison majeure pour moi d'agir ainsi.

— Ah !

— Oui. Je n'ai pas une minute à perdre si je veux couler la flotte anglaise des Indes qui marche sans doute à cette heure contre mon pays.

— Bon, s'écria Gaëtan. C'est ma foi vrai ! J'oubliais la guerre !

Il se tut, et pendant le court silence qui suivit, Faradel revécut par la pensée les phases de la bataille navale qui lui avait été si fatale à lui-même.

Ainsi donc, ce bateau, dont il était l'hôte, c'était le monstre destructeur dont il avait pu contempler avec épouvante l'œuvre dévastatrice ! A cette pensée, il eut un frisson. Il contempla, non sans un secret effroi, l'homme qui disposait d'une telle puissance ; puis, dompté :

— Monsieur, dit-il, je comprends et je n'ose plus insister. Au surplus, si quand on me raconta votre guerre contre la Russie j'en fus peiné, je suis de cœur avec vous dans la lutte engagée à l'heure actuelle; mais c'est dur tout de même de penser que si vous vouliez !... en quelques heures !... ma fiancée !... Ah ! tout de même !

— Elle n'en sera que plus contente quand vous reviendrez, dit l'homme avec calme.

Faradel, on le sait, savait se mettre à hauteur de toutes les circonstances, et accepter ce qu'il ne pouvait empêcher. Or, comme dans le cas qui se présentait, il n'y avait rien à faire que d'obéir passivement, notre homme en prit instantanément son parti. Bien mieux, il chassa de son âme toute importune pensée d'angoisse pour tirer au moins de l'aventure tout l'intérêt de curiosité qu'elle comportait.

— Allons, soit ! dit-il après réflexion. Je suis votre passager, capitaine. Au moins, aurai-je la chance de voir ce que sans doute aucun autre Européen n'aura vu avant moi.

— Vous l'avez dit !... Et maintenant que vous voici l'hôte définitif du *Pipo*...

— Du *Pipo* ?...

— Oui, c'est le nom de mon navire, et vous allez comprendre pourquoi je l'ai ainsi baptisé. Puisque, dis-je, vous êtes mon hôte définitif, il est juste que je me présente à mon tour.

Le Japonais prit un temps, et se redressant à demi sur les coussins, il articula non sans noblesse :

— Prince Sizikah, ingénieur naval, ancien élève de l'École Polytechnique.

Faradel, qui s'était rassis, demeura bouche bée.

Une stupeur lui vint à la pensée que cet oriental à chignon relevé, à la robe diaprée, avait porté le pantalon à double bande rouge, la tunique et le chapeau-frégate du polytechnicien. Cela lui parut de prime abord, une anomalie, une chose déconcertante.

Au reste, son étonnement fut court. Il se rappela, en effet, que de nombreux étrangers sont admis à suivre les cours de nos écoles spéciales; et il eut la vision rétrospective de nègres, de Chinois, de Turcs, aperçus, avec le flot des étudiants, dans les brasseries du Quartier Latin.

— Ah! parfait! dit-il enfin. Je m'explique maintenant ce nom *Pipo* donné par vous au navire qui nous porte. C'est un souvenir.

— Et un souvenir reconnaissant, ponctua le prince. Oui... reconnaissant ! Car c'est là que j'ai puisé le peu de science que je possède.

En prononçant ces mots, les yeux aux regards froids du prince avaient pris une expression très adoucie et un peu rêveuse. Il reprit :

— Oui, monsieur Faradel, la France est un grand peuple. Et si je dis qu'elle est un grand peuple, c'est pour cette raison primordiale que, bien ou mal gouverné, votre pays reste et restera toujours le premier de tous *pour la Pensée*. Aussi je l'aime ! Et je suis fier qu'on nous nomme *les Français d'Extrême-Orient*. Mon affection pour les vôtres ne date, du reste, pas d'hier. J'ai cinquante-cinq ans, monsieur, et c'est déjà bien avant votre malheureuse guerre de 1870 que j'avais su apprécier la France, en prenant contact avec une mission militaire française envoyée chez nous par l'empereur : la

— OH! S'ÉCRIA LE PRINCE EN BRANDISSANT LE POING... DÉTRUIRE! DÉTRUIRE!! (Page 31.)

mission Chanoine. Elle comprenait un jeune lieutenant d'artillerie, le lieutenant Brunet, devenu depuis un de vos généraux. Je l'ai beaucoup connu, et
il fut mon premier conseil scientifique. Je vins ensuite à Paris où je résidai
de longues années. J'obtins mon admission à l'École Polytechnique, et, je le
répète, c'est là que j'ai puisé tout ce que je possède en fait de science.
Ensuite, j'ai pratiqué vos arsenaux maritimes, et ma vocation s'y est décidée.
En rentrant dans mon pays, en 1877, je me suis alors fixé un but, que j'ai
en partie réalisé : le navire de guerre idéal...

— Fichtre ! Vous pouvez le dire, interrompit Gaëtan, je vous ai vu à
l'œuvre !

— Oh ! répliqua négligemment le prince, ce n'est pas encore la perfec-
tion...

— Màtin ! Vous êtes difficile !

— Oui... J'espère faire beaucoup mieux !... Oh !... Détruire !... Détruire !...
Anéantir la Force par son unique volonté !... Ah ! le beau rêve !

En disant... en criant ces mots, le prince Sizikah s'était dressé debout,
ses yeux flambaient comme deux braises. Sa face se convulsait d'un rictus
qui découvrait les dents très blanches; et Faradel, abasourdi, le considérait
avec une sorte d'angoisse intérieure.

— Oui, clama le prince, quelle volupté que la destruction !... Être plus
fort à soi seul que les hommes en groupe !... Disposer à son gré de l'œuvre
humaine et de la vie... des vies humaines !

Tout en parlant, il brandissait le poing fermé, et dans son regard passait
comme une lueur d'hallucination. Mais brusquement, ses bras retombèrent :
son masque reprit sa coutumière rigidité. Il se replaça sur le divan et dit
froidement :

— Monsieur Faradel, puisque vous êtes pour quelques jours l'hôte du
Pipo, vous ne vous étonnerez pas, quoi qu'il puisse arriver, en raison de cette
circonstance que *je suis fou !*

Et arrêtant d'un geste une exclamation sur les lèvres de Gaëtan.

— Parfaitement ! Je suis fou... par instants, et je le sais. Je n'y puis rien. Okhana, le Dieu des Pensées, l'a ainsi voulu. Je possède cette folie particulière qu'on peut nommer *la destructivité;* et c'est sans doute cette orientation particulière de mon cerveau qui a fait dériver mes aptitudes scientifiques vers la machine idéale destinée à détruire. Autrement organisé — cérébralement — ma science eût peut-être inventé des machines utiles aux hommes et à la vie, tandis que je n'ai qu'un but : désorganiser les choses et les êtres méthodiquement rassemblés et organisés.

Impressionné... presque inquiet, Faradel écoutait, sans oser interrompre.

— Ainsi, continua le prince, j'ai, au cours de ma vie, contracté une haine particulière : la haine de l'Anglais, et cela même alors que, par intérêt personnel, il nous aidait, parce qu'il veut absorber le globe ; et — momentanément — je suis un homme heureux, car mon premier essai réel a donné à mes nerfs une vibration voluptueuse insensée.

— Ah ! dit à mi-voix Gaëtan. Le croiseur anglais... près de Gibraltar... c'était un essai !... Fichtre !

— Oui ! Mais vous verrez bien autre chose ! Que j'arrive à temps là-bas, et vous verrez sombrer toute une flotte !

— Mais, prince, reprit Faradel, jamais on n'avait encore entendu parler de votre formidable engin.

— Si ! On en a parlé il y a une quinzaine de jours dans la presse américaine, mais sans détails et comme d'un essai de submersible ordinaire ; car j'ai, pour mon premier voyage, accompli la traversée du Japon à Long-Island. Mais, personne que vous, monsieur, n'a vu mon navire, sinon stationnant au large. Personne ne le connaît, hormis quelques ouvriers de mon pays qui m'ont aidé à le construire et mes matelots. Que dis-je ? Mes matelots eux-mêmes ne sont, sous ma volonté, que des machines animées. L'âme du *Pipo*, son secret, moi seul les connais. Le *Pipo*, c'est moi ! Et vous qui êtes mon hôte, vous n'en connaîtrez pas davantage ! Certes ! Vous me verrez le manier !... Vous éprouverez même des étonnements... des stupeurs :

mais quant à connaître l'élément scientifique qui lui donne sa puissance...
Jamais !...

S'interrompant, le prince consulta un chronomètre qu'il tira de sa riche
ceinture.

— Eh ! eh ! fit-il, dix heures !... Avez-vous faim, monsieur Faradel ?

— Ma foi, oui ! prince, bien que vos dernières explications m'aient un
peu bouleversé. C'est, en effet, un singulier apéritif. N'importe ! Je ferais
volontiers honneur au déjeuner.

— Venez ! dit simplement le capitaine.

Et devançant Faradel, il le conduisit à travers un couloir, puis un
escalier, jusque sous la coupole aplatie qui dominait la plate-forme.

Cette coupole était assez vaste et se composait d'un dôme analogue au
dôme d'une serre.

L'armature métallique, dorée, enchâssait une série de verre hexagonaux
d'une grande épaisseur et par suite d'une extrême résistance. Au reste, le
prince expliqua que la puissance de ces verres était décuplée *par une armure*.

— Une armure ? questionna Gaëtan.

— Oui. C'est du *verre armé*. Vous savez, n'est-ce pas, ce qu'est le
ciment armé ?

— Oui, prince.

— Eh bien. Regardez ! Dans chaque hexagone de cristal, existe un lacis
de fils ténus d'acier chromé et de cuivre qui ne nuisent en rien à la transpa-
rence et qui permettent de résister à de très fortes pressions.

— Extraordinaire !... Et puis c'est superbe comme salle à manger !

En effet, sauf l'armature, on eût pu se croire en plein air. A l'extérieur,
la plate-forme légèrement bombée s'étendait, entourant l'alvéole vitrée, d'un
plateau d'or strié d'écailles. Cela donna à Faradel l'illusion de naviguer dans
une sorte de palanquin placé à dos d'un énorme et fantastique poisson d'or.

La table était dressée. Ils s'assirent, et l'un des matelots fit le service.

Menu très simple du reste : une dorade, quelques conserves, et comme boisson du thé froid. Comme pain : de minces biscuits de mil comprimé. Le seul inconvénient provenait du soleil qui dardait avec violence. Le prince Sizikah s'en aperçut et, se levant, il s'en fut jusqu'à un clavier placé dans un angle, puis il donna un choc sur l'un des boutons.

Et soudain, d'un cône vitré qui émergeait à l'avant, un jet de vapeur jaunâtre s'éleva, en même temps que le *Pipo* s'enfonçait lentement sous les flots.

Ahuri par ces nouveautés imprévues, Gaëtan était devenu taciturne. Il se demandait si vraiment ce n'était pas lui qui était fou; si le soleil d'Afrique ne lui avait pas un peu brûlé la pulpe cérébrale, et si réellement il était bien là, habillé en Japonais, dans ce bateau cauchemaresque, en tête à tête avec un prince de race jaune.

En enfonçant sous l'onde glauque, cette sensation s'exagéra encore de la demi-obscurité qui l'enveloppait : puis cette demi-obscurité devint elle-même tout à fait opaque et notre camarade sentit une angoisse réelle qui lui serrait la gorge, si bien qu'il dut faire un effort pour ne pas crier.

Mais tout à coup la coupole s'illumina d'une lumière intense. Gaëtan chercha des yeux les lampes, les foyers, qui dégageaient cette merveilleuse clarté... Rien !

Souriant, le prince était venu se rasseoir face à son convive.

— Ne cherchez pas les ampoules électriques, monsieur Faradel, dit-il. Grâce à une combinaison à moi, les vitres elles-mêmes s'irradient ainsi du courant ménagé dans l'armure de fils d'acier et de cuivre qui les garnissent. Car c'est de la lumière électrique, mais d'une nature spéciale *et d'essence diffuse*, dont j'ai réglé le rayonnement... Et maintenant, désirez-vous du café?

— Je veux bien du café, prince, répliqua Faradel, mais ce n'est pas pour dire, je suis abruti... littéralement abruti.

— Remettez-vous !... Et puisque maintenant nous sommes en plein Atlantique et tranquilles, causons un peu, voulez-vous? Vous m'avez tout à l'heure laissé entrevoir dans notre conversation que vous aviez traversé en Afrique d'intéressantes aventures...

— Oh! certes! mais c'est de la Saint-Jean auprès de celle que vous m'offrez là.

— Mais non! mais non!

— Moi je dis : mais si! mais si!... Ah! ma pauvre Jacqueline!... Mon vieux Hugueville! Mon petit Jean! Mon brave docteur!... Et mon gosse : Jus-de-Réglisse! Jusqu'à ma grosse Fanoche, mon éléphante de guerre qui doit se faire des plumes en m'attendant.

— Votre éléphant? Vous avez guerroyé à dos d'éléphant?

— Vous parlez!... prince! Et pas qu'un peu! Ah! sans Fanoche je ne serais pas là!...

— Vous m'intriguez, mon cher hôte!... Allons! retournons chez vous, dans le salon qui a paru tant vous plaire, nous y causerons en fumant du tabac de Yeddo. Venez!

Sizikah se leva, donna un ordre au matelot qui les suivit pour préparer le café, et une fois installé confortablement devant sa tasse fumante, Faradel, flatté au fond de l'insistance du prince à connaître son histoire, ne se fit plus prier. Il raconta son odyssée, et les lecteurs qui l'ont suivi dans ses premières étapes jugeront sans doute que ce furent là jeux d'enfants auprès de la terrible marche qui devait les ramener à Zanzibar.

CHAPITRE III

— Prince, commença Faradel, vous voyez devant vous un honnête garçon qui, après avoir été soldat, puis sergent dans l'infanterie de marine française, fut ensuite représentant en Afrique de la Société Coloniale Française pour la Commission et l'Exportation.

Jusqu'ici rien d'étonnant, n'est-il pas vrai? Mais attendez un peu!... Vous allez voir les métiers — ou mieux les situations — extraordinaires que m'a offerts la destinée.

Oui! A partir de ce moment-là, jusqu'à cette minute où j'ai l'honneur d'être votre hôte, j'ai été — attendez que je n'oublie rien! — ... oui! j'ai été pseudo-voleur, inculpé d'assassinat, puis... homme tout nu, soldat anglais, aérostier au service d'un dirigeable de guerre anglais!... Ce n'est pas tout!... Je fus encore, — tout comme vous, mon prince! — ingénieur naval, capitaine du navire construit par moi avec les débris du ballon précité! Ensuite?... Ensuite, je fus **explorateur malgré moi** avec une série d'aventures qui, j'ose le dire, ne sont pas dans un sac! Au cours de ce dernier métier, j'ai été colon, chercheur d'or, chasseur d'ivoire, conseil d'un roi nègre qui se nommait — le pauvre diable! — Nioroh! Puis, ce brave Nioroh étant venu à trépasser des suites de son intempérance, mon ami Hugueville fut nommé roi en son lieu et place. A dire vrai, mon brave Hugueville fut — en la circonstance — un simple usurpateur, car c'est à moi que revenait la couronne; mais je ne lui en veux pas car il me nomma son premier ministre. Vous voyez, prince, par ce modeste résumé, que ma carrière est jusqu'ici assez bien remplie.

— En effet! reprit Sizikah avec une incrédulité si visible que Faradel sursauta.

— Vous croyez que je plaisante, prince, reprit-il. Eh bien! Je vous donne ma parole que c'est la vérité et rien que la vérité! Et j'ajoute — comme devant le tribunal — je le jure!

Puis, piqué au vif dans son amour-propre, Gaëtan retrouvant sa verve, se mit à raconter d'abondance.

Il dit son arrestation à Monrovia, alors qu'enfermé par inadvertance dans les locaux de la Monrovia-Bank-Exchange C°, il avait dû, pour se défendre, tirer et qui sait?... tuer sans doute le directeur nègre de cet établissement financier; puis sa fuite dans le costume du père Adam. Il raconta que pour échapper aux policiers libériens, il avait dû se réfugier dans les sous-barbes du beaupré du navire anglais *The Griffin* qui, prenant la mer, l'avait ainsi emporté : que ledit *Griffin* transportait au Cap, en vue de la guerre Boer, un chargement de troupes recrutées en tous pays; que le premier sergent Murston, chef du détachement, l'avait incorporé de force. Là, il s'était lié avec un Français, ayant déserté sur un coup de tête, Paul Hugueville, ainsi qu'avec un Italien dont le cas était identique, et qui se nommait Spinelli.

A bord du *Griffin* se trouvait un ingénieur anglais, sir Kennedy, inventeur d'un dirigeable qu'il allait expérimenter au Cap en service de guerre. Ce Kennedy les avait adoptés tous trois comme aides-aérostiers; et, ma foi! profitant de cette aubaine, ils s'étaient emparés du ballon et avaient filé pour ne pas servir la mauvaise cause anglaise.

Faradel conta qu'au cours de cette évasion, il avait enlevé avec eux trois prisonniers boers : Mlle Jacqueline Pierson, Jean Pierson son frère, et leur servante Babet. Pris ensuite par une tempête équatoriale, leur ballon s'était échoué près d'un fleuve de l'Afrique Centrale. Désagrégeant alors le ballon, ils en avaient construit un bateau qui les avait amenés jusqu'au lac Tanganyika.

Là, en abordant, ils étaient tombés dans une tribu anthropophage; ce qui leur permit de délivrer un explorateur prisonnier, le docteur d'Arvil, et un jeune nègre recueilli par lui, surnommé Jus-de-Réglisse.

Bref, ils avaient fini par échouer dans une peuplade bienveillante, *les Ourondis*, dont le roi Nioroh les accueillit aimablement.

Ils avaient vécu de longues années dans la capitale de Nioroh, une ville noire nommée Loukomba, en se livrant à la chasse de l'ivoire.

C'est là qu'ils avaient dressé deux jeunes éléphants femelles : Bobette et Fanoche.

Puis Nioroh était mort au cours d'un palabre suivi de l'incendie de Loukomba.

Voilà donc Hugueville nommé roi. Faradel devient son premier ministre. Malheureusement l'incendie a détruit en grande partie leurs munitions, et nos camarades se trouvent immobilisés pour de longs mois au centre de l'Afrique et sans espoir de pouvoir s'organiser afin de rejoindre la côte.

Entre temps, au cours d'expéditions de chasse, ils avaient découvert un merveilleux filon d'or. Ce leur fut, du reste, une distraction des plus profitables, car ils réussirent à extraire et à fondre pour dix millions de francs environ d'or presque vierge.

Mais à quoi bon cette fortune monnayable, si on ne peut l'utiliser d'une façon pratique et civilisée ?

Toutefois les exilés ne perdirent pas courage. Ils attendirent avec patience l'arrivée d'une caravane de traitants ; et cette patience avait été couronnée de succès. Une troupe de traficants bien armée, était venue à Loukomba dans l'intention manifeste de piller le petit royaume. Heureusement Hugueville Ier, roi des Ouroudis, avait dressé son peuple à la discipline. Il était du reste secondé par un état-major blanc de premier ordre, et la victoire lui était restée. Outre la sécurité, elle leur apportait les munitions et les armes modernes, sans lesquelles une traversée de l'Afrique Centrale devient, aujourd'hui surtout, une impossibilité.

Telle était la première phase d'aventures traversées par Gaëtan Faradel et ses amis. Les lecteurs de *Gaëtan Faradel, explorateur malgré lui*, ont pu en apprécier déjà tout l'imprévu dramatique. Et à vrai dire, le prince Sizikah lui-même, bien que doté d'un flegme ultra-oriental, en fut vivement impressionné.

Incertain et sceptique de prime abord, il avait cru, en entendant le récit de Faradel, à une faconde verbeuse, non pas de Parisien, mais de Provençal. Puis, peu à peu, il s'était pris lui-même à l'accent de sincérité dont s'imprégnait le récit de l'ex-représentant de la Société Coloniale Française. Captivé ensuite au suprême degré, le prince ne put cacher son impression admirative, lorsque — histoire de se remettre le larynx en état — Gaëtan s'arrêta pour humer respectueusement le fond de sa tasse de moka.

— Diable ! dit-il, monsieur Faradel, je suis on ne peut plus satisfait d'avoir fait votre connaissance : car on ne rencontre pas tous les jours des hommes de la trempe de vos amis et de vous-même. Je m'en félicite donc. Je vais même plus loin et je vous dis : Une fois ma mission terminée, je m'engage à vous rapatrier sur France, à charge par vous de me présenter les énergiques compagnons qui vous aidèrent en si périlleuses occasions.

— Mille grâces, prince! remercia Gaëtan. Je prends acte de votre promesse. Mais si le récit de mes premières pérégrinations vous captive, que direz-vous de la suite?

— Vous avez donc eu à vaincre de bien grandes difficultés pour gagner Zanzibar; car, m'avez-vous dit lorsque je vous ai recueilli, vous veniez de ce port.

— Parfaitement!... Ah! Pour sûr que les difficultés furent grandes! Nous avons traversé là une crise d'aventures épouvantable, où, — hélas! — périrent plusieurs de nos camarades. Mais j'aurais peur, prince, d'abuser en vous racontant...

— Du tout!... N'est-ce pas charmant, au contraire, de filer doucement en la molle élasticité des flots, bercé par un récit qui semble une légende... et qui plus est, une de ces légendes qui me passionnent, en exaltant le triomphe de la force!... Racontez, monsieur Faradel! Racontez!

Sur ce, Gaëtan alluma une cigarette et se lança dans la foule de ses souvenirs.

— Je vous ai dit, prince, que nous n'attendions qu'une occasion pour quitter Loukomba. L'occasion trouvée, nous n'hésitâmes plus. La seule difficulté à résoudre était d'obtenir le consentement de nos sujets noirs à notre exode. Ce fut relativement facile, grâce à l'ascendant que mon brave ami Hugueville avait réussi à prendre sur les populations qu'il gouvernait.

Il les convainquit — à coups de parole et à coups de pied dans le derrière — que nous partions uniquement pour le bien général. Hugueville nous constitua une escorte noire de guerriers bien armés.

La troupe se composait donc de : votre serviteur et de Hugueville montés sur mules; mon ami le docteur d'Arvil et ma fiancée Jacqueline, à dos d'éléphant, la servante Babet, Jean Pierson, mon futur beau-frère, et le jeune négro Jus-de-Réglisse, étaient également perchés à dos de pachyderme. Ces animaux étaient pourvus de confortables palanquins dus au génie de l'ami Spinelli qui, sur sa mule, surveillait l'arrière-garde.

En outre, nous emmenions un fort lot de porteurs noirs.

Ainsi qu'on le voit, c'était là une expédition véritable et fort bien organisée. Au reste, d'après le récit que fit Faradel et que nous allons retracer en détails, on pourra se convaincre que, en pareille matière, on ne prend jamais trop de précautions.

Il s'agissait, en effet, pour nos explorateurs, de *la traversée complète de l'Afrique Orientale allemande*, traversée qui se compliquait, pour la troupe, du passage de nombreux cours d'eau ; et qui, *théoriquement*, déroulait, sous leur marche un parcours d'au moins 1.500 kilomètres !

Au demeurant, tous en avaient accepté, sans l'ombre d'une objection, les terribles aléas, pour cette excellente raison que — malgré les dangers qu'elle comportait — cette solution était la seule qui fût à peu près pratique.

La bonne humeur générale n'avait même pas fléchi devant l'inconnu de l'aventure, et si, au départ, il y avait eu chez nos camarades un instant de tristesse en quittant, sans esprit de retour, le pays hospitalier qui les avait abrités, on peut dire que la gaieté reprit le dessus une fois qu'on eut perdu de vue les plantations de Loukomba.

Ce fut Paul Hugueville qui, le premier, retrouva sa langue.

— C'est extraordinaire, dit-il, comme l'homme est un drôle d'animal ! Ainsi, moi qui te parle, Gaëtan, si quand j'étais au régiment, on m'avait demandé de faire la centième partie de ce que j'ai fait ou de ce que je suis prêt à faire, j'aurais ronchonné pendant une heure ! Et ce que j'aurais, comme on dit en style militaire, *tiré au flan !* Non ! c'est un rêve !

— Tandis que tu es content ?

— Tu parles ! Si ce n'était pas pour ces dames, je voudrais que ça dure tout le temps. On est libre au moins ! C'est une belle vie !

— Des fois !... Des fois !... A moins qu'on ne rencontre des types dans le genre des cannibales du lac.

— Oui ! Je sais bien ! répondit l'ex-roi en se grattant l'oreille. Il y a bien quelques petits cheveux par-ci par-là, mais...

— Et puis moi je m'ennuie dans ce pays-ci parce qu'on ne peut pas faire du commerce.

On sait, en effet, que le commerce était la constante préoccupation de Faradel.

— De quoi te plains-tu, reprit Hugueville, n'as-tu pas ton or et ton ivoire ?

— Oui ! Mais cela est du hasard. Le vrai commerce, vois-tu, mon vieux ce n'est pas de produire pour vendre, c'est de vendre ce que les autres produisent.

— Ça, c'est un raisonnement d'égoïste qui ne veut rien risquer.

— Du tout ! C'est du sens pratique.

Ils continuèrent ainsi à deviser, bercés au pas de leurs mules, tandis que dans leurs palanquins le Docteur et Jacqueline en faisaient autant.

Quant à Spinelli, qui n'avait pour partenaires que des noirs, il se contentait de songer tout en fumant sa pipe, ou encore de gros cigares (atrocement mauvais, du reste) qu'il avait fabriqués lui-même à Loukomba.

Les prescriptions de marche étaient les mêmes que celles en usage dans toutes les colonnes d'Afrique. On avait simplement supprimé les éclaireurs de flanc comme inutiles.

En effet, du haut des éléphants, Fanoche et Bobette, le Docteur, Jacqueline, Jus-de-Réglisse, Babet et Jean Pierson pouvaient observer de très loin et dans tous les sens, sans s'imposer la moindre fatigue.

Les haltes de nuit avaient été prévues par Faradel conformément aux règlements en vigueur dans l'armée coloniale française, avec un petit poste et des sentinelles doubles détachées.

Le pays qu'on traversa tout d'abord était du reste peu peuplé : car seulement de loin en loin apparaissaient les cases d'un village.

La colonne n'ayant pas encore besoin de s'y ravitailler, ne les abordait pas ; elle les contournait, au contraire, afin d'éviter une collision toujours possible. .

Elle parvint ainsi jusqu'aux confins de l'Ounyamouézi, à une journée de marche du village de Tchiambo, sans avoir pris contact avec un seul indigène des pays traversés.

La seule petite difficulté de ce parcours de 300 kilomètres avait été le passage du fleuve Malagarrazi. Il avait fallu construire un radeau et installer un va-et-vient, car, bien qu'on eût trouvé un gué peu rapide ce passage était infranchissable à cause des crocodiles. Seules Bobette et Fanoche exécutèrent la traversée en se mettant à l'eau, qui du reste leur arrivait à peine au poitrail.

Néanmoins, en prenant pied, Bobette traînait un crocodile de taille moyenne pendu au jarret gauche de derrière.

Il n'y resta pas longtemps.

Fanoche s'approcha, appuya ses deux vastes pieds sur le corps du saurien qui lâcha prise... et mourut sur-le-champ, le ventre crevé, les entrailles sorties, sous l'énorme pression.

Bobette se contenta de secouer sa patte dont la rude peau était à peine éraflée ; puis, gaillarde, elle s'était remise en route.

La distance parcourue avait été — nous l'avons dit — d'environ 300 kilomètres. Or, la colonne marchait exactement depuis déjà dix-sept jours ; ce qui donne une moyenne journalière de 16 kilomètres en tenant compte du retard provoqué par le passage du Malagarrazi.

A cette allure — qui est une jolie allure pour une marche en brousse — ils pouvaient donc escompter, sauf accident, atteindre la côte en cent vingt journées, soit quatre mois, et par suite arriver à Bagamoyo, petit port côtier qui fait face à Zanzibar, avant la saison des pluies.

Mais, hélas ! peut-on escompter quelque chose, dans ces terribles régions ? L'imprévu est la règle, et nos amis devaient, à brève échéance, en faire la douloureuse expérience.

En effet, le lendemain même, cet imprévu se présenta.

En raison de la chaleur torride qui régnait l'après-midi, on avait adopté la marche matinale.

Le départ eut donc lieu à deux heures du matin, et la colonne s'allongea dans une plaine herbue, où flottait un léger brouillard, provenant du voisinage d'un marais. En marchant normalement, Faradel et le Docteur estimaient qu'à dix heures on serait en vue de Tchiambo.

Or, vers six heures, comme le soleil commençait à dissiper la brume, Jean Pierson se dressa brusquement sur l'encolure de Fanoche, en s'arcboutant aux montants du palanquin où reposaient Babet et Jacqueline.

L'œil exercé du petit Boer fouilla l'horizon et après un court instant d'observation :

— Une troupe! dit-il. Une troupe vient sur nous!

Faradel arrêta net sa mule, et son geste ponctué d'un ordre immobilisa la colonne.

— Tu en es sûr? questionna-t-il.

— Très sûr!... La poussière et le brouillard m'empêche de bien distinguer. Mais pourtant j'aperçois des silhouettes de cavaliers...

— En garde alors! ordonna le Docteur. Prenons des dispositions d'attente.

Vivement, au galop de leurs mules, Faradel, Hugueville et Spinelli firent masser en carré tous les porteurs, qui déjà, commençaient à trembler.

Jus-de-Réglisse et Jean Pierson rangèrent les deux éléphants, devant ce parc improvisé; puis les guerriers noirs s'installèrent devant la forteresse vivante constituée par Fanoche et Bobette, tandis que Paul, Gaëtan et Spinelli se plaçaient en ligne sur le flanc droit.

Tous, y compris les femmes et le Docteur, avaient pris leurs armes et un silence de mort plana sur la troupe. Mais si Jean avait aperçu les arrivants, ces derniers venaient, de leur côté, d'apercevoir la colonne arrêtée et, eux aussi, avaient fait halte à 150 mètres environ.

Maintenant on les distinguait nettement, et il n'y avait pas à se méprendre sur leur qualité ; c'était, à n'en pas douter, une caravane armée de traitants arabes.

— Mauvaise rencontre ! murmura le Docteur. Ah ! quelle fatalité nous enveloppe !

Cependant, parmi les cavaliers de tête un mouvement se produisit, puis un homme monté sur un beau cheval alezan à tous crins, partit au galop et vint s'arrêter net à 50 mètres de la troupe de Faradel.

A la vue des éléphants, il eut un geste d'étonnement, mais pourtant il ne fit pas usage du fusil posé devant lui en travers sur la selle.

Vêtu d'une gandourah blanche et d'un burnous noir, il avait comme coiffure le turban classique, en poil de chameau, et un voile d'étoffe noire posé sur son visage n'en laissait apercevoir que les deux yeux étincelants.

— Un Touareg ? demanda Hugueville à mi-voix.

— Du tout ! Il n'y a pas de Touareg par ici, répondit Gaëtan. Les Touaregs ne sont pas les seuls à se couvrir le visage. Beaucoup d'Arabes en font autant.

Mais le cavalier prit la parole, et sa voix, assourdie par l'étoffe, parvint pourtant avec assez de netteté, car Hugueville, Gaëtan et le Docteur dirent presque ensemble et à mi-voix :

— C'est un Arabe !

— Oui, dit — mais à haute voix cette fois — le Docteur. C'est un Arabe qui nous demande : qui nous sommes ? d'où nous venons ? et où nous allons ?

— Répondez-lui, docteur.

— Soit !

Alors M. D'Arvil qui connaissait à fond la langue arabe pure, adopta les périphrases usitées en ce dialecte, et dit en substance que l'expédition était une expédition scientifique française, pacifique par conséquent ; qu'elle venait de la région des lacs et ralliait la côte de Zanzibar.

— Vous ramenez de l'or ? demanda l'Arabe.

— Oui !

— Des esclaves ?

— Non !

— Mais ces noirs ?...

— Ce sont des porteurs libres.

— Et l'ivoire que je vois... c'est à vous ?

— Sans doute ! Mais toi ? reprit avec hauteur M. D'Arvil, qui es-tu ? D'où viens-tu ? Où vas-tu ?

Le cavalier redressa la tête et avec un défi dans les yeux :

— Si tu veux le savoir, viens le demander à mon maître ! articula-t-il.

— Tu n'es donc pas le chef de cette troupe ?

— Non ! Le chef, c'est Ahmed ben Moktar !

— Ahmed ben Moktar ! ne put s'empêcher de crier M. D'Arvil, mais... c'est l'un des principaux traitants,. marchand d'esclaves, et l'un des ravitailleurs de l'iman de Mascate !

— Tu l'as dit !

Puis, faisant brusquement volter sa monture, le cavalier repartit au galop.

— Ça va mal ! déclara le Docteur, dont le visage s'était rembruni. Ça va mal ! Ah ! quelle fatalité ! Car, j'en suis persuadé, nous allons être obligés de nous frayer un chemin par la force.

— Qu'à cela ne tienne, dit Jacqueline très pâle mais ferme. Nous nous le fraierons... ce chemin !

— Eh ! qui sait ! Ils sont en nombre ! Et nous ne sommes que vingt-cinq fusils médiocres avec sept bonnes carabines...

— On fait de l'ouvrage avec ça, docteur, interrompit Hugueville. Et puis, après tout... Tiens ! Le voilà qui revient !

L'Arabe revenait, en effet, au galop.

— Roumis ! déclara-t-il quand il fut arrêté à la même place que précédemment, Ahmed vous fait dire que vous pouvez continuer votre chemin...

— Parfait!... Il y a du bon!!

— Mais les blancs seuls auront ce droit.

— Hein? Qu'est-ce que tu nous chantes?

— Tous les nègres devront suivre la colonne de ben Moktar, et les blancs paieront leur liberté en livrant leur ivoire et leur or!

— Non!... Il en a... de l'audace! clama Hugueville. Pour qui nous prends-tu!... Pour tes esclaves?

— Silence! dit le docteur.

Puis, à Faradel :

— Qu'en dites-vous?

— Ce que j'en dis! Eh! docteur! Que voulez-vous que j'en dise? C'est *non* qu'il faut répondre.

Ah! poursuivit-il avec un tremblement dans la voix. Ah! si encore il n'eût demandé que l'or et l'ivoire, j'aurais sans doute cédé!... Oui!... Je n'aurais pas voulu risquer un combat, et par suite la vie de mademoiselle... (Il se reprit) des deux jeunes femmes qui sont avec nous!... Mais... lâcher ces pauvres noirs! Payer avec leur peau notre peau à nous-mêmes, et notre liberté!... Jamais!... Ce ne serait pas digne d'un Français, et je me mépriserais profondément si j'avais commis une si vilaine action.

— Oui! clama-t-il encore avec véhémence, je suis sûr, mademoiselle Jacqueline, que vous me mépriseriez si je parlais autrement!

— Oui! monsieur Gaëtan et je vous approuve.

Mais, monté comme il l'était, Faradel ne s'arrêtait plus. Il reprit :

— Bon sang!... Accepter de pareilles conditions! oh! si je faisais cela, je me cracherais au visage!

— C'est ça qui est difficile! mon vieux Gaëtan. Faut viser rudement juste et cracher en l'air!

. . . .

L'instant était pourtant tragique, la minute était solennelle ; mais, malgré tout, le rire jaillit sur toutes les lèvres à la boutade de Hugueville.

L'Arabe, immobile sur son cheval, prit ce rire pour une moquerie. Fronçant le sourcil, il porta la main au yatagan dont la poignée ornementée émergeait entre sa cuisse gauche et la selle.

— Chiens !... Fils de chiens ! gronda-t-il. Vous bravez Ahmed ben Moktar, fidèle serviteur d'Allah ! Tremblez ! Les vautours rongeront vos carcasses !

— Montre-nous les talons !... On t'a assez vu ! lui jeta Hugueville le poing tendu.

— Oui ! dit Faradel avec un calme et une autorité qu'exaltaient en lui le danger imminent. Dis à Ahmed que le *capitaine* Faradel est maître de son bien et que personne ne l'a jamais empêché de passer. Va !...

— Et ne sois pas longtemps ! termina Hugueville.

Alors, transfiguré par la responsabilité qu'il sentait peser sur lui, Faradel lança vers Jacqueline un regard attendri.

— Mademoiselle Jacqueline, descendez, ordonna-t-il d'une voix douce. Vous vous placerez avec Babet, entre les deux éléphants. Là-haut vous offrez trop de prise aux coups de feu.

Elle voulut résister, mais il ordonna ; puis Bobette et Fanoche, sur l'ordre de leurs cornacs, s'agenouillèrent et se couchèrent sur le sol.

Les deux femmes et le docteur se placèrent entre ces deux vivants remparts.

Faradel et ses compagnons disposèrent tout autour les porteurs, les mules et les charges ; enfin, au premier rang, les guerriers noirs et les blancs armés s'espacèrent sur ce grand cercle ainsi formé pour répartir également leur feu.

Il était temps !...

Une cinquantaine de cavaliers arabes, partaient, en effet, au galop de charge.

Emportés dans une de ces chevauchés furieuses, dont les fantasias algériennes ne peuvent donner qu'une idée imparfaite, ils se déployèrent en éventail, dans le but évident de cerner la troupe ennemie.

Ce fut, certes, un beau spectacle au point de vue pittoresque ; mais celui que présentaient les assaillis était — dans son calme — encore plus beau.

Seuls, les porteurs terrifiés s'étaient jetés à terre. La face au sol, ils geignaient et tremblaient, mais les soldats noirs de Nioroh firent — au début — assez bonne contenance.

Genou en terre, les guerriers et les blancs attendirent l'ordre de Faradel qui, transfiguré, vraiment chef, resta debout.

— Attention ! cria-t-il. A mon commandement tirez, en visant juste et bas ! Que les carabines vident leur magasin, mais avec méthode !... Attention !... Commencez le feu !...

L'ordre jaillit comme les cavaliers n'étaient plus qu'à cent mètres... La fusillade crépita... ardente, précipitée, mais — comme l'avait prescrit le chef — méthodique. Et la moitié des assaillants, arrêtés net en leur galop, bascula, roula dans les herbes. Dix des survivants, emballés par leurs chevaux, continuèrent la chevauchée, tandis que les autres tournaient bride précipitamment.

Or, tous les hommes de Faradel avaient, au préalable, ajusté leur baïonnette, et c'est sur une ligne de pointes que s'abattit la trombe ennemie.

Elle y resta — entièrement — en ce qui concernait les hommes, qui tous furent tués. Les chevaux, selles vides, s'enfuirent alors crinière au vent ; mais quatre bêtes embarrassées par leur cavalier mort demeurèrent immobiles sur place. On s'en empara immédiatement et les quatre superbes animaux furent placés au centre, attachés aux licols des mules.

— Tonnerre ! J'ai eu chaud tout de même ! dit Hugueville. Mais c'est beau !... Seulement ce qui m'étonne c'est qu'ils n'ont pas tiré !... Ils n'ont donc pas d'armes ?

La réponse ne se fit pas attendre... hélas ! car une salve partit de la troupe ennemie.

La plupart des balles passèrent en l'air. Seules, quelques-unes frappèrent dans le groupe atteignant plusieurs porteurs et aussi le malheureux Spinelli.

L'Italien, touché à la tempe, roula sur le sol, foudroyé.

Et à cette vue, une folie particulière s'empara de tous les nègres : la folie de la peur.

Ils se débandèrent, malgré les objurgations ; puis, abandonnant leurs charges, ils s'enfuirent tous, y compris les guerriers.

Autour du groupe composé des éléphants, des mules, des chevaux et des charges délaissées, Faradel et ses amis restèrent seuls.

Heureusement les Arabes ne tiraient plus. Une préoccupation tout autre sollicitait leur attention : ils voulaient capturer les nègres fuyards.

Aussi, vit-on leurs cavaliers survivants partir au galop, pour rabattre vers le camp ce gibier d'un nouveau genre, et l'arrêt dans le feu des Arabes provenait uniquement de la crainte d'atteindre leurs compagnons.

— Profitons de ce moment d'accalmie ! dit alors le docteur. Fuyons, pendant qu'il en est temps encore !

Le corps du malheureux Italien fut hissé dans un des palanquins ; les femmes, le Docteur, Jean Pierson et Jus-de-Réglisse reprirent place à dos d'éléphant ; Faradel et Hugueville sautèrent en selle sur deux chevaux ; puis Bobette et Fanoche une fois relevées à coups d'aiguillon, furent lancées à un train rapide, dans la direction du Nord-Est. Talonnant leurs montures, Hugueville et Faradel suivirent au galop, abandonnant tout, réserves, ivoire, instruments et munitions.

Malheureusement pour eux, il restait encore dans la troupe de Ben Moktar des cavaliers et même des méharistes disponibles. Le chef arabe leur donna les éléphants comme objectif ; et, alors, ce fut une chasse invraisemblable, sauvage et désordonnée.

Dans l'éréthisme violent qui les surchauffait, Gaëtan et Paul excitaient violemment leurs chevaux, mais, cavaliers médiocres, ils ne surent pas les maîtriser. Les deux animaux s'emballèrent et réfractaires au mors, partirent à toute allure dans une direction oblique.

Cinq minutes plus tard ils avaient perdu de vue leurs amis ! Et quand, domptés enfin par la fatigue, leurs chevaux s'arrêtèrent d'eux-mêmes, soufflant et couverts d'écume, Faradel constata qu'ils étaient seuls en plein désert.

A perte de vue, la brousse desséchée s'étendait morne et désolée.

Pas une âme, pas une silhouette amie n'apparaissait sur la ligne d'horizon.

. . . .

Alors, courbé en deux, le coude appuyé au grand pommeau de la selle, et le front dans la main, Gaëtan brisé de fatigue, abîmé dans un profond désespoir, se mit à sangloter éperdument.

. . . .

— Allons, courage, ami ! Il ne faut pas nous laisser abattre. Peut-être rien n'est-il définitivement perdu !

C'était ce brave Hugueville qui, remis le premier, prit la main de Gaëtan tout en lui adressant ces paroles d'espoir.

L'autre fit un geste vague.

— Hélas ! dit-il d'une voix sourde, je voudrais te croire, mais...

— Va donc ! grand enfant ! Nous étions les moins bien montés et nous ne sommes pas pris ! Pas d'erreur, vois-tu ! Bobette et Fanoche ont certainement semés tous ces sales arbicos.

Et comme Faradel demeurait immobile, affalé sur sa selle.

— Allons ! Courage donc !... Arrive ! Nous allons les retrouver !

— Non ! riposta le malheureux avec accablement, non ! quelque chose me dit qu'*elle* est... oh ! je ne veux pas penser à cela !

Et, de nouveau, il s'abîma dans une crise de larmes.

Pourtant, à force de raisonnements, son ami finit par vaincre cette hésitation maladive.

— ATTENTION ! COMMANDA FARADEL, COMMENCEZ LE FEU ! (Page 50.)

— Si tu aimes réellement Mlle Jacqueline, conclut-il, eh bien ! viens chercher... ta femme !

— Hélas !

— Oui ! viens la chercher ! Et si nous ne la retrouvons pas... eh bien !... nous avons encore nos armes pour nous faire sauter la cervelle !

— Soit !

Ils partirent au pas, car leurs chevaux, littéralement fourbus, refusaient le trot.

Ils allèrent ainsi longtemps — très longtemps — à l'aventure. Tout point de direction était, en effet, perdu pour eux, et le sol desséché de la brousse n'avait même pas gardé l'empreinte des sabots de leurs montures. C'est donc uniquement au hasard seuls qu'ils s'en fiaient pour les diriger.

Enfin, au milieu de la plaine monotone, ils aperçurent un bouquet d'arbres et instinctivement ils se dirigèrent de ce côté.

Or, comme ils contournaient le massif, un gémissement assourdi leur parvint.

Ce fut un réactif à l'abattement douloureux qui les enveloppait. Une reprise énergique sur le mors ranima l'atonie des chevaux, qui subirent inconsciemment, eux aussi, la secousse de volonté émanant de leurs cavaliers.

.   .   .   .

Un instant plus tard, les deux hommes poussaient un cri de stupeur et d'épouvante, car, devant eux s'étalait dans toute son horreur le spectacle suivant :

Bobette et Fanoche étaient là, devant eux, mais seule Fanoche était vivante.

La brave bête soufflait tout en caressant de sa trompe sa camarade étendue sur le sol... dans une mare de sang.

Près de Bobette, un autre cadavre, celui de Babet, dont le front ouvert laissait échapper la cervelle ; et enfin, au-dessous du palanquin renversé, lequel formait partie de la charge de Bobette, un bras à demi sorti s'agitait.

D'un bond Faradel et Hugueville furent à terre.

D'un effort, ils soulevèrent le palanquin, après en avoir débouclé les courroies... Et Jean Pierson leur apparut.

Il était sain et sauf... Car on ne pouvait appeler blessure la déchirure qu'il portait au front, et, une fois délivré, l'enfant entremêlant de sanglots son récit, raconta :

...Emportés par le vertige de leur fuite, ils avaient galopé, sans voir, sans raisonner. Le train des éléphants avait eu vite raison du galop des chevaux arabes : mais les méharistes avaient tenu bon !

Bien mieux !... Dix d'entre eux, excellemment montés, les gagnèrent de vitesse en les tournant...

Ceux-là étaient venus les attendre, à l'affût derrière ce massif isolé, et quand les fugitifs furent à leur portée ils les assaillirent des deux côtés à la fois.

Il y avait eu corps à corps, lutte violente, échange de coups de feu, et au cours de ce combat Jean avait perdu son équilibre.

Tombé à terre au moment même où Bobette recevait dans l'œil un violent coup de lance, le petit Boer avait été enseveli, en quelque sorte, sous le caisson du palanquin, par la chute de l'animal.

Il se souvenait bien avoir entendu à cette minute un grand cri poussé par Jacqueline, mais le choc violent du caisson qui lui heurta le front l'avait, presque à la même seconde, jeté bas... évanoui.

Et c'était tout ! Il n'en pouvait raconter davantage.

Jean ne s'était réveillé de sa mort factice que depuis peu ; il avait alors tenté, mais en vain de se dégager, et n'y fût sans doute jamais parvenu sans l'heureuse arrivée de Paul et de Faradel.

Tel fut son récit.

— Qu'en conclure ? dit sourdement Gaëtan.

— Qu'elle est prisonnière, ainsi que le Docteur et le petit Jus-de-Réglisse, répondit gravement Jean Pierson.

— Ou... morts ! soupira Gaëtan.

— Non ! répliqua Hugueville. S'ils étaient morts... ils seraient ici, avec cette pauvre Babet.

— Peut-être as-tu raison ! mais que faire ? mon Dieu !... que faire ?

— Tâcher de les rejoindre ! dit l'ancien monarque des Ourondis.

— Pour les délivrer ! articula rageusement le petit Jean.

— Ou... mourir ensemble ! conclut en pleurant Faradel.

— Il ne s'agit pas de mourir... mais au contraire de vivre !... et de les sauver ! riposta Hugueville. Au reste, tu n'es plus en état de commander, mon pauvre camarade. L'amour te berce, t'enveloppe et oblitère momentanément ton cerveau d'ordinaire si net. Écoute ! Je prends la direction du mouvement.

— Si tu veux !

— Bon ! Occupons-nous d'abord de cette pauvre et brave fille.

Une fosse fut creusée pour la servante et pour Spinelli dont on retrouva le cadavre dans le caisson. On la revêtit de cailloux et de gazon. Puis, abandonnant les chevaux, on chargea sur Fanoche les munitions, outils, etc., qui garnissaient le palanquin de la pauvre Bobette.

Quittant alors ce lieu funèbre, Jean, Faradel et l'ex-joyeux embarquèrent sur Fanoche et partirent.

Les deux chevaux suivirent tout d'abord l'éléphant, mais Fanoche actionnée par Hugueville, prit une allure trop rapide pour que les deux bêtes fourbues pussent l'accompagner.

Ils s'arrêtèrent... et, hennissant, ils virent la masse grise diminuer... diminuer... puis disparaître.

. . . .

Pourtant, à bord (si on peut assimiler un éléphant à un bateau) les passagers gardaient le silence.

Seul, Hugueville, lançait parfois une phrase, un mot énergique et bref pour ranimer l'allure de Fanoche quand l'animal faiblissait.

Il faisait, en effet, une chaleur suffocante, dont le pachyderme, plus encore que les hommes, était fortement incommodé.

Il faut, en effet, de l'eau — beaucoup d'eau — pour maintenir un éléphant en bon état. Or, Fanoche n'avait rien bu depuis la veille.

Hugueville dut donc à un moment donné la laisser libre de marcher au pas.

— Où allons-nous?... Dans quelle direction marchons-nous? demanda soudain Faradel.

— La boussole recueillie sur Bobette me donne Nord-Est. Et si je suis cette ligne-là, c'est le raisonnement qui m'y pousse.

— Comment cela?

— Oui! Cette canaille de Ben Moktar semblait se diriger vers le Nord-Est, dans la direction du Nyanza. Nous le regagnerions donc en marchant comme nous le faisons.

— Soit! Guide-nous!

Après de longues heures de marche, Fanoche s'arrêta. De son propre mouvement elle avait, par instinct, obliqué vers une partie boisée, où sûrement, presque mathématiquement, elle trouva avec son flair d'animal sauvage une dépression de terrain formant mare.

Là, on fit halte. On mangea des galettes séchées de sagou provenant de la réserve, on but, puis on se remit en route.

Or, comme le soleil baissait, les voyageurs aperçurent, à l'horizon, une lueur rouge.

— C'est un campement, déclara Jean, attention à nous!

— Oui, dit Faradel, soyons prudents, mais avançons!... Avançons!

Et soudain, après avoir parcouru un kilomètre, ils tombèrent en plein sur le passage fraîchement foulé d'une caravane.

— Nous y sommes !... Ce sont eux ! s'écria Gaëtan comme pris de folie.
Au galop !... Au galop !...

— Tu es fou ! Reste tranquille, au contraire ! Tais-toi et ne compromets
pas par un impair une partie qui n'est déjà pas si belle par elle-même.

Modérant donc l'allure de Fanoche, Hugueville gagna un groupe de
palmiers et s'arrêta.

— Là ! dit-il. Descendez !... Nous gîterons ici cette nuit.

— Mais...

— Il n'y a pas de mais !... Obéis !

Alors, après avoir attaché solidement l'éléphant, Paul Hugueville
déclara :

— Restez là bien tranquilles... Je m'en vais me payer une petite
reconnaissance du côté de... là-bas.

— Seul ?

— Non ! avec Paul Hugueville ! blagua-t-il. Vous deux : restez
tranquilles.

La nuit tomba brusquement, ainsi qu'il arrive sous l'Équateur, et Paul
disparut dans le noir.

Jean Pierson, appuyé sur sa carabine, resta en sentinelle, tandis que
Faradel brisé par le désespoir, s'asseyait au pied d'un palmier, dans une
attitude morne et prostrée.

Le joyeux demeura absent une demi-heure environ, puis Jean Pierson
perçut un bruit de pas foulant l'herbe sèche, et, tout à coup, deux silhouettes
émergèrent de l'ombre.

— Bono !... y a du bon ! lança Hugueville à mi-voix. C'est moi !... ou
pour mieux dire : c'est nous ! car je ramène du monde.

Dix secondes plus tard, il rejoignait le petit campement avec Jus-de-
Réglisse qui l'accompagnait.

— Voilà ! dit Paul. C'est déjà un résultat que d'avoir retrouvé ce jeune
homme de bonne famille.

Il s'interrompit, donna une claque amicale sur la toison crépue du petit nègre et dit, ironique :

— Salue donc ! Eh, l'enflé ! quand on te fait un compliment.

Puis, continuant :

— ...Mais ce qui est plus important, c'est que, par lui, j'ai des nouvelles toutes fraîches qui se résument en cette phrase : Mlle Pierson et le docteur d'Arvil sont prisonniers, mais ils se portent bien.

— Dieu soit loué ! s'écria Faradel dont l'œil morne se ralluma.

— Parfaitement ! reprit Hugueville, en désignant de la main la lueur rouge qui, au loin, incendiait le ciel noir. Parfaitement, ils sont là-bas, c'est vrai, mais on ne leur a fait aucun mal. Il paraît même qu'on ne veut pas leur en faire. Et puis, après tout, je suis fatigué, moi ! C'est à ton tour de causer, jeune homme au teint d'albâtre ! Allons ! Cause un peu ! Raconte à ces messieurs ce que tu sais !

— Ci moi bien peur ! commença Jus-de-Réglisse. Oh ! fi ! tu plein peur ! Ci l'z Arabes nous sauter dessus. Pi Bobette il est morte ! Pi madzelle Babet il est morte aussi ! Pi... je n' sais pas moi ! Tu plein d' coups d' fizils ! Personne touché ! bono ! bono ! Sulment nous pris par l'z Arabes ! Z'ont emmené docteur, madzelle Jacqueline et pi p'ti Zules ! Pau p'ti Zules ! Z'y ont donné tout plein bòcoup coups de pied dans l' darière ! Oh ! pau p'tit Zules !...

Hugueville l'interrompit en riant :

— Avocat !... Passez au déluge !,... Vous vous perdez dans d'inutiles digressions. Abrégez, ou je vais imiter « l'z Arabes ».

— Ci fezé bòcoup mal au darière de pau p'tit Zules ! reprit l'enfant. Mais ça fezé rien !... Z'ont arrivé au camp ! Nous z'ont mené au chef Moktar, qu'est méchant tu plein ! Voulait d'abord couper l' cabèche à nous ; mais l' docteur d'Arvil l'est très malin ! l'en a empêché.

Jus-de-Réglisse éclata de rire.

— Oh ! Fi ! Bien malin l' bon docteur ! L'a dit à Moktar : « Toi couper cabèche à nous si tu veux, mais alors toi perdre bôcoup zargent! » Moktar l'a plus été si méchant. « Combien z'argent? » qu'il a dit. « Fixe toi-même la... » J' sais pas comment qu'il a dit ça l' docteur.

— La rançon! rectifia Hugueville.

— Fi! la rançon! Moktar l'a réfléchi, pi : « Vingt mille douros par tête, qu'il a dit, en plus de votre or et de votre ivoire! » « C'est bien, que l' docteur a dit. A la côte tu seras payé! Li consoul de France il paiera! »

— Hum! fit Gaëtan en hochant la tête. C'est bien extraordinaire que ce Moktar ramène des prisonniers à rançon jusqu'à la côte. Il risquerait de se voir enlever, sans argent, sa capture, par l'intervention des autorités civilisées.

— Enfin, ne cherchons pas la petite bête pour l'instant, déclara Hugueville. Jus-de-Réglisse a bien pu ne pas saisir le détail de cette conversation. L'essentiel c'est que — ainsi qu'il vient de le raconter — Moktar admet l'idée de rançon. Où? par qui? comment devra-t-elle être payée? Peu importe! Nous verrons plus tard. L'important, c'est que Mlle Jacquelique et le docteur d'Arvil sont assez bien traités; qu'ils sont, il est vrai, gardés à vue, mais on leur a donné, paraît-il, des chameaux. A nous, maintenant, d'agir au mieux selon les circonstances.

— Mais, interrompit, Jean, dis-moi, petit Réglisse, tu t'es donc sauvé?

— Fi! messié! moi pitit! Z'ont pas vu moi partir du camp. Ci comme ça z'ai rencontré missié Higueville.

— Et nos noirs? questionna Gaëtan.

— Z'en ont pris soixante-dix-neuf. Sont maintenant z'esclaves, sont attachés avec des chaînes. Heureusement z'avaient pas attaché Zus-d'-Réglisse.

Cette explication, pour confuse qu'elle fût, ramena un peu de calme dans l'âme de Gaëtan.

Du moment que la mort ne s'était pas mise de la partie, du moment qu'un espoir — si incertain fût-il — restait au sujet d'une délivrance possible, il fallait lancer le *macte animo* des anciens, et reprendre du courage et des forces.

On organisa donc un quart de nuit pour surveiller les alentours, et chacun put se reposer à tour de rôle.

.   .   .   .

A dater de cette nuit, Gaëtan et ses compagnons marchèrent constamment dans le sillage de la caravane, qui se dirigeait carrément vers le Nord.

Chemin faisant, on avait discuté une foule de plans et bâti cent projets de délivrance aussi impraticables les uns que les autres.

Que tenter, en effet?

L'attaque de vive force eût été une folie, étant donné leur petit nombre.

Une surprise?...

Peut-être! Mais, pour la risquer avec quelques chances, il eût fallu être renseigné sur le dispositif du campement ennemi. Or, on ne pouvait l'approcher qu'à longue distance, en rampant dans les herbes et en se maintenant hors de la vue des sentinelles.

Et les jours se succédaient sans amener la moindre modification à cette situation pleine d'incertitudes.

Devant le sentiment de son impuissance, Faradel était devenu très sombre. Son regard semblait celui d'un halluciné. Jean Pierson, lui aussi, avait perdu ce beau sang-froid si particulier, qui faisait d'ordinaire de cet enfant l'égal d'un homme.

Seuls, Jus-de-Réglisse et Paul Hugueville restaient les mêmes. Le cerveau du second n'avait pas changé. Ce grand garçon, maigre, roussi par le soleil, était, avec ses yeux de flamme, un réconfort constant pour la petite troupe. Il lançait l'étincelle de sa foi sur leur désespoir.

On suivit ainsi Moktar pendant neuf jours à travers un pays assez uniforme et très désert.

Hugueville qui passait sa vie à consulter sa boussole et une carte heureusement retrouvée sur Bobette, déclara qu'on devait certainement approcher du lac Victoria-Nyanza.

En effet, après avoir monté longtemps suivant une pente assez douce, mais constante, la plaine venait de s'infléchir brusquement.

Le sol prenait une autre teinte ; la dessication des herbes faisait place, non pas à une végétation luxuriante, mais à une reprise de verdure qui délassait l'œil de la monotonie d'un horizon torréfié.

Les parties boisées devenaient aussi plus fréquentes. Mais jusqu'alors, aucun vestige d'habitation humaine n'avait été signalé.

Or, comme on en était au dixième jour de cette marche terrible, un événement anormal se produisit.

Au lieu de marcher, comme elle en avait coutume, jusqu'à onze heures, la colonne de Moktar s'arrêta brusquement sur le coup de huit heures du matin.

Hugueville fut même surpris par cet arrêt brusque, car il faillit approcher trop près de la queue de colonne.

Vivement, en voyant à deux kilomètres au plus la caravane arrêtée, il rejeta Fanoche vers un bouquet d'arbousiers, où il la fit pénétrer pour dissimuler leur présence.

Puis, confiant la garde de l'animal à ses compagnons, il se décida à partir à la découverte, car, certainement il se passait dans le camp du forban marchand d'esclaves quelque chose d'anormal.

L'ex-joyeux se glissa donc, en rampant, à travers la brousse. Profitant de chaque repli de terrain il réussit à arriver, sans être vu, jusqu'à cent mètres de l'arrière-garde.

Et alors il constata que la troupe immobile ne comportait qu'une dizaine de cavaliers armés et cinq méharistes.

Ces hommes gardaient à vue les noirs enchaînés accroupis à terre, et, au centre du groupe, Paul Hugueville aperçut, avec une émotion intense, Jacqueline Pierson et M. d'Arvil debout auprès de leurs chameaux couchés.

Le brave garçon se sentit remué jusqu'au fond de l'âme.

— Tonnerre! pensa-t-il. Si on pouvait les enlever!... Oui!... Si on essayait!... Mais le restant de la colonne de Moktar... où diable est-il?

Avisant à une dizaine de mètres une grosse roche grise, il s'y coula, s'y accrocha, grimpa, comme un lézard jusqu'à la crête, et coulant son regard par-dessus l'arête supérieure, il se trouva devant un spectacle auquel il ne s'attendait certes pas.

Dans une plaine déprimée, au fond de laquelle, formant toile de fond, montait une surface d'eau semblable à la mer, la troupe des guerriers de Moktar s'avançait en ordre déployé, prête au combat.

Son objectif était un gros village nègre installé, au milieu de plantations, non loin de cette mer qui ne pouvait être que le lac Victoria-Nyanza.

La palissade en pieux qui cernait le village était close hermétiquement, mais, de loin, le joyeux aperçut confusément des têtes allant, venant, puis disparaissant au-dessus de l'enclôturé.

— Plus de doute! pensa Hugueville, ce bandit vient pour razzier ce village noir. C'est la chasse à l'esclave qui va commencer.

Il ne se trompait pas, car les assaillants étant arrivés à la portée, quelques coups de feu partirent des meurtrières ouvertes dans le rempart de pieux. Un grand murmure s'éleva du village et les Arabes ripostèrent.

Hugueville n'en demanda pas davantage. Abandonnant la roche, il se coula le plus vite qu'il put dans la direction du bouquet d'arbousiers qui abritait ses compagnons.

Ces derniers, ayant entendu le bruit sourd des coups de feu, s'étaient déjà mis en garde.

Vivement Hugueville les mit au courant, puis remontant en palanquin.

— Advienne que pourra! conclut-il. Nous attaquons.

— Oui! en route!

— Dépêchons!

— Doucement! reprit Hugueville. C'est moi qui commande! Jean et toi Gaëtan vous allez vous tenir prêts à me décoller les cavaliers.

— Oui!... Oui!

— Moi! Je ne peux pas tirer, car je dois assurer la direction en guidant Fanoche. Je n'ose pas armer Jus-de-Réglisse. Il serait, par inexpérience, capable de tuer nos pauvres amis.

— Nous suffirons à la tâche! déclara Jean Pierson. Nous avons, M. Faradel et moi, nos magasins chargés et chacun une autre carabine, toute prête avec magasin plein.

— C'est bien!... Et que la Providence nous soit en aide!

— Ceci dit, ils se serrèrent la main, chaudement et gravement, avec ce sentiment puissant que donne aux âmes nobles le consentement tacite à la mort... puis, sous l'aiguillon, Fanoche partit vers la fusillade qui maintenant faisait rage.

. . . .

Et, tout à coup, les Arabes de garde aux prisonniers virent, avec stupeur, la masse imposante et bizarre arriver sur eux au plein galop.

Ce fut si imprévu et si fantastique qu'ils eurent d'abord une hésitation. Elle leur fut fatale, car malgré le tangage de cette course folle, les carabines firent de la besogne. Trois méharistes sur cinq et quatre cavaliers s'abattirent.

Les autres, partagés entre leur devoir de gardiens et le soin de leur propre défense, optèrent pour la défense.

La riposte arriva. Mais leurs balles ricochèrent sur la peau de Fanoche qui, excitée, précipita sa course.

Les noirs captifs, apeurés par cette aventure, s'étaient, malgré leurs chaînes, jetés dans toutes les directions. Seuls, le docteur et Jacqueline, saisis d'un joie immense, n'avaient pas bronché. Au contraire, pour faciliter l'attaque de leurs amis, tous deux s'étaient jetés à terre entre leurs chameaux.

Ce fut donc au milieu d'une vraie mêlée, dans un chaos indescriptible, que l'éléphant arriva comme une trombe.

Des noirs enchaînés, renversés par son choc, furent écrasés sous ses pieds formidables.

Un méhariste, bousculé d'un coup de tête, pirouetta en l'air et retomba, les reins brisés.

Il y eut entre les derniers Arabes et les assaillants une courte minute de corps-à-corps, au cours duquel yatagans, lames et baïonnettes mêlèrent leur cliquetis aux détonations des carabines... puis tout cessa.

Fanoche s'arrêta enfin, essoufflée, au milieu du carnage ; tandis que les noirs qui avaient fui tout d'abord, revenaient en courant vers cet éléphant qu'ils reconnaissaient. Les trois Arabes survivants galopaient ventre à terre vers la troupe de Moktar.

D'un bond, Faradel et Jean avaient sauté à terre.

On peut penser si l'étreinte fut chaude entre eux et Jacqueline, mais elle dura peu.

Il fallait, en effet, parer à toute éventualité et la décision fut rapidement prise.

Elle se résuma en ceci : se mettre d'abord hors d'atteinte.

— Oui ! dit Jacqueline, mais ces pauvres nègres ? nous ne pouvons les abandonner.

C'est vrai, en principe, déclara Hugueville, mais nous n'avons pas le temps de les déchaîner. Il faudrait pour cela deux heures de travail.

— Pourtant...

— Tant pis ! Ce n'est pas de l'égoïsme de ma part. C'est de la sagesse ! Empoignons les armes des morts. Mademoiselle Jacqueline et vous, Docteur, montez dans le palanquin. Toi, Jean, et toi aussi, Gaëtan, enfourchez ces deux méharis.

— Écoutez ! interrompit tout à coup le docteur d'Arvil. Un sourd bruit de galop, là-bas, derrière la crête !... Ils reviennent !... Attention !

— Au diable! hurla Faradel. Fuir est bien inutile!... Nous sommes dans le bal, restons-y jusqu'au bout!...

— Soit! lança Hugueville avec un geste de gavroche, moi, « *je m'en bats l'orbite*!... » Eh bien, si c'est comme ça, fonçons dessus!

Alors, l'exaltation particulière aux situations désespérées les empoigna tous jusqu'aux entrailles.

Les blancs et aussi les noirs enchaînés, envahis par une sorte de frénésie, se mirent à pousser des cris, des hurlements, comme on en entend dans les mêlées au moment des grandes charges. Une folie momentanée les saisit, les fit vibrer de la nuque aux talons, annihilant chez eux toute autre conception, toute autre pensée que celle-ci : courir sur l'ennemi, en tuer le plus possible... quitte à mourir ensuite.

Et les noirs se massèrent instinctivement autour de Fanoche et des méharis montés par Jean et Faradel.

Une forêt de poings noirs se dressa, remuant avec un bruit sinistre les chaînes rivées à leurs poignets. Des hurlements, des invocations à leurs idoles, montèrent... jaillirent des bouches noires en un bruit violent, formidable. Et toute cette foule, emportée d'un élan frénétique, marcha vers l'ennemi.

. . . .

Quand elle apparut en haut de la pente, les cavaliers lancés par Moktar s'arrêtèrent net... tant cette masse offrait un aspect terriblement impressionnant.

Que crurent-ils?... Sans doute à une attaque imprévue leur arrivant par derrière.

Toujours est-il que tournant bride, ils regagnèrent précipitamment leur chef qui tentait à ce moment l'assaut du village.

La colonne noire, vociférante, tumultueuse, continua sa course plus rapide, maintenant qu'on descendait la pente. Du haut du palanquin, du haut des méharis, une fusillade bien ajustée, vint semer la mort dans la troupe de

Moktar, et les guerriers Arabes, surpris, désemparés par ce feu qui leur arrivait dans le dos, lâchèrent pied.

Avant même qu'on eut pu prendre contact avec eux, ils s'étaient enfuis sur les deux ailes.

Ahmed ben Moktar, lui-même, escorté de quelques hommes, filait à toute bride dans la direction de l'Ouest.

Jean Pierson l'ajusta, le manqua d'abord, le remit en joue, et enfin l'abattit à son troisième coup de feu ; et ce fut sur un champ de bataille vide d'ennemis vivants mais couvert de cadavres que la colonne assaillante s'arrêta, à cent mètres des remparts.

.   .   .   .

Si l'armée du traitant arabe avait été surprise par cette attaque imprévue, les noirs du village assailli l'avaient été — eux aussi — au moins autant.

Ils faisaient partie du district de Ousoukouma, ainsi que le déclara le docteur d'Arvil. Peuplade idolâtre mais pacifique, ils ne guerroyaient guère que pour se défendre contre les incursions périodiques des marchands d'esclaves musulmans.

Certes, pendant qu'ils résistaient à l'attaque de Moktar, attaque qui, hélas ! n'était pas la première, ils avaient bien pensé que la partie était perdue et que la plupart d'entre eux s'en iraient — dorénavant esclaves — sur les marchés de Mascate, de l'Inde ou de Tripoli.

Quelle était donc cette intervention bénie des dieux qui venait si à propos de mettre leurs bourreaux en déroute ?

Inquiets, encore méfiants, ils ne donnaient plus signe de vie.

Blottis derrière leurs palissades, ces malheureux examinaient par les meurtrières ce groupe noir, apaisé maintenant, cet éléphant bizarrement harnaché, ces blancs qui faisaient des signaux, mais aucun d'eux n'osait se montrer.

Il fallut que, mettant pied à terre, le docteur employant un dialecte approprié, vint tout près du rempart, leur expliquer son intervention.

UN MÉHARISTE ATTEINT D'UN COUP DE TÊTE CULBUTA. (Page 66.)

— Nous sommes, conclut-il, des guerriers blancs de France qui venons en Afrique combattre et tuer les marchands d'esclaves ! Vous avez vu comme vos ennemis ont fui devant nos carabines. Sans nous, ils vous eussent massacrés. Ils auraient pris vos femmes, vos enfants pour les vendre sur les marchés arabes et turcs. Beaucoup d'entre eux seraient morts au désert et les vautours auraient déchiqueté leur corps. Soyez-nous reconnaissants ! Ouvrez vos portes aux guerriers de France ; ils viennent pour vous protéger !

Ce petit speech fit son effet.

Derrière les palissades un murmure approbateur s'éleva, puis la porte s'ouvrit, le chef parut, et après une courte conférence de bienvenue, l'expédition Faradel faisait dans le petit village de Kaghéhi une entrée triomphale.

Le prince du lieu, nommé Simaro, fut aussi accueillant que l'avait été autrefois le pauvre Nioroh.

Il installa ses hôtes aussi confortablement que peut le permettre un village nègre.

Mais qu'importait l'installation plus ou moins luxueuse à Faradel ?

N'avait-il pas reconquis ce qu'il aimait le plus au monde : son adorée Jacqueline, celle qu'il avait cru un moment si bien perdue pour lui que le pauvre garçon avait, un instant, sérieusement songé à la mort.

Au fond, sa joie se mélangeait bien de tristesse, car deux amis — bien chers aussi — avaient payé de leur vie, cette terrible excursion équatoriale.

Oui !... Babet et Spinelli !... Morts... ensevelis là-bas... tout là-bas dans la brousse ! Gaëtan sentait, en pensant à cette perte atroce, les larmes gonfler ses paupières.

Mais l'amour est égoïste. Les joies qu'il renferme atténuent, effacent même en partie les autres douleurs.

Et c'est pourquoi, ce soir-là, Faradel, malgré tout, s'était endormi heureux... le sourire aux lèvres.

Vous voyez, prince, conclut Gaëtan en terminant cette première partie de son récit, vous voyez que tout n'est pas rose dans le métier d'explorateur malgré soi.

— En effet ! riposta Sizikah, mais n'importe, cette vie a dû vous causer bien des jouissances.

— Euh ! euh ! vous savez, mon cher hôte, tout est relatif... Je ne dis pas qu'on n'est pas fier d'avoir passé par là... Non ! Mais c'est surtout quand on est sorti d'affaire qu'on est fier. N'allez pas croire pourtant que le sentiment que j'exprime relève d'une quelconque poltronnerie, non pas ! J'ai, ainsi que mes compagnons, la prétention d'avoir du cœur, mais, c'est égal ! je ne demande pas à recommencer.

— Pourtant vous avez tué du monde en masse.

— Oui ! Assez !

— Et cela ne vous a pas procuré une volupté, une sensation étrangement prenante de plaisir !

— Peuh ! J'aurais préféré ne tuer personne. Nous n'avons tué que pour sauver notre peau.

— Bizarre ! murmura sourdement le prince. Oui, c'est bizarre !...

Il y eut un silence. Le regard du Japonais était devenu très dur, presque cruel. Puis il secoua la tête comme pour chasser une pensée importune et reprenant son expression normale :

— Et pour rejoindre Zanzibar, avez-vous eu de nouvelles difficultés à vaincre, de nouvelles luttes à soutenir ?

— Non, prince. La fin de la promenade a été idiote de tranquillité, car je n'appelle pas même un incident le meurtre d'une lionne que je commis en route.

Ce genre de sport ne constituait pas même une émotion pour nous, après le lot d'accidents extraordinaires qui nous étaient survenus jusque-là.

Il me suffira de vous dire qu'une fois installés chez nos nouveaux amis, nous n'avons vécu qu'avec cet idée fixe : nous en aller.

On commença donc par remettre un peu d'ordre dans l'expédition si éprouvée. Notre or et notre ivoire reconquis étaient à peu près intacts ; mais nous avions perdu une masse de porteurs et de guerriers. Ce dernier point n'était, du reste, pas inquiétant. L'Afrique est un grand magasin où on trouve de l'homme noir à volonté, et nos nouveaux amis, sauvés par nous des griffes de Moktar, étaient tout indiqués pour boucher les vides créés par la guerre. Pourtant malgré la vénération reconnaissante dont ils nous entouraient, il fallut plusieurs semaines pour obtenir de leur roi : 1° la possibilité de nous en aller ; 2° une escorte et des porteurs.

Hugueville dut jurer de revenir plus tard, et cela donna lieu à une cérémonie très particulière.

Vous savez, prince, que nombre de peuplades noires ont les serpents en vénération.

— Oui ! dit Sizikah. Il en est de même au Japon... dans certaines régions, tout au moins.

— Eh bien, ces noirs étaient du nombre. Mon ami Paul dut donc se prêter aux circonstances. On lui amena deux boas tachetés. Un griot les tenait en arrière du cou, et les deux sales bêtes dardaient leur fichue langue en fourche. Brrr ! Je n'aime pas ces bêtes-là. Hugueville non plus, du reste, Et le camarade faisait la grimace tout en prononçant une formule arabe que le docteur d'Arvil lui avait apprise.

Il prêta donc serment — sans aucune conviction — et conclut en s'adressant au griot :

— Maintenant, mon vieux, rengaîne tes anguilles !

Bref, huit jours plus tard nous nous mettions en route très agréablement, grâce à nos méharis, et mon amie M\u1d49 Jacqueline était, par parenthèse, devenue en ce genre de sport une écuyère consommée.

Nous avons mis trois mois à gagner la côte. D'abord nous avions pris pour objectif Bagamoyo, mais, pour éviter un passage de rivière, nous avons obliqué et c'est à Saadani, en face de Zanzibar, que nous avons fait une halte définitive. Là une difficulté nouvelle surgissait. Pour gagner Zanzibar il fallait un bateau. Or, pas de bateau à Saadani ! J'entends : un bateau pouvant transporter mes amis, moi-même, notre cargaison et surtout ma Fanoche, car vous pensez, prince, que je tiens à cette brave bête.

— Il fallait la tuer ! dit froidement Zizikah.

— Hein ? Qu'est-ce que vous dites.

— Je dis qu'il fallait la tuer.

— Ah ! par exemple ! Tuer ma Fanoche ! Vous voulez rire, mon prince !

— Du tout ! Vous avez ennuyé au delà du possible cet animal en l'enchaînant, en l'arrimant à bord, en lui imposant une traversée. Puis, quand elle sera en France, croyez-vous qu'elle s'amusera ?

— Bien sûr ! dit sans broncher Gaëtan. J'irai me promener avec aux Acacias. Ce sera très original !

— En effet, déclara Sizikah qui ne put s'empêcher de rire de la boutade.

— Donc, continua Faradel, voici ce que nous avons fait. Laissant le camp à la garde du docteur et de Jean Pierson, nous avons frété une grande barque de pêche et nous sommes partis, Mlle Jacqueline, Hugueville et moi, pour chercher un bateau à Zanzibar. J'avais eu soin d'embarquer pour une vingtaine de mille francs de lingots, car c'est le seul moyen d'être bien reçu chez les civilisés.

Nous avions aussi, vous le pensez, nos carabines, car sans cet indispensable porte-respect il y aurait eu bien des chances pour que nos bateliers nous envoient par-dessus bord.

Enfin, nous arrivons. Je monnaie mon or en le convertissant en livres sterling et billets de la banque d'Angleterre. Je m'abouche avec le consul allemand, car le consul français était à faire une saison à Vichy. C'est extraordinaire, prince, ce que les consuls français coulent une douce existence !

Mais malgré protection et monnaie, je n'aurais jamais réussi à faire dévier un steamer postal de sa direction. De plus, aucun ne voulait embarquer ma Fanoche.

Enfin le ciel m'envoie *l'Albatros* — ce brave petit navire que vous faillîtes couler au large de Gibraltar — et son excellent homme de capitaine, le digne Ladislas Pingou, qui traita.

L'embarquement se fit — non sans difficulté — au large de Saadani ; puis, après avoir offert à nos négros une gratification en ivoire, nous avons filé.

Voilà mon odyssée, prince, conclut Gaëtan, et je vous donne ma parole que tout en professant pour vous la plus profonde estime, je vous en veux carrément de m'emmener malgré moi faire le tour du monde, juste au moment où j'allais me marier.

— Ne vous impatientez pas, reprit le Japonais. Tout vient à son heure. Et maintenant, laissez-moi vous remercier. J'ai abusé de vous en vous faisant raconter vos intéressantes aventures, car voici l'heure du dîner. Avez-vous appétit ?

— L'appétit est mon ami personnel.

— Bien ! allons donc dîner.

Ils se rendirent sous la coupole revenue à l'air libre et un repas analogue au déjeuner du matin leur fut servi.

Puis, comme le crépuscule tomba brusquement, Gaëtan s'étonna.

— Ah ! ça, où sommes-nous donc ?

— Vers le Tropique.

— Bon sang ! Nous en avons fait du chemin !

Sizikah sourit.

— Ce n'est rien encore. Vous verrez demain ce que peut donner le *Pipo*. Mais ce soir vous devez être fatigué, monsieur Faradel, je vais vous reconduire chez vous.

— En effet, déclara Gaëtan, je viens de passer une journée peu ordinaire, et je reconnais que je m'étendrais avec satisfaction.

— Venez.

Cinq minutes plus tard, Gaëtan s'installait dans l'élégante cabine-salon qui lui avait été affectée et que nous avons décrite ; il s'enveloppait dans la

peau de loutre noire, et mollement étendu sur des coussins de soie, il voulut
rêver un instant dans la solitude.

Il ne le put. Ses nerfs trop fortement tendus s’affaissèrent, une fatigue
étrange et engourdissante l’enveloppa ; brusquement il s’endormit.

Tandis que Sizikah, après avoir fait une ronde dans toutes les parties
du *Pipo*, se rendait dans la logette tronconique située à l’avant.

Là, se tenait devant un clavier et une boussole un matelot chargé à la
fois de la direction et du moteur.

Le prince vérifia la direction suivie, inscrivit sur un petit tableau la
route à suivre pour la nuit, heure par heure ; puis après avoir donné
quelques ordres au timonier, il fut se reposer dans sa cabine personnelle. Le
silence se fit à bord. Et, sur la mer, le *Pipo* se mit à courir à toute vitesse,
l’irradiant du feu de sa coupole, pointant en avant un cône de lumière qui
émergeait d’un œilleton-phare placé au-dessus de la logette de direction.

Et c’était quelque chose de monstrueux, d’inquiétant, de fantasmago-
rique que cette chose oblongue, dorée, phosphorescente qui filait... filait en
soulevant autour d’elle une poussière d’écume dont les gouttelettes, réver-
bérant la clarté bleue du dôme, semblaient des perles ; tandis que son phare
de lumière devait évoquer — pour les paquebots qui purent l’entrevoir dans
sa course nocturne — l’œil de feu de quelque animal cyclopéen !

CHAPITRE IV

A capitaine fou... bateau étrange.

Quand Faradel s'éveilla il se demanda tout d'abord :

— Où suis-je?

Son lourd sommeil n'avait point, en effet, empêché son cerveau de subir la hantise des rêves, et ce n'était point les événements bizarres de la journée qui avaient formé le thème de ses songes.

Or, dès que (pour employer la classique formule) Morphée avait clos ses paupières, notre ami avait totalement oublié le *Pipo*, et son naufrage, et la singularité du prince Sizikah, et les étonnements multiples qui l'avaient assailli au cours de cette première journée à bord.

Lorsqu'il eut fermé les yeux et oublié la vie dans le sommeil, sa pensée, toujours en éveil, avait fui l'océan et la prison sous-marine pour aller rejoindre ses amis et sa fiancée.

Faradel eut alors un de ces cauchemars obsédants comme tous, parfois, nous en avons eu.

Il se vit mort et vivant.

Vivant? Il l'était, certes! puisqu'il évoluait au milieu des siens; puisqu'il causait avec Jacqueline Pierson; puisqu'il faisait assaut d'humour plaisante avec Hugueville; tout cela sur le pont de *l'Albatros*, avec le capitaine Ladislas Pingou comme voisin.

Mort?... Bien sûr! Puisque tous — lui compris — ne songeaient, même dans les plaisanteries lancées, qu'à ce pauvre Faradel disparu sous les flots.

Et, chose affreuse, il voulait, au cours de son rêve, convaincre Jacqueline qu'il n'était pas mort, que c'était bien lui-même — en chair et en os — qui causait avec elle : mais, à sa grande stupéfaction et à son grand désespoir, il constatait une parfaite incrédulité chez la jeune fille.

— Mais non! ripostait-elle dans la conversation en rêve. Je vois bien que vous ressemblez à ce pauvre Gaëtan; mais vous n'êtes pas lui!

Avec une insistance qui lui procurait dans le ·sommeil une souffrance indicible, Faradel insistait... mais en vain.

Et comme Jacqueline riait nerveusement en déclarant :

— Gaëtan a été dévoré par un gros poisson!... par un gros poisson d'or!

Faradel pleurait amèrement... toujours en rêve.

Bref, il passa une nuit atroce au point de vue moral, et ultra-fatigante au point de vue physique.

Quand il se leva, il se sentit brisé, moulu, pulvérisé, par cette tension cérébrale qui influait violemment sur ses muscles.

Assis sur le divan, il songeait donc, en proie à une hébétude certaine, quand on frappa discrètement.

— Entrez! dit-il.

Le prince apparut.

— Bonjour, monsieur Faradel, dit-il. Avez-vous bien dormi?

— Très mal, prince.

— Le lit est médiocre, en effet.

— Ce n'est pas la raison, le divan est au contraire excellent, mais j'ai rêvé tout le temps à mes amis, à ma fiancée.

— Ce devait être une douce rêverie.

— Que vous dites! prince. En temps normal, je ne dis pas, mais...

— Vous allez prendre une tasse de thé fortement kolaté, cela va vous remettre.

Sans attendre, le Japonais sonna. Un homme parut, reçut ses ordres, et revint peu après avec un plateau tout servi.

Tout en buvant, Faradel causait d'une voix morne; mais au bout de quelques instants, l'influence du breuvage excitant se fit sentir et Gaëtan redevint lui-même.

— Au fait! dit-il, pourquoi subir ainsi les influences extérieures? C'est ridicule! Je ne puis rien changer à la situation. Donc, à dater de cette minute, je vous garantis que je ne me fais plus de bile. Arrive que plante!

— A la bonne heure! J'aime mieux vous voir ainsi, mon cher hôte, et puisqu'une fatalité, que pour ma part je qualifie d'heureuse, nous réunit pour quelque temps, je veux au moins vous faire les honneurs de mon bord dans la plus large mesure possible. Cela vous intéresserait-il de connaître le *Pipo*.

— Ah! Certes!

— Eh bien! puisque vous voilà remis, venez avec moi.

Faradel suivit Sizikah qui le conduisit dans sa cabine particulière, située du reste tout contre le salon.

Rien dans cette pièce ne rappelait le luxe du petit salon. C'était une confortable cabine de bord, avec bibliothèque, cartes et instruments d'optique. Un cadre-sommier muni d'un coffre à tiroirs formait couchette. Un lavabo en argent, une table de métal, deux chaises, métalliques aussi, en composaient le mobilier.

Aux cloisons, pendait une seule arme : un revolver d'ordonnance français, modèle 1892. Plusieurs gravures à allure technique étaient collées aux parois et Faradel constata qu'elle représentaient divers types de sous-marins en usage dans les flottes de guerre d'Europe ou d'Amérique. Il y avait aussi sur une tablette une petite réduction en bronze du *Goubet*.

— Monsieur, dit Sizikah, en prenant un plan dans la bibliothèque, voici l'ensemble de mon bateau.

Il déplia la feuille. C'était une coupe suivant le plan vertical du grand axe.

— Voyez, dit le Japonais, le *Pipo* mesure 49 mètres du talon d'éperon aux tenons des propulseurs. Largeur maxima à hauteur de la coupole : 7 mètres 50. Profondeur du point central de la plate-forme (dôme non compris) jusqu'à la liaison de la coque inférieure avec la nageoire ventrale de protection : 7 mètres 50.

— C'est grand pour un sous-marin.

— Maintenant, poursuivit Sizikah sans répondre, l'âme du *Pipo* comprend cinq grandes sections : l'habitacle, la machinerie, la torpillerie, le logement du lest mobile, les réservoirs à air.

— Je vois ça en gros, dit Faradel qui suivait attentivement les indications verbales que Sizikah soulignait du doigt.

— Bien. L'habitacle comprend : le dôme qui est aussi un observatoire de combat, la cabine de l'équipage, la cabine du commandant, le salon et la cuisine-soute. Tout cela est situé, comme le plan l'indique, dans la partie centrale supérieure et commande, à l'arrière, la machinerie, à l'avant, la torpillerie ; sur les flancs, les réservoirs à air ; au-dessous, la chambre à lest dans le plafond de laquelle joue l'arbre d'hélice, et où se trouve fixée aux parois, la tuyauterie protectrice des fils de commande reliant le cône du timonier aux moteurs. La torpillerie comprend la soute et les trois éjecteurs.

— VOICI, DIT LE PRINCE, L'ENSEMBLE DE MON BATIMENT. (Page 80.)

— J'ai saisi, jusqu'à présent, dit Gaëtan.

— Le lest mobile continua Sizikah, est, ainsi que vous pouvez le voir indiqué ici, composé d'une tige rigide légèrement cintrée sur laquelle glissent, reliés à elle par des galets de roulage, six contrepoids, caoutchoutés pour éviter les chocs. Vous avez vu, monsieur Faradel, que le *Pipo* n'est pas seulement un bateau ou un sous-marin ; il est aussi une sorte d'aviateur, à parcours restreint, il est vrai, mais...

— Oui ! oui !... Je l'ai vu, déclara Faradel avec conviction. J'ai même toutes les raisons possibles de m'en souvenir.

— Donc, poursuivit Sizikah après un mince sourire, le *Pipo* s'élève dans l'espace. Le lest mobile lui est, en la circonstance, fort utile. 1° Il aide à la plongée de l'arrière, et 2° il règle la chute, une fois la hauteur maxima de flèche atteinte. Au surplus, un service de fils de commande électrique peut modifier à volonté la position des contrepoids qui normalement, en flottaison horizontale, se trouvent, en vertu de la loi naturelle de pesanteur, au centre de la tige qui est légèrement incurvée. Voilà donc, conclut le prince, l'ensemble du bâtiment.

— Parfait ! acquiesça Faradel. Oui, parfait ! Et avec votre explication un enfant de l'école primaire comprendrait illico. Seulement je vais vous dire, prince, que cela ne m'explique pas de la façon dont le bateau fonctionne.

A cette phrase, le Japonais eut un imperceptible froncement de sourcils.

— Monsieur, dit-il, prenez patience. Je vais vous donner, *dans la mesure qui me conviendra*, les détails que vous désirez. Je comprends, du reste, que votre curiosité s'aiguillonne, et je ne mets ni orgueil vain, ni fausse modestie à vous voir désirer entrer plus avant dans le secret de mon invention. Au surplus, ne comptez pas que vous saurez jamais la nature de la force que j'ai emprisonnée dans ces flancs de métal ; sachez que jamais vous n'aurez le pouvoir de la mettre en action.

Il n'est qu'un homme au monde assez puissant pour disposer de cette merveille destructive, c'est moi! et je ne léguerai mon secret à personne. Il me plaît pourtant de vous initier en partie. Vous verrez donc l'ensemble, mais les innombrables claviers de commande répartis sur les murailles du *Pipo* resteront pour vous une énigme. Vous jugerez du reste du mystère dont je tiens à envelopper ma trouvaille en vous déclarant qu'à mon bord je suis le seul manœuvrier directeur. Mes matelots ne sont que des rouages humains utilisés pour un service inintelligent. La timonerie, elle-même réglée par moi seul, n'exige du matelot qui prend le quart aucune intelligence réelle, sauf celle de régler la direction d'après mon ordre écrit et en touchant tel ou tel bouton d'un clavier.

— Mais alors! s'écria Faradel, savez-vous que dans des conditions pareilles, il ne faudrait pas que vous fussiez attrapé par une congestion, ni même qu'un accident fortuit vous immobilisât, car, que deviendrions-nous?...

— Au gré du maître! dit gravement le Japonais. Si je disparaissais brusquement lorsque nous sommes en plongée, il y aurait de fortes chances pour vous de ne jamais remonter à la surface.

— Réjouissante perspective! déclara Gaëtan dans une grimace. Ecoutez, prince, soyez gentil, voulez-vous?... Ne plongeons pas!

— Oh! riposta le capitaine, rassurez-vous, je suis bien portant.

— Et vous pouvez être sûr que s'il n'y a que moi pour vous rendre malade... Eh bien, vous vivrez cent ans!

Sizikah sourit.

— Je vous remercie, monsieur, dit-il, bien que ce soit de votre part un vœu un peu égoïste. Et maintenant que vous connaissez le *Pipo* en plan, allons le visiter en détail. Je vous fais grâce de l'habitacle, vous le connaissez. Voyons d'abord la machinerie.

Ouvrant une porte, le prince pénétra dans un couloir qui se prolongeait par une vaste cage dont l'armature extérieure formait le plafond et les flancs.

Un ronflement continu y régnait, provenant du tournoiement vertigineux .

de l'arbre des hélices de propulsion. Une trépidation incessante faisait vibrer comme un diapason le plancher métallique recouvert pourtant d'un linoléum feutré.

A droite, et à gauche de hautes cuves carrées en métal, fermées au cadenas.

— Mes piles génératrices, dit simplement le Japonais en les désignant.

De chacune d'elles sortait à travers les parois latérales tout un réseau de fils gainés de gutta. Ils se perdaient dans un système compliqué de tuyaux de protection et venaient aboutir à quatre dynamos verticales d'un modèle inconnu de Faradel. Celles-ci étaient munies d'une quantité de bobines ; au milieu de chacune on pouvait apercevoir un tube rempli d'un liquide assez semblable au mercure, mais plus pâteux, et d'une coloration moins vive ; cette coloration était analogue à la teinte grise du plomb. Ces tubes qui dépassaient légèrement les bobines étaient fermés par des tampons de caoutchouc dans lesquels s'engageaient des fils de conduite qui plongeaient dans le liquide métallique.

Une complication de rouages et d'engrenages sans courroies garnissait tout le fond ; et la cage recevait jour d'une logette supérieure à laquelle on accédait par une échelle. De loin en loin, des claviers à touches multicolores et à numérotages ou inscriptions incompréhensibles.

— Ça ronfle dur là-dedans, déclara Gaëtan.

— Sans doute ; mais aussi ça marche. Savez-vous combien, avec mes trois hélices, je puis faire donner de vitesse au *Pipo*, en flottaison, bien entendu ?

— Je n'en ai pas la moindre idée.

— Quatre-vingt-dix à cent nœuds à l'heure.

— Hein ?

— C'est ainsi.

— Mais c'est là une vitesse six ou sept fois plus forte que celle des bons marcheurs transatlantiques.

— Je sais. Aussi cela ne me gênerait point de faire en trente-six à quarante heures le trajet de New-York à Liverpool.

— Oh! par exemple! Passez-moi une chaise, prince! Vous me coupez les jambes.

— En immersion, poursuivit Sizikah, je n'ai jamais pu dépasser trente-cinq à quarante nœuds, mais c'est suffisant pour les guerres sous-marines modernes. Du reste, notez bien, monsieur Faradel, que je ne considère la plongée et la marche immergée que comme une marche accidentelle, ou, si vous aimez mieux, occasionnelle. Ainsi, par exemple, je veux combattre, approcher un ennemi ou une défense côtière pour la détruire; alors je plonge, mais c'est surtout pour me soustraire à la vue et par suite éviter de servir de but aux projectiles, et c'est une des raisons qui m'ont permis de construire pour le *Pipo* une armature relativement légère. Il n'est gréé comme résistance de paroi que pour une plongée maxima de dix à douze mètres. De la sorte, j'échappe à l'œil et aux coups car la mer est une excellente cuirasse. Je m'approche donc... Je tue... et je file hors portée. Je remonte alors et je navigue à dôme et plate-forme découverts.

— Bon!... Mais, dites-moi, avec quoi obtenez-vous ce saut phénoménal en hauteur?

— Voici! Je me suis dit que, par exemple, si je pénétrais dans un port fermé et que je coule au passage un ou deux cuirassés...

— Rien que ça!

— Oh! C'est, croyez-le, d'une simplicité enfantine avec mon engin. Eh bien! Je me suis dit que ces épaves pourraient obstruer le chenal et gêner ma retraite.

— Alors... vous sautez par-dessus!

— Vous l'avez dit!

— Oh!... Ma tête!... Est-ce que je suis sur le *Pipo*... ou à Charenton? clama comiquement Faradel en s'empoignant les cheveux à deux mains.

— Non ! répliqua, sombre et pensif, le bizarre capitaine, non, vous n'êtes pas fou, monsieur Faradel.

Il hésita et murmura :

— Je ne vous souhaite pas de le devenir.

Puis reprenant l'explication :

— Voyez cette tige qui s'enfonce dans le plancher, c'est l'arbre moteur vertical de mes turbines.

Au-dessous de nous, en effet, existe un système de turbines particulières de deux catégories.

Toutes sont protégées par une coque en forme d'œuf ellipsoïde que vous avez pu voir sur le plan.

La première catégorie comprend deux turbines aspirantes. Ce sont elles qui, aidées mécaniquement par le lest mobile, contraignent l'arrière du *Pipo* à plonger, ce qui soulève l'avant à un angle maxima de 30 degrés.

Ceci fait, mon deuxième jeu de turbines (qui, elles, sont des engins propulseurs d'une rare énergie) est mis en mouvement. Il commence, en sa rotation vertigineuse par refouler, dans les évents à clapets de la coque, l'eau que les turbines aspirantes y ont emmagasinée. C'est l'acte préparatoire du saut, et c'est aussi le point d'appui indispensable au départ. Alors, sous l'effroyable force que développent ces six engins donnant trois à quatre mille tours à la seconde, le *Pipo* quitte la mer et devient un aviateur.

— Je comprends d'autant mieux, prince, objecta Faradel, que j'ai déjà pratiqué ce genre de sport. Je vous ai raconté hier, vous vous en souvenez, que je fus aérostier à bord du dirigeable l'*Aviator* de ce pauvre sir Kennedy (1). Le principe théorique était identique ; seulement le point d'appui différait.

— Oui ! Et votre récit m'avait intéressé, monsieur. J'ignorais l'invention de l'ingénieur anglais ; mais cela prouve que le principe est vrai, que la marche scientifique suivie est la bonne, puisque nous nous étions, sans nous connaître, rencontrés au même point.

1. Voir *Gaëtan Faradel, explorateur malgré lui.*

— A cela près, toutefois, prince, que votre machine dépasse de beaucoup l'*Aviator*.

— Donc, reprit Sizikah sans répondre au compliment, voilà le *Pipo* enlevé ! Le jeu des turbines est maintenu automatiquement par un manomètre enregistreur à déclanchement, jusqu'à ce que l'engin ait atteint cent mètres d'altitude. A cette seconde, l'arrêt s'opère de lui-même et le *Pipo* devient une chose inerte, une sorte de projectile qui suit les lois naturelles de la chute des corps animés d'une vitesse de propulsion, à cela près toutefois que le lest mobile lui sert de régulateur, de même que des panneaux-ailettes lui donnent une plus grande aise en matière de stabilité aérienne.

— Ah ! oui, je sais ! Ces ailes qui se déploient au départ.

— Parfaitement ! Elles se déploient automatiquement, c'est-à-dire (pour être plus exact) que le bouton de commande, l'unique bouton que je presse pour organiser le saut, fait agir successivement et à la seconde utile et précise tous les organes que je viens de vous décrire.

— Où est-il... ce bouton ?

Le Japonais eut un sursaut. Une flamme de colère étincela dans ses yeux d'émail.

— Cela n'est pas votre affaire, répliqua-t-il sèchement.

— Excusez-moi, dit Gaëtan interloqué. Ne voyez dans ma question qu'une formule de curiosité surexcitée... Mais... puis-je vous soumettre une objection ?

— Dites !

— Quand l'*Aviator* de sir Kennedy s'envolait, nous étions assez régulièrement jetés bas par la secousse. Or, elle était incomparablement moins rude et...

— Erreur, monsieur ; l'*Aviator* dont vous parlez glissait sur rails, m'avez-vous dit ? Donc, frottement. Ici, rien d'analogue ! Il s'opère un glissement rapide, il est vrai, mais graduel et progressif malgré sa rapidité excessive, et cela sur une surface malléable à l'excès : la masse liquide.

— JE TIENS, DIT-IL AVEC ORGUEIL, DE QUOI FAIRE SAUTER UN CUIRASSÉ. (Page 92.)

— Oui..., en effet !...

— Pourtant, je ne prétends nullement qu'il n'y ait pas une secousse ; mais je vous la ferai éprouver et vous constaterez — sans doute — qu'elle est moindre que celle du dirigeable dont vous m'avez parlé. Au surplus, vous avez dû voir que tout, à bord du *Pipo*, est arrimé dans des conditions suffisantes, sauf de menus objets tels que les chaises métalliques qui ne risquent, du reste, rien. Elles tombent... et c'est tout ! Quant aux hommes : avant le départ en hauteur ils s'adaptent à ces brassières élastiques que vous avez pu remarquer, et qui sont fixées aux plafonds.

— Parfait ! Parfait ! Je me demandais, en effet, quelle était l'utilité de ces lanières.... Et je les comparais à des engins de gymnastique de chambre... à des « Sandows » quelconques. Maintenant, j'ai saisi ! Somme toute, dans ces conditions, on fait une petite partie d'escarpolette.

— C'est cela même !

— Ah ! soupira Faradel qui ne put s'empêcher de faire un jeu de mots, prince ! Ce n'est pas pour dire, mais vous ne vous contentez pas de me mener en bateau, vous compliquez la farce à l'aide de balançoires.

— Quel Parisien vous êtes ! monsieur Faradel, riposta le prince en souriant. Allons ! maintenant que vous connaissez la machinerie, allons voir la torpillerie.

Située dans la partie d'avant, cet organe du *Pipo* prenait vue sur la mer par de larges œilletons elliptiques garnis de verres lenticulaires armés.

Elle comprenait trois éjecteurs, qui extérieurement se prolongeaient par les trois tubes, lesquels donnaient au bateau l'aspect d'une sorte d'animal cornu fantastique. Ces éjecteurs étaient formés de trois caisses cubiques en bronze d'environ 60 centimètres de côté. Leur fermeture parut de suite à Faradel être analogue à celle de nos pièces d'artillerie, et, du reste, il reconnut ne pas s'être trompé lorsque le prince Sizikah fit jouer l'une d'elles. C'était bien le système à coin cylindrique muni de parties filetées. Mais l'âme de ce canon particulier était de dimensions restreintes (5 centimètres environ) et communiquait sur ses côtés arrière avec des chambres munies de tubes d'acier qui, visiblement, allaient rejoindre les réservoirs à air.

Quant à la soute aux explosifs, elle était en sous-sol. On y accédait par un panneau que Sizikah ouvrit.

Faradel s'étonna de trouver là un magasin de dimensions très restreintes. Des caissons de métal contenaient des sortes de tubes à l'aspect bénin. C'était des tubes de gutta d'où émergeait une proéminence garnie de papier de soie légèrement gommé.

Sizikah en prit un ; déchira l'enveloppe et dit avec une gravité orgueilleuse :

— Monsieur ! Je tiens dans ma main la force suffisante pour détruire un cuirassé, ou tout au moins un fort croiseur.

— Ça !... Ce rouleau... qui, sauf son capuchon, évoque l'idée d'un petit rouleau de graphophone ?

— Oui, monsieur.

Et montrant le contenu :

— Vous voyez cette poudre compacte, de couleur gris plombé. Sa densité est faible. Elle peut, sauf variations atmosphériques, être comparée à celle du liège ; d'où il résulte que, même avec sa mince enveloppe de gutta, cet explosif pourrait à volonté flotter comme un bouchon. Cette charge pèse à peine cinquante grammes, et ce petit cylindre de poussière suffirait pourtant à détruire un rempart.

— C'est inouï ! déclara Gaëtan qu'une stupeur envahissait.

— Vous voyez qu'en ce faible espace il y a 4.500 charges... De quoi couler toutes les flottes du globe... Vous vous étonnez ? Que direz-vous alors du maniement si simple de cette torpille ? Tenez !... On la prend ainsi. Au culot on fixe un fil qui se meut sur la bobine que voilà...

— Je vois... C'est simple comme bonjour ! On a presque envie d'essayer.

— Attendez... On la place ici, le culot en arrière, non sans avoir enduit le papier du capuchon d'une glu particulière tenace en diable.

— En diable ! est bien le mot, mon cher prince.

— Ensuite, vous approchez à environ six mètres de la chose à détruire... Vous dirigez l'un des tubes extérieurs sur la partie à atteindre... et quand c'est fait...

— V'lan !

— Oui !... Vl'an ! Un léger coup de poing sur cette manette, et l'air comprimé chasse une torpille à l'extérieur, tout en obturant l'entrée du tube à l'aide d'un clapet caoutchouté.

— Je vois ça, comme si j'y étais !

— La charge se place à l'endroit voulu, s'y colle comme une sangsue sur la peau, grâce à la glu. Alors vous allez pousser ce bouton... là ! à votre droite, et...

— Permettez !... Théoriquement, c'est renversant ! Mais dans la pratique, ça doit l'être encore davantage !

— Comment cela ?

— Oui. L'explosion se produit, c'est entendu ; mais elle rayonne sur l'éjecteur et, par suite, sur le *Pipo.*

— Non.

— Comment, non ?

— Non ! Cette matière a cette propriété merveilleuse de donner toute son expansion en avant du point d'éclatement. La dynamite a, vous le savez, une propriété similaire, mais à un degré bien moindre. Une cartouche de dynamite placée au pied d'un mur peut n'être pas assez forte pour renverser ce mur. Mais, si vous la recouvrez d'une simple tuile, l'expansion des gaz acquiert une force quadruple. Ma protéothyline...

— Ah !... Ça s'appelle comme ça ?

— Oui ! Ma protéothyline possède les mêmes avantages... mais à un degré parfait. Au surplus, nous l'expérimenterons ensemble... Vous verrez !

— Brr ! J'en ai froid dans le dos ! Enfin... capitaine, je ne regrette qu'à moitié mon arrivée inopinée à votre bord. On y voit des choses peu banales. Mais j'ai encore quelques détails à vous demander.

— Demandez.

— Vous m'avez parlé de réservoirs à air ?

— Oui ! Ils sont situés sur les deux flancs. C'est nécessaire pour les plongées d'une certaine durée.

— Bon ! Et maintenant comment faites-vous pour descendre ?

— Par un jeu combiné des turbines aspirantes et du lest mobile. Dans ce cas, le *Pipo* navigue obliquement. Son grand axe forme 5° environ avec l'horizontale : et dans ce mouvement vous verrez l'éjecteur vertical qui sert aussi de dégorgeoir aux vapeurs condensées de protéothyline, dégager une vapeur jaunâtre.

— Oui, j'ai vu cela. Mais qu'est-ce que c'est que votre damnée protéothyline ?

— Monsieur Faradel, dit le prince, sans répondre à la question. Il doit être l'heure de déjeuner. Venez !

Et sortant de la torpillerie, les deux interlocuteurs se dirigèrent vers le dôme supérieur.

CHAPITRE V

Où Faradel assiste à une expérience sensationnelle.

Après avoir installé son hôte, le prince japonais déclara :

— Excusez-moi, monsieur, mais mes devoirs de commandant me réclament. Permettez que je vous laisse quelques minutes... le temps de vérifier ma direction et de faire le point.

— Je vous en prie.

Sizikah sortit, et Gaëtan se mit, à travers le vitrage à considérer la mer.

Le temps était magnifique. Sous l'ardeur du soleil et sous la réverbération d'un soleil équatorial, les flots vert opale de l'océan se teintaient d'un reflet bleu moiré.

Les vagues moutonnaient doucement, sans violence, mais, au contraire, avec une allure berceuse. On eût dit un grand lac, et la vision du Tanganyika passa dans l'esprit de Faradel.

Parfois, l'uniformité azurée des flots se striait d'une frange d'écume, et le dos brun d'un requin émergeait... puis plongeait dans un remous. Dans l'azur du ciel... rien ! Pas la moindre envolée d'oiseau : signe certain de l'éloignement des côtes.

Devant son regard, Gaëtan voyait s'étaler le plateau doré de la plate-forme, avec les deux cônes vitrés de l'avant et de l'arrière.

Dans celui d'avant, la silhouette du timonier s'apercevait à travers la vitre.

Le prince y vint, lui aussi, un instant, puis disparut.

Sur les bords de cette surface dorée, la mer coupée par la vitesse, formait comme une collerette mouvante de dentelle ; et, vers l'arrière, le bouillonnement mousseux produit par le battement des hélices, évoqua un instant — rapprochement bizarre ! — à l'esprit de Faradel, une immense battue d'œufs à la neige.

Après le passage du *Pipo*, le sillage produit était énorme, et Gaëtan n'avait jamais constaté fait semblable derrière aucun navire. La mer semblait éventrée, creusée comme par un fossé qui allait en se rétrécissant pour se fondre enfin dans une légère frange d'écume zigzaguante.

Soudain, notre camarade vit à l'arrière un panneau s'ouvrir.

Le prince, escorté de deux matelots, parut.

Il contourna le dôme, tout en saluant, à travers les vitres, Gaëtan, d'une légère inclinaison de tête ; puis, arrivé à gauche de la logette du timonier, il donna des ordres.

Les matelots, tirant chacun de leur ceinture, une clef anglaise, déboulonnèrent des écrous.

Cela fait, ils soulevèrent la plaque ainsi rendue libre, puis, hâlant à eux, ils firent émerger de l'excavation un canot de métal, pur de formes, élégant, et qui, dans sa coupe donnait assez l'idée d'une baleinière. A l'intérieur, tous les agrès utiles à la manœuvre étaient arrimés.

Sizikah les examina. Il vérifia la petite embarcation, puis, sur un geste de lui, ses hommes la replacèrent dans son alvéole et reboulonnèrent la paroi.

Se dirigeant alors vers l'avant, il s'appuya au cône du timonier, tandis que l'un des matelots hâlait sur une drisse qui, attachée à un anneau, filait sous l'onde.

Bientôt un filet bizarre, assez semblable à une nasse, mais construit en fils de métal argenté, apparut.

Des poissons s'y débattaient. L'homme ouvrit la nasse, y choisit plusieurs poissons qu'il enfila par les ouïes dans une cordelette.

Cela fait, il laissa la nasse filer sous les flots, puis s'en fut.

Gaëtan vit ensuite le capitaine sortir de sa ceinture un petit coffre qu'il ouvrit. Il en tira les diverses parties d'un instrument d'optique marine et les ajusta. C'était une sorte de sextant de petit calibre. Il fit alors le point avec minutie, exécuta ses calculs en se servant d'un petit calepin et s'appuyant, en guise de bureau, au logement du timonier ; puis remettant l'objet aux mains de son serviteur, il revint vers le panneau et disparut.

Deux minutes plus tard, il pénétrait dans le dôme-salle à manger Derrière lui un serviteur vint tendre des étoffes précieuses en linon broché pour tamiser l'ardeur des rayons solaires.

— Vous avez été incommodé hier par la chaleur, monsieur. J'y obvie de mon mieux.

— Merci, prince ! Et dites-moi : où sommes-nous ? car je vous ai aperçu en train de faire le point.

— Exactement à 21° de latitude Sud, monsieur Faradel, c'est-à-dire un peu au-dessous du tropique du Capricorne.

— Mâtin de mâtin ! Et nous sommes en route seulement depuis hier matin. C'est effrayant.

— Pour employer le mot à la mode, je vous dirai que nous faisons du 90 à l'heure, — du 90 nœuds s'entend — et cela d'une façon continue, sans défaillance, sans lassitude...

13

— Et sans crevaisons de pneus.

— Oui ! Mais déjeunons. Mahoto (c'est le nom de cet homme) va nous servir. Vous m'excuserez, n'est-ce pas ? Mais le plat du jour, comme on dit dans certains restaurants de France, est à mon bord le poisson, agrémenté de quelques conserves.

— J'adore le poisson ; mais, dites-moi, on doit attraper l'urticaire ?

— Non ! J'y remédie à l'aide de certains condiments du Japon qui la préviennent.

— Vous êtes universel. Vous ne vous contentez pas d'être un marin exceptionnel, vous êtes aussi docteur et pharmacien.

— C'est souvent utile.

Puis, changeant la conversation :

— Monsieur Faradel, dit-il, j'ai une recommandation à vous faire. Je vous ai dit, et vous vous en souvenez, que par instants, je suis fou.

— Prince, je...

— Attendez et ne protestez pas, ce serait très inutile. Ce que je veux vous recommander c'est ceci : si vous voyez une de ces crises me prendre, n'essayez jamais... vous entendez ?... jamais ! de me calmer ou surtout de contrarier ma fantaisie ; car alors il n'y aurait ni raison d'hospitalité, ni sentiment de sympathie qui me retiendraient. Je vous tuerais, monsieur Faradel, quitte à le regretter après la crise, car vous êtes un aimable Français et un bon compagnon.

Interdi par cette sortie inattendue, Gaëtan ne répliqua rien.

— Du reste, je vous préviens qu'à cet égard, mes hommes (je devrais dire : mes machines !) sont stylés. Ils connaissent leur devoir qui est de m'obéir, de me laisser agir selon ma fantaisie, quitte à mourir avec moi si je risque mon bâtiment. Et j'ajoute que toute velléité de votre part de me calmer ou de m'immobiliser vous exposerait, non seulement à la colère aveugle qui m'envahit en ces moments terribles, mais à celle de mon équipage, qui ne se ferait aucun scrupule de vous tuer pour me complaire.

— Bien ! capitaine... Fort bien ! acquiesça Faradel empoigné d'un malaise indéfinissable.

— Dans ce cas — s'il se présente... et il se présentera certainement — assistez passivement à mes actes et gestes, ou, si vous le préférez, enfermez-vous chez vous. Pardon de cette digression peut-être en dehors des usages, mais elle était nécessaire... Encore un peu de ce thon grillé au piment.

— Merci, prince, votre digression m'a un peu coupé l'appétit.

— Remettez-vous, que diable !... Et causons d'autre chose. Ma petite conférence de ce matin vous a-t-elle intéressé ?

— Au delà de toute expression ! Seulement je suis comme les enfants auxquels on offre un magnifique polichinelle... Ils n'ont de tranquillité que lorsqu'ils l'ont éventré... histoire de voir ce qu'il a dans le ventre.

— C'est, en l'espèce, ma protéothyline qui figure le polichinelle ?

— Dame !... Oui !

— Je vais éventrer pour vous le polichinelle... en partie tout au moins. Et d'abord, êtes-vous ce qu'en style d'étudiant français on nomme un *type calé*.

— Prince ! Je n'ai jamais été qu'à l'école communale et ensuite légèrement au cours d'adultes ; et toute la chimie vulgarisée que je connaisse, c'est la façon de faire de l'hydrogène. En effet, c'est la seule expérience que notre excellent instituteur ait pratiquée devant nous. Mais, avec l'âge et les conversations aidant, je raisonne maintenant chimie comme tout le monde. Je sais bien des choses sans en savoir au juste le pourquoi et le comment.

— Bon ! Bon !... Eh bien, savez-vous ce que sont les métaux et les métalloïdes... chimiquement et physiquement.

— Très vaguement !

— Je n'entrerai donc dans aucun détail. Je vous dirai simplement qu'une de leurs dissemblances caractéristiques est leur divergence d'aptitude en matière de polarisation électrique.

— Faites comme si j'avais compris ! opina Faradel.

— Ma protéothyline, dit en souriant Sizikah, est un *métal-métalloïde nouveau*, absolument inconnu, polyatomique, et...

— Prince, si vous continuez sur ce ton là, vous allez être obligé de me mettre la camisole de force.

— Allons ! reprit le prince. Vous êtes un élève réfractaire aux sciences. Je ne me laisserai donc pas emporter dans le domaine des conférences transcendantes. Je vous dirai simplement que ce métal — que je nomme « métal » par la simple raison qu'il en possède l'aspect — que ce métal, tout en ayant une unité d'aspect et de tenue, *peut se dédoubler tout en restant lui-même*, et que ce dédoublement provoqué par une action chimique dont je garde pour moi le secret, lui donne la propriété de produire directement des flots... que dis-je ? des torrents d'énergie électrique qui sont à tout ce qu'on connaît comme *cent mille* est à *un*, et cela sous un volume infime.

C'est ainsi qu'avec les 1.000 kilos de protéothyline que j'ai à bord, dans mes cuves, je puis naviguer à 90 à l'heure et pourvoir à tous les besoins du navire en force et en lumière pendant un an ! Qu'en dites-vous ?

— Moi... Rien ! Je suis assis !... ahuri !... assommé !

— Pourquoi ce nom protéothyline ! continua le prince, parce que ce merveilleux agent de la nature est apte à toutes les tranformations. Il s'applique à tous les alliages. Il devient — traité de certaine façon — le terrible explosif que vous connaissez. Il donnerait (mais je n'ai pas eu la place d'installer l'appareil) de la chaleur ! Oui, on pourrait s'en servir pour la cuisine qui se fait ici à l'essence ! Le *Pipo* est construit en protéothyline alliée à l'aluminium et au chrome. Ses machines fonctionnent par l'électricité due à la protéothyline. Ses torpilles sont de la protéothyline !

— Alors ? Cette protéo...thyline, comme vous dites, est une chose, un objet... une composition chimique que vous avez trouvée par combinaison ?

— Pas du tout ! C'est une sorte de métal *naturel* que j'ai trouvé dans

une de mes propriétés du Nord japonais ; qui existe peut-être en d'autres
points du globe, mais qui jusqu'à ce jour n'est connue que de moi.

Une lueur orgueilleuse passait dans le regard du prince. Il se recueillit
un instant, tout en contemplant avec un plaisir visible un hébétement admi-
ratif pour sa personne envahir le pauvre Gaëtan.

— Je revenais, monsieur, il y a douze ans, d'une période de navigation
en qualité d'officier dans la marine japonaise. Ma folie m'avait pris pendant
ma dernière croisière, et à cause de cela je quittai le service pour me vouer
définitivement à la science destructive.

Installé au centre de ma propriété de Olakta au milieu d'une forêt de
pins de trois mille hectares qui borde la mer, je m'adonnai à la recherche des
explosifs. Pour m'aider je n'avais qu'une trentaine de domestiques-esclaves,
forgerons ou menuisiers pour la plupart. J'ai travaillé alors toutes les
poudres modernes. Toutes les panclastites, toutes les roburites, lyddites,
mélinites de vos ingénieurs, j'ai tenté de les améliorer. Je fus un Turpin
japonais.

J'avais graduellement organisé toute une série d'ateliers, de laboratoires,
et je vivais là — seul avec mes hommes — et heureux puisqu'incessamment je donnais un aliment à la fièvre de mon cerveau.

Constamment je ravageais les sites de ma propriété par l'éclatement...
par l'explosion destructive.

Il existait à Olakta une sorte de montagne granitique ayant l'aspect
abrupt et tourmenté des productions volcaniques. Je me suis amusé à
la supprimer petit à petit. Maintenant c'est une plaine en forme de cuvette.
Les amoncellements de débris successivement éboulés lui constituent en
quelque sorte une ceinture hirsute et désolée formée de rocs calcinés, recuits
par les gaz, et couverte de cette poussière impalpable, pénétrante, bizarre,
que donne la désagrégation des choses sous l'influence du broiement par
les explosifs modernes.

Par suite d'études et d'adaptations chimiques, j'avais réussi à surprendre tous les secrets des poudres modernes, secrets dont s'enorgueillissent tant de mes confrères, Européens ou Américains.

J'avais réussi en outre à modifier la panclastite primitive de Turpin au point d'en exacerber cent fois la puissance d'expansion ; et je crus avoir enfin trouvé le summum destructif rêvé.

Alors, j'interrompis mes études sur les poudres, pour chercher un type de sous-marin idéal. Après un an de recherches patientes, j'avais accumulé plans sur plans sans avoir trouvé beaucoup mieux que les ingénieurs étrangers qui se sont voués à la solution de ce problème.

A ce moment, il y eut dans les îles de la Sonde un bouleversement volcanique assez sensible.

Le Krakatoa entra en activité. Un volcan nouveau fut signalé à Sumatra qui pourtant est déjà riche en ce genre de phénomènes.

Le contre-coup de cette phase d'accidents géologiques se répercuta jusqu'au Japon.

On signala chez nous divers tremblements de terre plus ou moins violents ; et pour ma part j'eus à en constater un dans ma propriété d'Olakta.

Non loin de la mer, — en arrière de falaises bordant une petite anse qui me sert de port pour un yacht que je possède — il se produisit une forte oscillation.

Le terrain remua comme une grosse vague de fond ; puis, immobilisé après la poussée souterraine, il demeura bombé comme un simple renflement naturel du sol. Deux jours plus tard, l'humus formant la couche supérieure se desséchait, se craquelait, comme on voit la vase se fendiller sous l'action solaire : et je constatai qu'une buée jaunâtre très légère, très vaporeuse, et sans odeur, montait de ces ouvertures en zigzag.

De là, à rechercher le pourquoi du phénomène il n'y avait pour moi que le temps d'y penser.

Je fis opérer des fouilles. Le gaz s'échappa en plus grande abondance, puis cessa ; et soudain je me trouvai en face d'une substance non pas molle, mais malléable, agglutinée en fractions tordues, sans cristallisations appréciables. La couleur était terne, d'un gris plombé, plus bleuté que le plomb. Cette chose se coupait facilement à la bêche et la section donnait un éclat métallique très caractérisé, mais d'une coloration jaunâtre.

Les études auxquelles je me livrai sur cette substance, me démontrèrent *a priori* que j'avais affaire à un corps nouveau, ayant certainement beaucoup des caractères typiques du « métal », mais en différant sur bien des points.

Ma curiosité d'homme scientifique s'aiguillonna et mes jours — souvent mes nuits — se passèrent en de patientes études de laboratoire.

Patientes ! Certes !... Dangereuses aussi, car en opérant sur la substance à l'aide de certaines réactions chimiques, je produisis une formidable explosion, qui emporta mes bâtiments d'analyse, avec sept de mes hommes, et m'envoya moi-même dans l'espace.

J'eus la chance de tomber dans le golfe ; l'explosion m'avait rejeté à un kilomètre de mon laboratoire... N'importe ! J'étais vivant... et heureux !

— Vous n'êtes vraiment pas difficile à contenter, prince ! déclara Faradel en souriant.

— Oui ! heureux !... Car j'avais à ma disposition un explosif nouveau, et certainement merveilleux ! Songez, monsieur, que le cataclysme s'était produit sur cent grammes de substance !... Vous pensez, monsieur, si je me remis au travail avec joie !

Or, quand on est emballé sur une idée, on fait — vous le savez — vite et bien : Deux mois plus tard, j'avais fixé définitivement les qualités, les combinaisons, les facultés d'adaptation et les applications diverses de ma découverte que je nommai : protéothyline. J'avais en main la force d'un Dieu !...

Sizikah, l'œil étincelant, se tut une seconde et reprit d'une voix sourde :

— ...Ou d'un démon !

Puis, après un silence, il conclut :

— Je me résume : traitée chimiquement de façons diverses, la protéothyline donne : 1° une énergie électrique inouïe et d'une régularisation très pratique, essentiellement maniable ; c'est donc l'agent moteur et éclairant parfait; 2° Traitée différemment, elle donne une poudre brisante à force expansive cent mille fois (vous entendez bien, monsieur Faradel?), cent mille fois plus grande que votre mélinite; 3° Un troisième traitement la transformerait facilement en gaz d'éclairage et de chauffage ; mais l'application en est moins pratique en raison de l'appareillage trop compliqué qu'elle nécessite. J'ai dû renoncer à l'installer sous cette forme sur le *Pipo*; mais, à cet égard, le dernier mot n'est pas dit !

Et maintenant, monsieur Faradel, vous connaissez du *Pipo* et de la protéothyline, tout ce que vous pouvez en connaître ; et j'ajoute que vous êtes le seul à en connaître autant, car mon gouvernement et mon empereur lui-même ignorent le *Pipo*.

Je l'ai construit dans ma solitude de Olakta. La guerre que nous soutînmes contre la Russie n'interrompit même pas mes travaux. A quoi bon intervenir à cette époque? N'avais-je pas en main pour plus tard et quoi qu'il arrivât, le pouvoir d'assurer la suprématie de mon pays !

Ai-je besoin d'ajouter que j'ai dépensé plusieurs millions ! Ce fut donc un bonheur que je fusse riche; car, études comprises, ce petit sous-marin revient au prix d'un beau cuirassé moderne.

— Fichtre !

— Oui ! Et au bas mot ! Mais il n'importe, puisque le résultat est atteint.

Sizikah se tut, et après un long silence il dit comme en un rêve halluciné :

— Mais je ferai mieux encore... une fois l'Angleterre détruite et asservie !... rayée à tout jamais, grâce à moi, du nombre des nations !... Oui! ce sera beau de faire cela!... Les Indes annexées au Japon. La Chine prise, obligée de se souder à nous ! Des Républiques surgissant dans les ex-pays de Dominion anglais !...

Sizikah se tut. Il rêvait.

— Vous voyez grand, prince, dit alors Faradel. Mais c'est égal, je vous en veux un peu — au peuple Japonais s'entend — d'avoir si malmené les Russes. Ce n'était pas un méchant homme que le tzar et...

Sizikah, réveillé de son rêve, sourit doucement, puis sceptique :

— Il est surtout son ami à lui-même. Je comprends pourtant votre sentiment, monsieur Faradel, mais sachez-le : les alliances ne sont pas éternelles. Au reste, à quoi bon causer de ces choses ? Cette politique-là est si lointaine !

Et se levant :

— Allons prendre l'air sur la plate-forme. Voulez-vous ?

— A vos ordres.

Ils sortirent. Deux rocking-chairs leur avaient été préparés en avant du dôme. Ils s'y étendirent. Tout en devisant et en fumant, ils contemplaient l'horizon sans fin de la mer, tandis que deux matelots installaient au-dessus d'eux un velum, maintenu sur une armature portative et pliante, pour les préserver du soleil.

— Dites-moi, reprit soudain Faradel, combien le *Pipo* nécessite-t-il d'hommes d'équipage ?

— Quatre, plus le cuisinier.

— C'est peu.

— C'est suffisant !

— C'est insensé, parole d'honneur ! Mais, pour revenir à une idée qui m'a travaillé l'esprit en déjeunant, je vais vous demander encore quelque chose.

— Demandez.

— Quand vous avez sauté en l'air, après avoir coulé l'Anglais à Gibraltar, est-ce que vous nous visiez ?

— Pas du tout ! Je ne vous avais pas vus.

— Mais vous avez failli nous démolir.

— A la volonté du destin ! Ce saut n'était pas un saut nécessaire, c'était, comment dirai-je ? un saut de joie !

— Vous avez la joie diablement cassante.

— Peut-être. Mais cela m'avait plu ainsi.

— Autre question, reprit Gaëtan, si toutefois je ne suis pas indiscret. Où avez-vous appris la déclaration de guerre ?

— A Long-Island, où j'avais fait escale — au large — pour renouveler mon eau potable. Là, j'ai appris en outre qu'une escadre avait quitté Plymouth, en route pour Suez. J'ai couru à sa recherche ; mais je n'ai rencontré que le croiseur que vous m'avez vu couler.

— Les autres avaient filé déjà après avoir coulé deux Américains ; j'ai vu ça ! dit Faradel.

— Tous ces comptes se régleront en bloc, répliqua le Japonais.

— Une chose m'étonne, prince : pourquoi ne les avez-vous pas poursuivis ?

— Parce que je n'aurais pu passer Suez, et qu'ainsi j'aurais perdu du temps.

— Mais alors, pourquoi ne doublez-vous pas le Cap de Bonne-Espérance pour atteindre les Indes ? C'est plus court.

— Pour gagner... Ceylan, par exemple, oui ! Pour atteindre le Japon, non !

— Comment cela ?

— Mon calcul est fait en conséquence. Sans accident, il me faudrait sept jours par le Cap, l'océan Indien, la Sonde et la mer de Chine, afin de joindre *par l'arrière* la flotte anglaise dans les eaux Sud du Japon. Par le Pacifique il me faut dix jours pour l'aborder *par l'avant*. Cette différence de trois journées est, en l'espèce, insignifiante, car, même en vitesse, leur rassemblement commencera seulement à s'opérer dans les eaux de Hong-

Kong quand nous arriverons. Et puis la route est meilleure pour mon navire. Dans le lacis des îles de la Sonde, il pourrait se produire des surprises que je ne redoute pas au cours de la traversée du Pacifique. Je viens, du reste, de la pratiquer. Voilà mes raisons tactiques, monsieur Faradel, et, s'il plaît au maître des choses, je vous promets dans huit jours un beau spectacle.

— J'avoue que cela m'intéressera, et j'ajoute même que cela me fera plaisir. Mais ensuite je ne serai pas fâché de rentrer chez moi.

— Je vous l'ai promis, je tiendrai ma promesse ; je vous ramènerai à Bordeaux par le Cap, après vous avoir permis toutefois, en touchant à un port quelconque, de télégraphier votre arrivée. De la sorte, sauf accident, vous pouvez compter que dans trois semaines — mettons un mois — vous reverrez vos amis et votre fiancée.

— Oui ! Ce n'est pas trop long, prince ! Et je n'ai qu'une chose à faire, c'est de m'imaginer que je fais mes vingt-huit jours dans la marine, à bord d'un torpilleur.

— C'est cela, dit en souriant Sizikah.

A ce moment, le timonier qu'on apercevait immobile dans sa cage vitrée, se retourna. Il colla son jaune visage à la vitre, et fit un signe dans la direction de son maître.

Le prince se leva, vint à lui, et, à travers la cloison, un colloque s'engagea.

Puis le timonier reprit sa position et le capitaine, mettant sa main, étendue en abat-jour, au-dessus des yeux, regarda vers la haute mer.

Faradel, se levant, l'imita.

Un point noir apparaissait dans le lointain, et ce point se rapprochait visiblement, en raison de ce que le *Pipo*, filant à grande allure, se dirigeait vers lui.

Quelques instants plus tard on put en distinguer la nature. C'était une épave, ou pour mieux dire, c'était un vaisseau désemparé. Bientôt on put, à l'œil nu, se rendre compte d'après sa forme que c'était un voilier, un brick.

Sa mâture n'existait plus, sauf les tronçons des mâts. Le beaupré lui-même était cassé. Accroché à un filin, un restant de voilure en loques se développait et claquait dans la brise, tel un sinistre drapeau de détresse.

Quand on se fut rapproché de l'épave, Faradel se rendit compte que le navire était inhabité.

Brisé sans doute par une tempête, le brick voguait au gré des lames, en tournoyant sans cesse sur lui-même. Il donnait fortement de la bande sur tribord. Son plat-bord d'avant était en pièces et pendait lamentablement, encore retenu par des boulons. Sa chaîne d'ancre, brisée, frôlait incessamment la coque avec un bruit navrant.

C'était là une vivante et tangible synthèse du Drame Maritime, et cela évoqua chez Faradel une sensation d'indéfinissable tristesse.

Oui ! Ce pauvre brick prenait pour lui à cette minute un aspect animé et vraiment douloureux.

Ce n'était plus une chose, faite de bois, de fer, de cordes et de goudron, c'était un être particulier, animé d'une vie spéciale, et résumant dans son ensemble la vie humaine dont il était l'effort et l'œuvre.

Ces sabords éventrés, d'où ruisselait l'eau de mer incessamment embarquée et vomie, c'étaient comme des yeux crevés qui pleuraient et saignaient du creux de leurs orbites vidées. Ces cordages emmêlés plongeant dans l'onde, c'étaient les nerfs, les fibres intimes de ce cadavre qui était une chose déjà détruite, et qui pourtant évoquait l'espèce humaine. Ces bandes de sapin du Nord, disloquées par la morsure furieuse de la mer, apparurent à l'imagination de Faradel comme des côtes de squelette broyées sous un titanesque effort.

Il reconstitua — en pensée — le brick, bien gréé, portant gaillardement sa voilure élégante, filant par un bon vent arrière, fier, majestueux.

Il se figura la tempête surgissant soudain à l'horizon, accourant furieuse, prenant aux cheveux les vagues hurlantes.

Il vit... oui, il vit réellement... la lutte épique entre les éléments et les

— RESTEZ !... NE BOUGEZ PAS... OU JE VOUS TUE ! (Page 113.)

hommes, secondés par *l'être vivant* qu'était le bateau. Il vit l'effort décroître avec la fatigue... des hommes enlevés, d'autres écrasés sur les bordages par le choc des lames... Il vit la fuite en canot.

Oui, Faradel vit tout cela; si absorbé par cette évocation cauchemaresque, qu'il ne se rendit pas compte que pendant ces quelques minutes de rêverie, Sizikah, froid et calme, avait donné des ordres pour contourner le pauvre bâtiment.

Il lut pourtant — par pur instinct machinal — le nom inscrit au panneau d'arrière : *Santa-Lucia... Napoli n° 712.*

C'était un voilier italien.

Le camarade ne se ressaisit qu'en sentant une main s'appuyer à son épaule.

— Monsieur Faradel, dit le prince, je vais vous faire les honneurs de mon bord en brûlant — pour vous édifier — une cartouche-torpille de protéothyline sur ce navire désemparé.

Faradel ne répondit pas tout d'abord.

L'angoisse de sa précédente contemplation subsistait encore chez lui. Il lui semblait vivre un mauvais rêve.

— Ah! dit-il pourtant, vous allez le faire sauter!

— Oui!... Un essai en votre honneur.

— Merci bien, prince, répondit-il, sans qu'on sut au juste si cette phrase exprimait chez lui un acquiescement ou une protestation.

— Eh bien donc! Rentrons sous le dôme, car nous risquerions d'être trempés, comme si nous étions tombés à l'eau.

Mais, à cet instant, Gaëtan reprit possession de sa pensée.

Une logique d'humanité, émanant de son âme droite, bonne, loyale et simple souleva chez lui une révolte.

— Mais!... s'écria-t-il, s'il reste à ce bord désemparé des survivants!

— C'est peu probable, déclara froidement le Japonais. Et puis... s'ils ne sont pas morts, ils n'en valent guère mieux; car rien n'a bougé sur ce brick.

— N'importe ! répliqua Faradel stupéfait du sans-gêne avec lequel le prince traitait la vie humaine. N'importe, il faut vérifier auparavant... S'il n'y a rien sur cette épave... soit ! coulons-la, d'autant plus que sans ses feux, elle peut, la nuit, devenir un danger pour les autres : mais vérifions d'abord.

Le prince eut un sourire sceptique. Un physionomiste eût découvert, dans l'expression de son regard, beaucoup de pitié dédaigneuse pour ce Parisien sentimental. Pourtant il acquiesça au désir de son hôte.

— Soit ! dit-il. Montons à bord de cette carcasse.

Sur l'ordre donné par lui au timonier, le *Pipo* évolua et vint, à toute petite allure, se coller à la tranche bâbord du *Santa-Lucia*.

La manœuvre était facile, en raison du bel état de la mer.

Alors, Gaëtan, se souvenant qu'il avait suivi les cours de Joinville, saisit un filin qui pendait, en éprouva la résistance, puis s'enlevant des poignets, le bout de ses mocassins appuyés au bordage (il avait, on s'en souvient, revêtu le costume japonais), notre homme monta, par larges mouvements de bras, le long de la muraille goudronnée.

— Peste ! clama le Japonais stupéfait, c'est affaire à vous, mon hôte, d'escalader de la sorte. Je ne saurais vous suivre sur ce même chemin ; je n'en ai ni l'âge, ni les bras.

— Hein ? s'écria Gaëtan penché maintenant sur le bord délabré du brick, hein ! croyez-vous, prince, qu'on connaît encore sa gymnastique ? Avez-vous vu ces tractions sur les poignets ! Notez bien que je manque d'entraînement, car voilà des années que je n'ai pas abordé un portique ; mais ça ne fait rien : ce qu'on a appris on le garde. Je ne suis pas encore rouillé et ma foi ! je me paierais peut-être bien encore la corde lisse de neuf mètres de Joinville.

— En tous cas, riposta Sizikah, je vous laisse le soin de l'exploration. Allez !... Faites vite et descendez !...

...Mais, coupant brusquement sa phrase, le capitaine éclata d'un rire nerveux.

Sa face, calme d'ordinaire, se transforma. Sa bouche se crispa, découvrant les dents. Une pâleur étrange, qui lui verdissait la peau, envahit son facies, au milieu duquel les yeux prirent la teinte du bleu phosphorique.

Les poings dressés, il riait sinistrement, et calmant soudain son rire, il cria :

— Si je vous laissais là, monsieur Faradel, ce serait amusant!... oui! très drôle, ma parole!... Très drôle!

Mais, déjà Gaëtan avait enjambé le bordage.

Lui aussi était devenu, sous le coup de cette menace, d'une pâleur spectrale. Une indicible émotion le faisait trembler nerveusement, au point qu'il eut une difficulté réelle — tant ses dents s'entrechoquaient — à crier :

— Ah!... par exemple!... En voilà une mauvaise plaisanterie!

Et — *in petto* — il murmura :

— Voilà sa crise qui le prend!... Me voilà frais!

Il passa la seconde jambe par-dessus la lisse et s'apprêtait, à tout risque, à descendre, quand Sizikah cria..., hurla plutôt:

— Restez! Ne bougez pas... ou je vous tue!

Et Gaëtan, tournant à demi la tête, vit qu'au bout de son poing tendu, l'infernal personnage brandissait son superbe coutelas japonais, strié d'or.

— Bon sang! gronda-t-il. Il n'y a qu'à moi qu'arrivent de pareilles affaires! Il a sa crise!... Il l'a! Damnation!

Arcbouté sur les poignets, les jambes dans le vide, regardant en dessous le sinistre fou, Faradel ne bougea plus.

De son côté, le Japonais semblait une statue.

Poing dressé, avec — au bout — la lame, il demeurait ainsi dans une attitude menaçante, mais, pour ainsi dire, cataleptique.

Combien de temps eût duré cette scène poignante au fond, mais comique comme mise en scène?... Qui l'eût pu dire?

Un incident insignifiant la termina.

. . . .

Soudain du bord du bateau naufragé, s'éleva un cri enroué... Un malheureux coq, oublié dans les mannes à volailles, sur le gaillard d'avant, l'avait poussé, comme un appel de détresse, en apercevant un être vivant.

Ce « cocorico » classique n'avait point l'allure claironnante et batailleuse du cri glorieux que pousse le coq de ferme. Non. C'était quelque chose de bizarre, de baroque, d'étrangement douloureux. C'était la plainte lugubre d'un animal exténué qui voit la mort venir à lui. Et dans le silence de cette scène muette, ce fut à la fois effroyable et grotesque.

Mais le résultat fut plus étrange encore.

Ce cri, cette vibration de l'air, chassa du cerveau du prince l'épilepsie naissante. Son bras retomba. Sa face se détendit. Ses yeux voilèrent leur flamme d'enfer.

...Puis, il passa sa main sur son front, comme pour chasser une importune pensée, ou un mal passager, et regardant autour de lui :

— Eh bien ! dit-il avec son ordinaire courtoisie — simple et élégante, — avez-vous terminé votre visite à bord, monsieur Faradel ?

— Hein ? Comment dites-vous ? questionna notre héros, abasourdi.

Et voyant que son hôte était revenu à son état normal, il ne voulut pas avoir l'air d'avoir compris la crise, maintenant évanouie.

— Une minute, prince !... J'ai oublié de regarder sur le gaillard d'avant !

Vivement, il sauta sur le *Santa-Lucia*, le parcourut avec rapidité, tandis que toujours — de sa voix enrouée — le coq l'appelait de son cri douloureux.

...Personne... Pas un être humain.

Alors Faradel fut pris d'une tendresse immense pour la malheureuse bête.

— Pauvre vieux, dit-il en *aparte*, je vais t'emporter, sois-en sûr !... Ce que c'est tout de même ! Je le répète : il n'y a qu'à Faradel Gaëtan qu'il arrive de pareilles aventures !... J'aurai dû, moi, Faradel, la vie à un coq !... Mais ce dont il peut être sûr, par exemple, c'est qu'il mourra de vieillesse... Ce n'est pas moi qui le mettrai jamais à la broche.

Ce disant, il se dirigea vers le cageau d'osier où le pauvre animal, rencoigné dans un angle, trempé, affreusement déplumé, entouré des cadavres de ses congénères, lançait toujours son lugubre et grotesque appel.

— Tu n'es pas beau, mon garçon, dit Faradel, mais il faut croire que tu as le coffre solide pour avoir résisté quand tes collègues ont fait leur dernier voyage. En tous cas, on va tâcher de te remplumer... Allons! Arrive!...

La bête se laissa prendre. Elle était du reste épuisée, à demi-morte de faim et de soif, et c'est avec un vieux coq déplumé sous le bras que Faradel réapparut au-dessus de la lisse.

Sur la plate-forme, le prince s'était appuyé contre la logette du timonier, la face dans les mains. Il ne vit pas tout d'abord son hôte et Faradel dut l'appeler.

— Voyez, prince, je ramène du monde.

— Ah bah! répondit Sizikah du ton d'un homme qui s'éveille.

Et voyant le singulier passager :

— Vous êtes étonnant, cher monsieur! Vous avez donc envie de manger du poulet Marengo?

— Jamais de la vie!... Non, prince! Jamais je ne permettrai qu'on touche un cheveu de la tête de cet animal.

Il se reprit, et riant :

— Je veux dire : plume! mais le cœur y est. J'aime ce coq, prince, et je le garde.

— Vous êtes un original, monsieur Faradel.

— Peut-être bien, mais...

Il s'arrêta et conclut *in petto*.

— En tous cas, je ne suis pas le seul.

Peu après, le coq était installé dans la cuisine, bien au chaud, et confié avec des ordres particulièrement sévères aux bons soins du cuisinier.

— Et maintenant, dit Sizikah, chez lequel toute trace de crise s'était dissipée, veuillez aller vous installer sous le dôme. Je vais procéder à l'explosion de cette épave. Examinez cela, monsieur Faradel, c'est très curieux.

Puis, se ravisant :

— Au fait, venez plutôt avec moi à la torpillerie. Vous allez m'aider ; cela vous intéressera davantage.

Et Faradel suivit l'inquiétant capitaine, qui maintenant lui inspirait une instinctive terreur.

Quand ils furent auprès des éjecteurs, le Japonais transmit par bouton trois ordres consécutifs et le *Pipo* fit machine en arrière.

Il s'arrêta à dix mètres environ du brick en dérive, tout en se maintenant à sa hauteur.

— Voyez, monsieur, que nous ne nous immergeons pas, dit le capitaine. Il n'est pas nécessaire d'être en immersion pour torpiller. Voyez, du reste, par le panneau : les éjecteurs extérieurs sont à surface de flottaison.

— Parfaitement.

— Je vais préparer la charge, continua-t-il. C'est vous qui la lancerez et vous la ferez ensuite exploser.

Faradel acquiesça d'une inclinaison de tête.

Au fond, il était ému comme le serait un enfant auquel on fait pour la première fois tirer un coup de fusil. En même temps, il sentait en lui une vanité étrange se développer. Oui. L'atavisme de destructivité que renferme en soi chaque homme, remontait en l'âme du camarade. Il admira cette curieuse circonstance qui allait le mettre, lui pourtant si parfaitement ignorant de l'engin, à même de produire quelque chose comme une éruption volcanique. La brute scientifique surgit en lui, comme la brute animale surgit chez les inintelligents trop fiers de leur force musculaire.

La cartouche, engluée, amorcée, liée au fil d'éclatement, fut placée par Sizikah dans la culasse de bronze qu'il referma d'un tour de poignet. Puis :

LE « SANTA-LUCIA » DISPARUT DANS UNE MONTAGNE D'ÉCUME. (Page 119.)

— Monsieur, dit-il, voyez ce bouton rouge marqué d'une croix blanche?

— Bien !

— A mon ordre, vous le toucherez de la main droite... oh ! très légèrement.

— J'ai compris.

— Ensuite, et sans transition, vous appliquerez de la main gauche un fort coup de poing sur ce tampon caoutchouté que voici !... Êtes-vous prêt ?

— Oui !... répondit Faradel tout pâle et d'une voix étranglée par l'émotion.

— Attention !... Une !... Deux !... Trois !... Feu !

Mais Faradel, qui pourtant avait levé le doigt vers le bouton, ne l'avait pas touché.

Il resta là, comique, le doigt tendu, comme s'il eût craint que le bouton électrique ne lui jouât un mauvais tour.

— Eh bien ? dit en riant le capitaine, vous êtes un bien mauvais soldat, monsieur Faradel.

— J'ai été surpris... impressionné.

— Recommençons !

— C'est cela !... Ce coup-ci est le bon !

— Une !... Deux !... Trois !.... Feu !

Cette fois, Gaëtan fut un torpilleur modèle, mais il donna le coup en fermant les yeux.

Il est vrai qu'il les rouvrit aussitôt, car il tomba rudement sur... son séant.

— Pardon ! fit le capitaine, j'avais oublié de vous prévenir de la secousse que produit le brusque recul du *Pipo* marchant en arrière... Regardez !... Vite !... Regardez par le panneau ! Vous avez juste le temps.

Mais, si vivement qu'il se fut relevé, Gaëtan ne vit plus du *Santa-Lucia* que le bout brisé de son beaupré.

Encore est-il qu'il ne fit que l'entrevoir noyé dans une montagne d'écume qui s'élevait à la hauteur d'une maison.

Il assista ensuite à la chute de cette masse d'eau, dans laquelle le soleil jetait le diaprement des arcs-en-ciel... Puis ce furent des remous moirés, qui se perdirent en cercles concentriques, et laissèrent voir enfin un gouffre tourbillonnant... une sorte de réduction du Maëlstrom.

— Eh bien! qu'en dites-vous, monsieur Faradel?

— Je dis... je dis... et puis, tenez!... je ne dis rien du tout!... Que pourrais-je dire?

Le prince sourit, donna l'ordre de reprise de vitesse maximum, et reconduisant Faradel à sa cabine, il le quitta de suite pour aller donner des ordres.

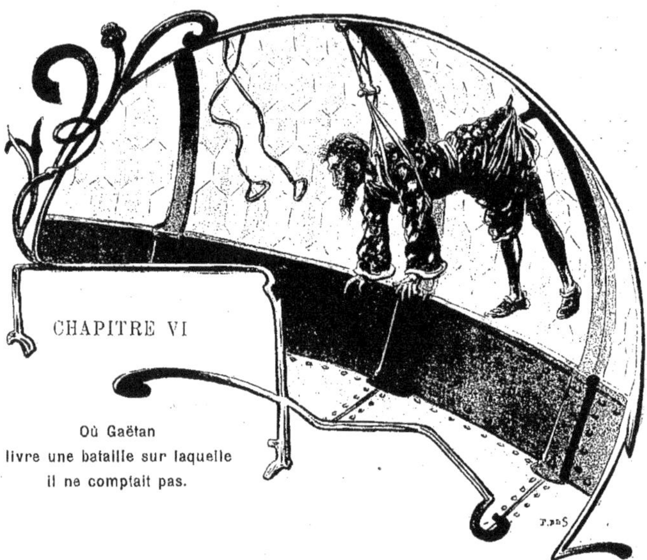

CHAPITRE VI

Où Gaëtan
livre une bataille sur laquelle
il ne comptait pas.

A partir de cette journée, pleine, ainsi qu'on a pu le voir, de péripéties et d'émotions, Faradel demeura en proie à une sourde inquiétude.

Du reste, ce sentiment ne se manifesta pas chez notre camarade d'une façon ostensible. Au contraire, il s'appliqua, et réussit, sans grand effort, à demeurer le brave garçon jovial et un peu blagueur qu'on connaît, mais un malaise intense existait quand même au fond de son âme.

Lorsqu'au cours des conversations précédentes, le prince lui avait carrément annoncé sa folie, le calme — tout oriental — qui imprégnait le ton de cette singulière confidence avait empêché Faradel de prendre la chose au sérieux, ou, tout au moins, au tragique.

Il avait cru, tout d'abord, à un peu d'exagération de la part du prince.

— C'est un parfait original, que ce jaune savant, avait pensé Faradel,

16

mais ce n'est pas un fou, dans la pleine acception du mot. Mettons même que ce soit un maniaque, légèrement déséquilibré par un excessif maniement cérébral d'x, d'y, de racines carrées, cubiques et autres, de logarithmes variés et d'invraisemblables formules de chimie; admettons l'hypothèse d'un détraquement, passager et périodique, dû à l'exagération du travail et de l'idée fixe; mais ce n'est pas là de la folie caractérisée. Oui, je veux bien croire à la *loufoquerie* de mon amphytrion, puisque lui-même la déclare sans réticence : mais entre la manie — même scientifiquement destructive — et la folie furieuse dont, pourtant, il me prescrit de me garer, il y a une grosse différence.

La scène rapide, mais poignante, qui s'était passée entre lui et Sizikah, avant la mise en morceaux du brick–épave, changea du tout au tout, l'optique de Gaëtan.

Oui! c'était un fou!... un vrai fou!... Et qui pis est, un fou furieux animé de la folie du meurtre! et ce fou dirigeait ce terrible bateau !

C'était cette belle intelligence, si merveilleuse en temps normal, qui brusquement, sans motif plausible, sans raison appréciable, s'obscurcissait tout d'un coup et muait ce savant, oriental raffiné, affiné encore de civilisation occidentale, en une bête féroce... pis que cela, en une sorte d'homme ivre, dont l'alcool enflamme la sanguinaire démence.

— Diable! se dit Faradel, c'est une damnée situation que de naviguer en pareille compagnie; car on ne sait jamais d'une minute à l'autre ce qui peut se produire !

Ce qui l'étonnait surtout, c'est la rapidité avec laquelle la crise avait pris naissance et ensuite cessé.

Et puis, c'était bizarre que cet homme qui — dans l'état calme — raisonnait si froidement sa folie, n'eût pas l'air (une fois la crise passée) de se rendre compte des minutes horribles qu'il venait de vivre.

Pourtant, l'attitude prostrée qu'avait prise un instant Sizikah, en s'appuyant à la tourelle de timonerie, le front penché dans les mains, était une attitude de souffrance. Mais... se souvenait-il? Rien ne pouvait le présumer, car le sinistre personnage était, à cet égard, resté muet, et Faradel, de son côté, n'avait pas jugé opportun d'entamer la conversation sur ce sujet.

Il crut prudent et conforme à la bienséance de se taire, et il fit bien, car, même si le Japonais eût reconnu avoir eu conscience de son accès de démence, cela n'eût absolument rien changé à la situation.

Gaëtan demeura donc extrêmement perplexe, et tout en refoulant le plus qu'il pouvait ce sentiment; tout en paraissant, comme nous l'avons dit plus haut, jovial et blagueur, il conserva constamment au tréfonds de lui-même l'appréhension constante de voir Sizikah lui sauter dessus, coutelas au poing; ou encore de le voir se livrer à des fantaisies plus ou moins pratiques, en matière de navigation ou d'explosifs.

C'était là, on en conviendra, une situation des moins enviables, qui aggravait encore les ennuis moraux de cet involontaire voyage autour du monde, accompli avec le souvenir douloureux de Jacqueline et des amis, sûrement plongés dans la douleur.

Pourtant, comme notre ami avait l'âme bien trempée, il s'accommoda — moralement s'entend — du mieux qu'il put, de la situation; car au point de vue matériel, il était servi comme le prince lui-même.

— C'est un moment à passer, se dit-il. Passons-le aussi confortablement que possible; mais, néanmoins... veillons au grain!

Ce qui l'ennuyait, c'est qu'il n'avait pas d'armes; et qu'il n'avait aucune raison d'en demander sans éveiller de suite les soupçons.

Néanmoins, il trouva un biais.

Sous couleur de s'amuser à tirer des requins — histoire de passer le temps — Gaëtan demanda et obtint de Sizikah une des carabines installées en panoplie dans sa cabine-salon. Pour parer aux secousses du saut en hauteur, les armes, et toute la cargaison du reste, étaient arrimées par des boulons à crampon. Sizikah en fit dévisser deux et remit à son passager une délicieuse carabine de tir, genre Martini.

Il lui donna une caisse de cinquante cartouches, chargées, dit-il, de deux centigrammes de protéothyline mélangée à de la poudre de chasse anglaise.

— Cela est le meilleur mélange balistique connu, ou pour mieux dire : inconnu, affirma-t-il. Et cela s'adapte à toutes les cartouches et à tous les modèles d'armes de guerre portatives en usage. Seulement, grâce à cette infime addition de protéothyline, un coup de Lebel, par exemple, donne une vitesse initiale de 1,800 mètres, sans flèche. Quant à la portée maxima... je l'ignore, n'ayant jamais eu encore l'occasion de l'expérimenter scientifiquement.

— Merci, prince... je vais m'amuser à tirailler, tandis que vous vaquerez à vos occupations de capitaine.

Et intérieurement il songea :

— Comme ça, je suis un peu paré ! J'ai au moins quelque chose pour me défendre, sans compter mes poings et mes muscles.

Du reste, les journées qui suivirent n'amenèrent aucun incident notable.

La vie du bord se poursuivait avec une régularité d'horloge, et les journées s'écoulaient, soit en causeries ponctuées de l'éternelle tasse de thé, accompagnée de cigarettes ambrées, soit en de longues siestes données à la rêverie ; le tout coupé, aux heures régulières, par les repas sous la coupole vitrée.

Et Faradel commençait à reprendre un peu confiance.

Au surplus, il s'amusait infiniment à chasser — comme il disait — le requin.

Ces infâmes animaux pullulaient.

Gaëtan en tira vingt-neuf en une seule journée.

Les tua-t-ils tous ? Peut-être : en tous cas, il les toucha tous ou à peu près, car il les visait à une moyenne de 100 à 150 mètres, ce qui, étant donné la force de pénétration des cartouches de Sizikah, donnait sûrement le même effet qu'un coup tiré à bout portant par une cartouche ordinaire.

Mais à mesure qu'on s'éloignait du tropique, les squales devinrent plus rares : et cela ennuya Gaëtan, qui délaissa sa carabine, pour ne la reprendre que le soir du quatrième jour de traversée; entre temps, il allait prendre des nouvelles de son coq, et constatait avec satisfaction que la bête reprenait un peu de ton. Pendant ces visites, le cuisinier, un Asiatique, petit, mais aux larges épaules et à carrure d'Hercule Farnèse, le considérait avec une impassibilité de statue, sans dire une parole.

Le *Pipo* doubla, le quatrième jour le cap Horn; et en passant près des îlots nombreux qui l'avoisinent, notamment près de l'île Diego Ramirez, Gaëtan reprenant son Martini, massacra — sans profit, du reste, puisqu'on ne fit pas escale pour les ramasser — des pingouins, mouettes, goëlands, frégates, en un mot une foule d'oiseaux de mer qui couvraient les roches émergeant près des côtes.

Peu après, le *Pipo* entrait en plein Pacifique, et le lendemain le prince indiqua la route qu'on allait suivre.

C'était une ligne très légèrement incurvée qui laissait à sa droite, l'île de Pâsques, à sa gauche les îles Marquises, passait au Sud et assez loin du groupe des Havaï, puis piquait alors directement vers la pointe Sud du Japon.

— Dans six jours, conclut le capitaine, nous serons arrivés. Le surlendemain, selon toute probabilité, nous aborderons l'avant-garde anglaise... Alors... Les circonstances décideront; mais, suivant mes calculs, deux jours, mettons-en trois, me suffiront pour anéantir la puissance navale de cette odieuse nation.

— Je voudrais être plus vieux d'une quinzaine ! soupira Faradel qui songeait moins à la guerre qu'à son retour.

— Patience !... Patience !

Au fond, malgré sa haine de l'Anglais, Faradel eût, de beaucoup, préféré ne pas assister à ce désastre que le Japonais annonçait avec le ton d'un prophète maudisseur. Tout brave qu'il fût, l'ex-sergent de marsouins, songeait, malgré lui, à la fragilité des projets, même échaffaudés par les plus grands génies.

Il se disait — non sans raison — que dans cette hécatombe qu'il projetait, le terrible homme jaune pourrait bien — qui sait? — trouver son maître, et que, si fort et si bien gréé fût-il, le *Pipo* n'était pas invulnérable.

Certes, un obus — un abordage même — pouvait très bien arriver à le mettre à mal : et alors que se passerait-il?

S'ils échappaient à l'asphyxie d'une noyade, ils pouvaient être faits prisonniers.

Brrr! Cette perspective n'avait rien d'engageant!... Ah! mais non!...

Le *Pipo* était certes un navire extraordinaire, un navire-type, mettons même, comme le disait son constructeur, le navire idéal ; mais, au fond, il n'en était pas moins *un corsaire*, c'est-à-dire un belligérant qui belligère sans avoir le droit de belligérer, aux termes des lois de la guerre navale.

Donc, on les traiterait en forbans, en pirates. On les pendrait!... c'était certain : les Anglais n'étant pas tendres, ni portés au sentimentalisme... Oui! Faradel en savait quelque chose!

Et la perspective de se voir colleter d'une cravate de chanvre, au lieu de l'élégante cravate blanche du marié, n'avait pour le camarade rien d'attrayant.

Et soudain, une idée lui vint.

— Dites donc! prince, si en arrivant au Japon vous me débarquiez? Je m'arrangerai bien pour trouver un paquebot, et ça vous éviterait la peine de me reconduire.

— Ce n'est pas une peine, monsieur, c'est un plaisir.

— Vous êtes bien bon!... Mais je...

— Du reste, interrompit Sizikah, je n'aborde pas dans mon pays.

— Ah bah!

— Pourquoi aborderais-je ?

— Pour... dame !... pour... pour aborder ! annonça Faradel, pris au dépourvu.

— Non pas. Mon empereur lui-même, ignore le *Pipo*. Je ne le lui présenterai que plus tard, lorsqu'il aura accompli œuvre utile pour ma patrie.

— Quelle guigne ! murmura Gaëtan.

— Que dites-vous ?

— Je dis... je dis... que c'est juste, prince, déclara Faradel, décidé à ne pas contrarier Sizikah.

Et, en effet, les yeux du Japonais avaient pris soudain une expression farouche. Ils ne s'allumaient pas de la lueur d'abord fauve, puis phosphorescente qu'avait remarqué Faradel, lors de l'incident du *Santa-Lucia ;* mais, il était évident que l'évocation de la destruction — proche selon lui — de la flotte, son ennemie, avait surexcité le cerveau du capitaine.

Faradel, qui n'avait pas la moindre envie de recommencer la terrible expérience de l'autre jour, se tint donc coi.

Mais soudain, Sizikah se levant, déclara :

— Tiens ! J'ai oublié l'autre jour, monsieur Faradel, de vous faire expérimenter le saut du *Pipo !*

— C'est vrai !... Oui, c'est vrai, acquiesça Faradel vaguement inquiet.

— Eh bien ! nous allons, si vous voulez, vous montrer la maniabilité du navire en tant qu'aviateur.

Et remarquant une légère hésitation dans le regard de son interlocuteur, Sizikah eut un froncement des sourcils.

— Vous avez peur ! dit-il sèchement.

— Moi !... Jamais de la vie !

— Ou bien alors, reprit l'officier d'un ton amer, c'est donc que vous n'avez pas confiance dans mon œuvre et dans ma force ?

— Mande pardon, prince !...

Et après un dixième de seconde d'hésitation, il conclut .

— Au contraire !... Au contraire !... Jamais je n'ai rencontré un homme en qui j'aie autant de confiance qu'en vous !... Oh ! Jamais !... Je vous en donne ma parole !

— Alors, allons ! dit Sizikah.

Faradel suivit donc le prince, mais disons-le, sans aucun enthousiasme.

— Il n'est pas dans son assiette, pensait-il. Ça, c'est sûr !... Tout à l'heure il n'avait pas ce regard-là !... Est-ce que, par hasard, sa crise va le reprendre !... Bon sang ! Ça ne serait pas à faire ! Ah ! quelle déveine j'ai de naviguer côte à côte avec un pareil pistolet !... Et c'est qu'il n'y a rien à faire, rien à dire ! Il faut subir sans broncher, les abracadabrantes facéties de ce cerveau timbré ! Ah ! ce n'est pas pour dire, mais la vie exige souvent des concessions bien pénibles de la part d'un honnête homme. Pourvu au moins que cette expérience en escarpolette ne me donne pas mal au cœur ! Pourvu surtout qu'il n'aille pas nous faire écrabouiller en tombant sur une roche sous-marine ! Pourvu que... Mais à quoi cela me sert-il d'épiloguer ainsi mentalement ; si je ne me casse l'épine dorsale, grâce à ces acrobaties nautico-aériennes de mauvais goût, ce n'est pas tous les raisonnements que je puis me faire, qui me la recolleront. Satané bonhomme ! Et dire que sans l'araignée qui lui chatouille les méninges, ce serait un si gentil compagnon.

Et comme ils arrivaient sous le dôme à facettes, Faradel formula quand même une des craintes qui venaient de le hanter.

— Dites donc, mon cher prince, insinua-t-il d'un ton persuasif, une petite question... Quand le *Pipo* retombe...

— Eh bien ?

— Eh bien... s'il tombe sur un récif à fleur d'eau, ça doit...

— Me prenez-vous pour un enfant, monsieur Faradel ? articula le prince en l'interrompant d'un ton cassant, et pensez-vous que je ne connaisse pas ma carte sous-marine comme vous connaissez votre alphabet ?... Non, monsieur, calmez vos frayeurs ! Nous sommes ici par un fond de 91 mètres...

Il n'y a pas de récifs!... Et le *Pipo* — malgré sa vitesse de chute — ne descend qu'à 7... 8 mètres au plus!

Et il éclata brusquement d'un rire nerveux.

— Ça y est, murmura en *a parte* Faradel, ça y est... voilà que ça le prend! Oïe! Oïe! Oïe!

Mais... non. Le rire cessa, et, d'une voix autoritaire, Sizikah commanda :

— Tirez à vous ces bracelets de suspension!... là!... ces lanières qui sont accrochées à l'armature.

Gaëtan obéit.

C'étaient deux lanières en cuir fort et à bouclerie d'acier, dont l'écartement était maintenu par un trapèze métallique formant ressort. A chacune d'elles était relié, par une bande élastique très résistante, un bracelet en tube caoutchouté. Devant ces deux lanières étaient également fixées deux courroies-poignées, analogues à celles qui servent dans le Métropolitain, aux voyageurs debout pour se maintenir contre la brusquerie des arrêts.

Sur les indications du prince, Gaëtan s'adapta les bras dans l'appareil. Le prince régla alors la bouclerie de façon que le poids du corps portât presque entièrement sur le point d'appui des aisselles. Les pieds de Gaëtan reposaient néanmoins par terre, mais seulement par les doigts.

— Vous voyez, monsieur, dit alors le capitaine, en vous maintenant solidement par les mains aux courroies d'appui, vous ne fatiguez pas !

— Oh !... On est très bien ! déclara Gaëtan avec une conviction voulue.

— Bon !... Sous les chocs, il ne faut pas vous raidir ; au contraire, il faut vous laisser pour ainsi dire « flotter », mais sans lâcher pourtant les poignées.

— Soyez sans crainte ! J'ai fait beaucoup de gymnase.

Sur ce, Sizikah s'en fut à un tube accroché à la paroi cristalline, et siffla trois fois.

Une seconde plus tard, les hélices renversaient leur marche dans une montagne d'écume, et le prince dit :

— Je vous laisse !... Ne bougez plus jusqu'à ce que je revienne. Ne vous étonnez pas ! Vous sentirez, du reste, le mouvement progressif d'enfoncement produit par l'aspiration des turbines. A partir de ce moment, figurez-vous que votre corps est mort. N'y songez plus et concentrez toute votre force en cette seule idée : bien conserver en mains les poignées... Vous allez voir comme c'est une sensation curieuse !

— Vous croyez ? questionna Gaëtan, dont malgré sa volonté, les lèvres se crispaient en grimaçant.

Mais le Japonais ne répondit pas.

D'un pas automatique, il se dirigea vers la porte et disparut. Gaëtan resta seul.

— Pensez-vous !... songea-t-il, oui... pensez-vous que voilà une position ridicule pour l'ex-représentant de la Société Coloniale ? Voyez-vous mademoiselle Jacqueline Pierson entrant à l'improviste et m'apercevant dans cette position risible !... Car, il n'y a pas à le contester, j'ai l'air d'un imbécile : et toutes les comparaisons — voire même les plus disgracieuses et les plus désobligeantes — me sont applicables. Si mon vieil ami Hugueville me voyait ainsi suspendu, il n'aurait pas, à mon endroit, assez de sarcasmes et de railleries.

Il aurait, du reste, parfaitement raison ; car je me compare moi-même, sous cette coupole vitrée, à un melon qu'un jardinier pratique a disposé sous une cloche pour en activer la maturité... Et puis le prince m'a bouclé trop court. Ces caoutchoucs me scient les aisselles. En tout cas, cette position a — tout au moins — cet avantage, que malgré ma stupeur justifiée, je ne pourrai jamais dire : « les bras m'en tombent ! ». N'importe ! C'est là un système à recommander aux nourrices pour aider les jeunes citoyens à faire leurs premiers pas. Il ne me manque qu'un biberon et je serai complet...

Il s'interrompit... et tourna brusquement la tête en arrière.

Un bruit de tempête arrivait jusqu'à lui, à travers les cloisons et le vitrage.

Le mouvement d'aspiration commençait, et le mouvement tourbillonnant des eaux produisait un bruit de cataracte.

En même temps, des flots d'écume jaillissaient des deux côtés de la logette d'arrière, embrumant la surface de la mer jusqu'à cent mètres au moins de distance ; et Faradel sentit soudain l'arrière qui, méthodiquement, s'enfonçait.

Le sol semblait fuir sous ses orteils crispés, et tout autour du dôme, en sa partie arrière, le niveau des vagues montait... montait... noyant doucement la plateforme et la logette.

Gaëtan ressentit à cet instant une sensation d'angoisse indicible.

Il lui parut que son estomac lui remontait jusqu'au larynx.

— Euhh !... euhh !... murmura-t-il, tout en se raidissant.

A dire vrai, il eut bonne envie de se dégager coûte que coûte ; mais un raisonnement instinctif l'en empêcha.

— Je ne peux pas ! pensa-t-il. Si cet animal fait partir tout d'un coup sa satanée machine, sans que je sois arrimé... j'irai m'écraser quelque part.

Mais, l'appréhension le poussant à des gesticulations instinctives de préservation, il s'enleva sur les poignets, et lâchant le sol de ses orteils, il se mit — sans même s'en rendre compte — à grimper dans le vide, comme si, à l'aide d'un escalier hypothétique, il eût pu monter au fur et à mesure que le *Pipo* enfonçait son arrière sous les flots.

Ce fut au cours de cette bizarre gymnastique que le départ le surprit.

Comme il pédalait (la comparaison s'applique bien à son geste) comme — disons-nous — il pédalait dans le vide... la secousse arriva.

Elle fut plus inattendue que réellement brutale ; mais néanmoins, en raison de la surprise qu'elle provoqua chez notre acrobate malgré lui, Gaëtan lâcha les deux poignées.

Le *Pipo* étant animé d'une bonne vitesse, tandis que Faradel représentait un poids inerte suspendu à un point d'appui, il en résulta pour le malheureux garçon le phénomène inverse à celui que ressent un voyageur debout dans un train qui, brutalement s'arrête. Le *Pipo* filant en avant, Gaëtan fut projeté en arrière.

Retenu par les points d'attache des bretelles, il décrivit un arc de cercle... Il sentit sa belle robe de Japonais aggripée par quelque chose... et demeura ainsi suspendu par les bras... mais aussi par l'étoffe de son vêtement qu'un crochet d'attache avait harponnée au passage... un peu au-dessous des reins.

Il n'avait pas jeté un cri... Il n'avait pas poussé le moindre appel. . Une constriction violente raidissait ses muscles, et son cerveau tourbillonnait.

Pourtant, tandis qu'ainsi maintenu dans une position à peu près parallèle à celle du plancher, il filait avec le *Pipo* dans l'espace, Faradel avait conservé une idée... une seule... il voulait rattraper les poignées qui se balançaient dans le vide.

Ses gestes désordonnés ne faisaient qu'accentuer sa position grotesque, car il n'y put parvenir.

Alors, abruti, soufflant, il ne bougea plus et c'est avec une hébétude inconsciente qu'il vit autour de lui et à travers le cristal de la coupole, l'océan s'élargir et sembler s'enfoncer.

Mais tout à coup, lorsqu'arrivé à son point maxima, le *Pipo* s'infléchit pour retomber, en suivant la phase descendante de sa parabole, la situation de Gaëtan changea.

Ramené en avant par son propre poids, son corps imprima de la sorte une violente secousse à son point d'appui... d'arrière.

Le crampon était de métal, la robe en tissu léger. Entre les deux forces en présence, c'était évidemment le métal qui devait résister. Il résista, mais la robe japonaise céda, laissant un peu d'elle-même au croc intempestif.

Ce fut donc pour le pendu (ou pour mieux dire le suspendu) une chute véritable ; mais il essaya tout de même de prendre pied, comme on le fait pour arrêter une balançoire.

Il y réussit enfin, réempoigna les courroies-poignées et attendit ainsi la remise à flot qui s'opéra sans autre accident.

Alors il se dégagea, non sans pousser un soupir de soulagement.

Vérifiant alors les avaries survenues à son costume, il ne put s'empêcher de rire de la mésaventure.

— C'est égal, dit-il tout haut. Je devais avoir une drôle de tête... en cette position.

Et, à ce moment, le prince reparut.

— Eh bien ? qu'en dites-vous, monsieur Faradel ? questionna-t-il.

— Délicieux ! mon cher prince... Délirant !... Suavissime !... J'ose même dire — et c'est le mot exact — catapultueux !

— Vraiment ? Cela vous a intéressé ?

— Puisque je vous le dis ! C'est tout bonnement charmant... seulement ça abîme un peu les effets.

Montrant la fameuse déchirure, il expliqua, non sans humour, ce qui venait de lui arriver, et conclut :

— Savez-vous, prince, ce que je ferai... la prochaine fois ?

— Que ferez-vous ?

— Je me coucherai par terre, tout bonnement, en plaçant au départ les pieds contre la cloison d'avant.

— C'est bien ce que je fais faire à mes hommes, déclara le prince, mais moi je ne puis agir ainsi. Couché, on ne voit rien ; on est immobilisé ; donc, on ne peut agir et guider ses machines.

— Oui, c'est vrai !

— Ces courroies de suspension ne servent généralement qu'à moi. Si je vous ai ainsi placé, monsieur, c'était uniquement pour que vous puissiez vous rendre compte de l'amplitude du saut.

— Oh ! Quand à cela, c'est merveilleux !... Et puis c'est la vue !... Oh ! quelle belle vue on a ! Néanmoins, avec votre agrément, je reprendrais volontiers mes habits d'Europe. Ils sont secs maintenant. Il n'y a qu'un point à y faire et si vous aviez par hasard des aiguilles et du fil...

— Il y en a. Zôki, le cuisinier, va vous faire cette petite réparation... Je vous quitte, monsieur... Vous n'aurez qu'à sonner avec le petit bouton vert. Zôki viendra chercher vos habits. Je vais lui donner des ordres. A ce soir, monsieur.

Une heure plus tard, Gaëtan réintégrait non sans plaisir ses vêtements personnels.

— Ce que c'est que l'habitude, pensa-t-il. Cette veste, ces brodequins, ces molletières, cette culotte sont incomparablement moins commodes que l'espèce de gandourah qui vient de me jouer un si vilain tour; cela est indiscutable. Eh bien, malgré tout, je suis plus à mon aise, tout en reconnaissant que je suis plus gêné. Bizarre chose !

Une fois habillé, il s'apprêtait à remonter dans la coupole, quand, après avoir frappé, un matelot entra.

Il s'inclina, sans dire une parole et remit à Faradel une petite feuille de papier du Japon pliée en quatre et cachetée d'un curieux cachet représentant un démon oriental vomissant des flammes... un symbole de l'œuvre du prince, sans doute; puis l'homme se retira.

Gaëtan rompit la cire et lut :

« Monsieur Faradel, je vous prie de m'excuser si je ne dîne pas ce soir avec vous, mais c'est une mesure de prudence préventive qui me force à commettre vis-à-vis de mon hôte cette incorrection.

« Je sens, en effet, à quelques symptômes particuliers connus de moi, que, peut-être, la vie normale de mon cerveau va momentanément s'interrompre... »

— Aïe !... Aïe ! grommela Gaëtan.

Il continua :

« ... En d'autres termes, je prévois chez moi l'imminence d'une de ces crises dont je vous ai prévenu.

« Je vous réitère donc mes recommandations précédentes : quoi que je dise ou que je fasse, restez indifférent à mes actes. Je vous conseille même de m'éviter le plus possible jusqu'à ce que, me sentant revenu à mon état habituel, je vous le fasse savoir.

« Mille regrets et

« Bien vôtre,

« Prince Sizikah. »

— On n'est pas plus régence ! marmonna Faradel. Quelle tuile, mon Dieu ! Quelle tuile !

Il se mit, tout en froissant la lettre malencontreuse, à marcher comme un ours en cage, autour du guéridon d'ivoire cerclé d'or.

Une mauvaise angoisse l'empoignait, qui — disons-le — se compliquait en lui d'une colère sourde.

En effet, s'il reconnaissait volontiers les mérites de son amphytrion ; s'il lui était même reconnaissant de l'avoir recueilli et accueilli au lieu de le renvoyer au milieu des vagues ; s'il appréciait sa courtoisie un peu hautaine et son désir manifeste de lui être agréable, il lui savait pourtant un mauvais gré infini des transes que lui imposait cette damnée folie.

On n'a pas, en effet, dix à douze millions de fortune qui vous attendent en France, en compagnie d'une fiancée qui vous adore et qui, de plus, est jolie, sans désirer ardemment la revoir le plus vite possible. C'est dire que tout ce qui peut ressembler à un possible effondrement de cette espérance, vous porte atrocement sur le système nerveux.

De là à détester la cause, volontaire ou non, de cet effondrement possible, il n'y a qu'un pas ; et l'optique des faits et des sentiments subit alors des variations aussi brusques que radicales. C'était le cas de notre ami Gaëtan, cas excusable, en somme, et qui mérite tout au moins des circonstances atténuantes.

Il ressentit donc une sorte de rage à voir sa destinée, son avenir, ses projets de bonheur à lui et à celle qu'il nommait déjà « sa femme » mis en balance avec l'incohérente volonté d'un fou.

Au reste, il n'était pas sans avoir trouvé excessive la prétention de Sizïkah qui, on s'en souvient, avait refusé de le ramener à la côte, alors qu'avec la vitesse merveilleuse du *Pipo,* ce léger retard n'eût même pas dû être pris en considération.

Il se fit aussi cette comparaison : que si le Japonais n'avait pas consenti à le rapatrier, il avait pourtant, bien volontiers, perdu quelques heures lors de l'incident du *Santa-Lucia,* pour la simple satisfaction d'amour-propre de démontrer sa force et la puissance de son engin.

Faradel en arrivait à conclure que Sizïkah était un monstre de vanité et d'égoïsme, et qu'il n'avait tenu à le maintenir, presque prisonnier, à son bord que par gloriole, pour avoir le plaisir de montrer à un Européen la suprématie de sa science d'Oriental.

Peut-être, qu'au fin fond, Faradel voyait juste en pensant ainsi. Quoi qu'il en soit, et que son raisonnement fût ou non logique, il était le fruit de circonstances et d'événements tellement anormaux, qu'il faudrait y être passé soi-même pour oser s'ériger en juge.

C'est donc un sentiment nouveau et très complexe qui venait d'envahir le cerveau de Gaëtan, à la lecture de la missive du prince.

Il ne le haïssait pas, non certes ! mais il eût voulu pouvoir dominer sa folie.

Problème hélas ! sans solution possible, il le reconnaissait. Dans de telles conditions, il n'y avait qu'à obéir, mais jusqu'à quelle limite ?

Gaëtan se donna une longue consultation à cet égard, et prit enfin cette décision :

— S'il ne met pas manifestement le bateau en danger de perdition, je ne bouge pas. Du reste, il est à croire que — même dans sa folie — le *Pipo* qui est pour ainsi dire son âme, ne redoute rien de sa tramontane. Reste la question personnelle. S'il voulait, comme l'autre jour, me pratiquer des évents dans le cuir ?... Ah ! dans ce cas, c'est une autre affaire !... Car je n'ai pas de peau de rechange et je ne veux pas qu'on abîme celle que la nature a bien voulu m'octroyer. Et puis enfin, patientons ! Nous verrons venir... mais ouvrons l'œil !

Il l'ouvrit, en effet... et même trop, car il ne put s'endormir, tant était grande son obsession.

Après avoir dîné seul, Gaëtan était, en effet, rentré chez lui.

Alors, il vérifia sa carabine, y plaça un chargeur de trois cartouches, et la déposa à portée de sa main, puis il s'étendit sur la fourrure du divan.

Le sommeil ne vint pas.

Dans la cabine, à côté de la sienne, il entendait le prince aller et venir. Parfois un coup (un coup de poing sans doute) faisait vibrer la cloison. A d'autres moments, des cris gutturaux lui parvenaient, assourdis par la paroi de métal, et Gaëtan n'en menait pas large.

— Je voudrais bien pouvoir donner congé de cet appartement, grognait-il. Mon voisin de palier fait vraiment trop de bruit. C'est une cause formelle de résiliation ! Trouble de jouissance caractérisé ! Il faudra que j'en parle au concierge.

Mais, malgré sa faconde voulue, et aussi disons-le, malgré son courage réel, tant de fois éprouvé, notre gaillard eût volontiers donné la moitié, que dis-je ? les trois quarts de l'or qu'il avait rapporté d'Afrique, pour être ailleurs... sur la terrasse du Café de la Paix, par exemple, en train de déguster un bock frais, sans faux col.

Pourtant, vers une heure du matin, le bruit cessa, et après avoir longuement et minutieusement écouté, Faradel finit par s'assoupir.

Un bruit le réveilla.

Brusquement, il se redressa sur le coude, et machinalement il étendit la main vers sa carabine.

Sizikah venait d'ouvrir sa porte, Gaëtan le vit traverser la cabine-salon d'un pas raide, somnambulique. Il avait la tête rejetée en arrière. Sous les sourcils froncés, le regard était fixe, comme les yeux d'émail d'une poupée.

Le prince ne regarda pas dans sa direction et sortit par la porte opposée.

Consultant la minuscule pendule électrique vissée à la cloison, Faradel constata qu'il était quatre heures du matin.

— Il doit faire jour déjà, dit-il. Levons-nous!... Car dormir maintenant me serait impossible: et puis j'ai besoin de prendre l'air.

Et se frappant le front:

— Tiens!... Une idée! murmura-t-il. Voici que nous remontons vers le Tropique, et les requins doivent se faire moins rares. C'est un excellent prétexte pour me promener sur la plate-forme avec ma carabine.

Par un surcroît de précaution, il prit dans sa caisse une poignée de cartouches de réserve, jeta l'arme sur son épaule et sortit.

En enfilant le couloir qui donnait accès à l'escalier du panneau supérieur, Gaëtan avait l'âme préoccupée.

Il arriva au bas de l'escalier et là il aperçut un des matelots, qui, debout sur les premières marches, coulait son regard sur la plate-forme.

Il le toucha légèrement de la main pour qu'il lui fît place, et l'homme, l'apercevant, eut un geste d'ennui.

Puis, mettant son doigt sur sa bouche, le Japonais se livra à une mimique silencieuse mais expressive que Faradel comprit tout de suite.

— Prenez garde! expliquait ainsi par gestes, le matelot. Pas de bruit! Pas de paroles!... Le maître est là!

Et cela voulait dire aussi:

— Il n'est pas dans son assiette ordinaire. Sa folie l'étreint... et toute intervention serait — pour l'instant — dangereuse.

— C'est bon!... Merci bien, mon ami, déclara Faradel à mi-voix, tout en l'écartant. J'ai saisi ton langage de pantomime. Au reste, je suis aussi bien renseigné que toi.

Pourtant, le matelot le retint encore au passage, et désignant la carabine, il eut un geste qui voulait manifestement exprimer le conseil d'abandonner cette arme et surtout de ne pas s'en servir.

— Ça, mon garçon, c'est une autre affaire! Ne t'occupe pas de cela, déclara Gaëtan, qui, passant outre, gravit l'escalier.

Debout à l'avant, et appuyé à la logette du timonier, le prince regardait la mer.

Quelle était son expression? Faradel n'eût pu le dire, car Sizikah lui tournait le dos, et ne se retourna pas lorsque le bruit des brodequins de l'Européen fit tinter le métal doré de la plate-forme. Au surplus, Gaëtan n'eut pas besoin d'examiner longtemps le capitaine pour être convaincu que sa crise continuait.

Immobile comme une statue, Sizikah avait appuyé à plat ses deux mains sur le panneau vitré, et sans le vent qui soulevait l'étoffe de sa robe diaprée, on eût pu le comparer à une de ces figures qui ornaient autrefois la proue de la plupart des navires. Pourtant, de temps en temps, il s'animait.

Alors il dressait ses deux bras avec un long frisson qui le secouait tout entier. Il les laissait ensuite retomber inertes le long de son corps, puis monologuait d'un ton rauque en un langage barbare. Enfin, après un instant, il reprenait sa position primitive.

Violemment impressionné, Gaëtan contempla longtemps ce saisissant spectacle. Il s'était accoudé à la logette d'arrière, et songeait.

Est-il besoin d'ajouter que ses pensées n'étaient pas couleur de rose, et, à la fin, la raison lui suggéra de ne pas demeurer plus longtemps à cette place.

— Oui! pensa-t-il, je ferais mieux de m'en aller. Il me l'a prescrit, du reste, ce sinistre fou! Et, en la matière, il fut excessivement raisonnable. Gaëtan, mon ami, c'est une grave imprudence de jouer avec le feu, surtout quand il n'y a pas, aux alentours, le moindre casque de pompier en perspective. Rentre chez toi, mon garçon.

Sur ce, il se dirigea vers le panneau d'accès intérieur, où, toujours immobile, guettait le matelot japonais; mais, à cette minute précise, le fou se retourna et l'aperçut.

Le reconnut-il tout d'abord? Non, sans doute, car il lui adressa, tout en agitant désordonnément les poings, des phrases énoncées en son sauvage dialecte.

Le ton en était autoritaire et menaçant; du reste, l'expression générale du visage exprimait chez le prince un bouleversement indicible. Ses yeux, noirs d'ordinaire, s'étaient décolorés et luisaient d'un feu bizarre, comme luisent dans l'ombre des prunelles de fauve, et machinalement, Faradel, réellement épouvanté, chercha en tâtonnant la poignée de sa carabine.

De son côté, le matelot avait vivement grimpé quelques échelons; maintenant, tout son buste émergeait de l'écoutille. Appuyé des deux poings à la plate-forme, il regardait alternativement son maître et Faradel. Sa face, ordinairement impassible, avait quelques contractions dénotant une violente émotion intérieure.

Et à cet instant, le prince désignant du doigt la mer, s'écria en français :

— Les Anglais !... Les Anglais !... Mort aux Anglais !

Faradel et le matelot lui-même, suivant de l'œil la direction du doigt de Sizikah, remarquèrent alors un bâtiment, que, dans la préoccupation qui les absorbait, ils n'avaient pas encore aperçu.

Gaëtan s'en étonna pour deux raisons : la première est que le navire n'était guère à plus d'un demi-mille; il avait donc fallu que le spectacle de la folie du prince l'eût réellement hypnotisé pour qu'il ne le vît pas; la seconde, c'est qu'en dehors du *Santa-Lucia* et malgré la route suivie, route qui d'ordinaire est sillonnée de steam-boats et de grands paquebots, c'était là le premier navire *vivant* qu'on eût croisé depuis Gibraltar.

— Mort aux Anglais !... hurla de nouveau le fou. Celui-ci va périr !... Oh ! chien maudit !... Tu ne mérites même pas la torpille !... Je vais te couler à l'éperon !

Et déjà, dans sa folie, Sizikah se dirigeait vers le panneau pour mettre à exécution sa menace, quand Faradel, empoigné d'une émotion indignée, s'écria malgré lui :

— Mais non ! voyons !... prince !... Regardez le pavillon !... Ce n'est pas un Anglais !... C'est un honnête steamer de commerce qui porte les couleurs hollandaises !... Pas de folie, voyons !... Calmez-vous !

Il avait lancé cette phrase sous le coup de son généreux instinct, sans raisonner avec la situation, sans chercher à en prévoir les conséquences.

...Elles furent terribles !

Ces mots, qui vinrent marteler ses nerfs auditifs, orientèrent subitement la furieuse folie du prince vers un autre objectif.

En son cerveau bouillonnant, l'innocent bâtiment, objet de sa haine irraisonnée, disparut soudain.

Il ne vit plus que l'homme dont la parole venait le braver ; le téméraire qui voulait contrarier sa fantaisie.

Sa face se convulsa en un épouvantable rictus !... Du fonds de sa gorge monta un hurlement affreux, aux tonalités exaspérées et lugubres, un véritable hurlement de loup : puis empoignant son coutelas, il le brandit et courut sur Gaëtan, tout en continuant à pousser son cri épouvantable.

. . . .

Cependant le *Pipo*, courant toujours avec sa prestigieuse vitesse, passait en ce moment par le travers du navire hollandais, et ses matelots, penchés sur la lisse de tribord, purent voir avec épouvante se dérouler devant eux une scène tragique à laquelle, du reste, ils ne comprirent rien.

Ils virent cela comme on verrait un rêve, presque sans pouvoir en saisir les détails ; car avec le train que menait le *Pipo*, il était déjà loin que le drame durait encore.

. . . .

Devant la brusque attaque de Sizika, Faradel éprouva tout d'abord comme un éblouissement, suivi d'une hésitation douloureuse.

Il fut saisi d'un violent désespoir d'avoir à se défendre contre cet homme qui, somme toute, l'avait sauvé. Il maudit la malencontreuse idée qu'il avait eue de monter sur la plate-forme. Il se demanda même s'il n'y aurait pas moyen d'éviter cette lutte affreuse. Tout cela en dix secondes... en mille fois moins de temps qu'il n'en faut pour décrire ces sensations tragiques... le temps que mit le fou à contourner le dôme et à foncer sur lui.

Mais, quand il le vit à trois pas, tout ce sentimentalisme disparut pour faire place à la volonté de conservation innée chez l'homme.

D'un geste, sa carabine lui tomba dans les mains, en posture de défense ; et pourtant quelque rapide qu'eût été sa mise en garde, il eut juste le temps de parer avec son canon un coup de coutelas qui, s'il eût été touché, l'eût percé d'outre en outre.

Et, au même moment, le matelot qui venait de pousser vers les profondeurs du *Pipo* un appel guttural, bondit à son tour.

Faradel avait maintenant à se défendre contre deux hommes, car le matelot avait tiré de sa ceinture un petit stylet.

— Canaille ! hurla Faradel, comme si l'homme eût pu le comprendre... Bourrique !... Ane bâté !... Aide-moi donc plutôt à le maîtriser !... Quelle buse !... Bon Dieu !... Quelle buse !

Il eût pu crier cent ans !... L'esclave attaquait maintenant — tel un dogue bien dressé — avec autant de férocité que son maître.

Au demeurant, notre pauvre camarade, bien qu'emporté dans la frénésie d'une lutte à outrance, était encore dominé par cette idée : tenir les deux assaillants en respect, sinon sans leur faire de mal, du moins sans les tuer ; et, à dire vrai, cela constitue toujours pour un combattant, pour un Français surtout, une infériorité marquée.

Il le comprit soudain... Le coutelas du prince, qui hurlait toujours, fila en effet le long de son bras gauche et fendit sa manche jusqu'au coude.

Il ne fut pas blessé, mais il sentit le froid de l'acier lui glisser sur la peau ; et cette sensation aiguë, lancinante, annihila chez lui toute logique de modération.

Instinctivement... sans — peut-être — le vouloir... mû par une volonté quasi-machinale, il pressa la détente... Et, dans le désordonnement effroyable de sa pensée, il perçut pourtant une silhouette tragique : celle de Sizikah qui, cessant brusquement son hululement de bête fauve, se raidit, dressa les poings, lâcha son couteau... fit deux pas de côté et... roula dans les flots.

...Chocs et contrechocs bizarres d'un cerveau humain... Faradel se rappela plus tard avoir éprouvé, à cette seconde, une angoisse et une pitié immenses... Il se souvint que, dans le brouillard sanglant qui voilait sa pensée, il avait eu l'instinctif désir de sauter à l'eau pour sauver le fou qu'il venait de tuer.

...Mais le matelot qui, après un court instant de stupeur, le harcelait en hurlant férocement — comme l'avait fait son maître — l'empêcha de songer à ces pensées d'humanité.

La pointe du stylet l'atteignit soudain sur sa ceinture de cuir, et Gaëtan ne dut la vie qu'à un bond formidable en arrière, réminiscence de l'école de Joinville. En même temps, il lançait à l'aventure un furieux coup de crosse, et son ennemi, atteint en pleine tempe, s'effondra.

— Bon Dieu!.. souffla-t-il alors, quel sauvage !

Mais il n'eut pas le temps de monologuer plus longtemps.

En une ruée farouche, les trois autres matelots surgirent de l'écoutille.

Deux étaient armés de couteaux, le premier avait en mains une carabine.

L'appel de leur camarade les avait attirés. Le timonier lui-même, qui avait vu la scène, avait abandonné à tout risque la barre, et tous les trois, animés d'un âpre désir de venger leur chef, se ruèrent à l'assaut de l'Européen.

Du coup, Faradel se sentit perdu, s'il n'agissait avec une décision inouïe! Au surplus, il n'avait plus, pour paralyser son action, les mêmes raisons sentimentales qui l'avaient animé dans sa lutte avec le malheureux Sizikah.

Vivement, avec un sang-froid idéal, il brûla sur les deux premiers les deux dernières cartouches de son chargeur.

Ils roulèrent sur la plate-forme en hurlant.

Alors, bondissant vers l'escalier dont seul le buste du dernier assaillant émergeait, Gaëtan, saisissant par le canon sa carabine, asséna sur le crâne du matelot de furieux coups de crosse.

.   .   .   .

Dix secondes plus tard, il se trouvait seul et frémissant, au milieu de ses quatre adversaires, morts ou agonisants.

...Un tremblement convulsif l'envahit alors. Sa face gouailleuse se crispa douloureusement. Il eut comme un sanglot et tout à coup deux larmes roulèrent de ses cils.

Pensait-il?... Non pas! Il sentait seulement qu'il vivait, qu'il était sans blessure ; mais c'est à peine s'il se rendait compte de l'affreuse réalité de la scène qui venait de se dérouler. Une atmosphère flottante de rêve l'environnait, l'enveloppait, l'envoûtait pour ainsi dire ; et s'il eut un semblant de pensée, ce fut pour se demander s'il n'évoluait pas dans un abominable cauchemar.

Les larmes machinales, qu'il versait sans le savoir, furent un dérivatif à la tension exagérée que venaient de subir ses nerfs et ses muscles, et bientôt le tremblement qui l'agitait cessa.

Il regarda autour de lui comme quelqu'un qui s'éveille, et il éprouva presque un étonnement horrifié à la vue des cadavres ; car maintenant c'était bien réellement des cadavres. Le dernier Japonais, celui que Gaëtan avait assommé à coups de crosse, hoqueta son dernier râle, plié en deux, le

LE PRINCE SIZIKAH ROULA DANS LES FLOTS. (Page 143.)

19

corps allongé sur la plate-forme ensanglantée, les jambes pendantes le long de l'escalier.

Faradel eut un long soupir.

— Quelle atroce besogne je viens d'accomplir! murmura-t-il. Mais... le prince! où est-il?... Ah! c'est vrai!... Le pauvre! il est loin maintenant!... Je me souviens!... Il est tombé à l'eau sous mon coup de feu!

Et, s'empoignant une poignée de cheveux, il eut un geste de rage désespérée.

— Tout de même! pensa-t-il enfin, je ne pouvais pourtant pas me laisser massacrer! Qui donc eût agi autrement à ma place?... C'est la fatalité!

— Oui! je sais bien! reprit-il tout haut, revenant à l'origine du drame. Oui! j'aurais pu rester chez moi... ne pas venir rôder de ce côté... Mais alors... le bateau... ce malheureux steamer hollandais... Où serait-il maintenant?

Faradel, la tête penchée, s'abîma pendant quelques minutes en de sombres réflexions. Seul avec sa conscience, il se jugeait sans faiblesse, sans partialité.

Enfin, il redressa la tête et lançant un grand geste vers l'azur du ciel :

— J'ai bien fait! dit-il, comme s'il parlait à un aéropage de juges. Oui! ma conscience ne me reproche rien. Certes, je regrette la mort de ces hommes. Je pleure celle de ce distingué savant que fut le prince. Mais, sans ma présence ici, combien de vies humaines eussent été anéanties par la simple et atroce fantaisie d'un fou. Oui! Gaëtan Faradel, tu n'as rien à te reprocher.

Mais, tout à coup, une pensée lui arriva, si violente, si imprévue, qu'il en eut un sursaut.

— Mais... dit-il, où suis-je maintenant? Me voilà seul sur ce navire infernal! Il fallait un démon comme ce malheureux prince pour le manœuvrer. Tonnerre!... Me voilà dans de beaux draps!... Et c'est qu'il file à toute vitesse !. . Et sans direction !... Puisque le timonier a lâché son poste !... Ah ! misère !... misère !... misère !

Un âpre désespoir s'empara de lui ; car son impuissance à diriger le *Pipo* était manifeste, absolue.

Essayer de le manier ? Il n'en eut même pas la velléité.

Il songeait, en effet, que dans l'ignorance où il se trouvait des manipulations de la protéothyline, il risquait tout, en essayant la moindre tentative sur les fils moteurs.

Tenter d'expérimenter les claviers ?... Oui, mais si un essai maladroit détraque quelque chose... et fait tout sauter ?

Si, en appuyant sur tel ou tel bouton du clavier, on provoque la plongée, et que ne pouvant plus remonter, on meure sous les flots, de cette mort atroce qu'est la lente asphyxie ?

Si...? mais tous les « si » que se posait Faradel se résolvaient, à tour de rôle, pour lui, en amère constatation de sa complète impuissance.

Pourtant, une lueur soudaine illumina sa pensée.

Zôki, le cuisinier, n'était pas parmi les morts. Il n'avait pas pris part à la lutte. Où diable pouvait-il être pendant cette tuerie ?

Peut-être que, malgré ses humbles fonctions, le cuisinier du *Pipo* possédait quelques notions sur l'appareil directeur... Qui sait ?

Oui ! Mais, même en admettant cette invraisemblable hypothèse, est-ce que Zôki, lorsqu'il allait apprendre la mort de son maître et de ses compagnons, est-ce que Zôki n'allait pas, lui aussi, vouloir engager une nouvelle lutte au couteau ?

Et cette dernière idée primant toutes les autres, Faradel empoigna d'instinct sa carabine et rechargea.

Il réfléchit un instant, tout en fronçant les sourcils. Puis, peu à peu, son visage reprit son air de volonté accoutumée.

— Allons ! dit-il. Penser n'est rien, en de pareilles circonstances. Agir vaut mieux !... Me voici un peu remis de la terrible secousse de tout à l'heure. Après tout, j'en ai vu bien d'autres ! Avec du sang-froid on dompte, non seulement le danger, mais la mauvaise fortune la plus tenace. J'en ai déjà fait l'expérience ! Il ne sera pas dit que je n'aurai pas tenté tout ce qu'il est humainement possible pour rejoindre ma chère Jacqueline et mes amis. Allons ! Faradel ! Du calme ! Du sang-froid... et aies-en le cœur net !

Ceci dit, il vérifia son arme, et d'un pas ferme il descendit l'escalier.

CHAPITRE VII

Où le camarade Hugueville trouve, en arrivant à Paris, un singulier logement.

La chute de Faradel du haut de la passerelle de *l'Albatros* s'était produite le 20 juin au matin, c'est-à-dire cinq jours juste avant la date convenue par traité entre Gaëtan et le capitaine Ladislas Pingou, comme dernier délai d'arrivée à Bordeaux.

Devançant ce délai de vingt-quatre heures, *l'Albatros* accosta au quai le 23 à dix heures du matin, en parfait état, mais bien entendu avec un passager de moins, et non des moindres... car Gaëtan Faradel était porté sur le livre de bord comme disparu en mer.

Immédiatement après l'arrivée, Paul Hugueville descendit à terre et après avoir retenu des chambres et un appartement spécial à l'Hôtel du Levant, il se procura un landau confortable, y monta, et regagna le quai où venait de s'amarrer *l'Albatros*.

Peu après, un triste cortège apparaissait à la coupée et descendait lentement le plan incliné du pont volant.

Triste? Oh! certes!... Car quatre matelots du navire portaient avec précaution dans un hamac tendu, Jacqueline Pierson, enveloppée de couvertures. Derrière elle, venaient dans une attitude morne, le docteur d'Arvil qui semblait encore vieilli depuis ces quatre journées terribles, et derrière lui Jean Pierson tout pâle, puis Jus-de-Réglisse. Le négrillon n'avait cessé de larmoyer depuis Gibraltar et, encore à cette triste minute, il pleurait à chaudes larmes.

Les matelots, les débardeurs du quai, les promeneurs s'arrêtèrent un instant, surpris à l'aspect douloureux de ce débarquement qui évoquait la sinistre vision d'un enterrement, et tous se découvrirent silencieusement devant cette jeune malade dont le pâle et beau visage et les grands yeux de fièvre impressionnaient l'âme douloureusement.

Paul qui avait pris les devants, aida les matelots à installer la pauvre Jacqueline dans la voiture. Le docteur y monta avec elle et le landau partit au pas, lentement; tandis qu'après avoir serré en silence la main du capitaine Pingou, Paul et Jean suivaient à pied, comme on suit un corbillard.

On se souvient, en effet, qu'après avoir constaté l'inanité des recherches pour retrouver Gaëtan, Jacqueline avait senti fléchir son énergie factice. Elle s'était évanouie. On l'avait emportée dans sa cabine, et depuis cette terrible journée, la malheureuse jeune fille n'avait pour ainsi dire pas repris connaissance.

Jour et nuit, le docteur d'Arvil, domptant la fatigue, l'avait veillée, secondé par Hugueville et Jean Pierson qui se relayaient à tour de rôle pour l'aider; mais il n'avait pu, malgré ses efforts, complètement enrayer la fièvre ardente et tenace qui s'était emparée de la pauvre enfant.

Heureusement la pharmacie, un peu primitive pourtant, de *l'Albatros*, comportait en suffisance la quinine, l'antipyrine et le chloral. A défaut d'une guérison réelle, d'Arvil avait pu obtenir un coma factice, et un très léger abaissement du pouls : mais la raison n'était revenue chez la malade qu'à de rares intervalles, et sous forme de crises nerveuses atrocement douloureuses, où Jacqueline appelait désordonnément Gaëtan.

A plusieurs reprises, il avait même fallu la maîtriser, la recoucher de force ; car elle prétendait aller rejoindre son fiancé dans les flots.

De plus, en doublant le cap Ortégal, et en pénétrant dans le golfe de Gascogne, la mer avait « durci » ; les vagues s'étaient faites plus rudes. Il en résultait un roulis violent peu fait — on le conçoit — pour apaiser la fièvre nerveuse de Jacqueline.

Aussi, le docteur d'Arvil poussa-t-il un soupir de soulagement quand *l'Albatros* demeura enfin immobile sur ses amarres.

Au surplus, l'arrivée à terre, tout en lui remettant au cœur un peu d'espérance, ne le rassurait pas entièrement, et dès que Mlle Pierson fut installée confortablement dans un bon lit à l'hôtel, il fit demander en hâte un de ses confrères, et dès lors Jacqueline se trouva, tant matériellement qu'au point de vue des soins, dans de meilleures, disons même dans les meilleures conditions possibles.

Énergiquement traitée, admirablement veillée et soignée, elle demeura encore deux journées dans un état inquiétant. Enfin le 25 juin la fièvre s'apaisa ; la raison revint... et cela juste au moment — presque à la minute même — où Faradel, cause involontaire de cette catastrophe, venait de terminer sa lutte affreuse avec Sizikah et les quatre cinquièmes de l'équipage du *Pipo*.

Son premier mot fut pour le disparu, pour celui qu'elle savait pourtant bien ne revoir jamais.

— Gaëtan! murmura-t-elle. Oh! monsieur Gaëtan !... Êtes-vous là?

Son frère Jean et le docteur Darvil, qui se trouvaient auprès d'elle, n'osèrent rien répondre à cet appel désolé.

Hélas !... que dire à la jeune fille, en fait de vérité, qui ne fût de nature à la replonger en pleine fièvre.

Mais, habitué à ces retours d'un malade à la vie raisonnante, le docteur engagea doucement la conversation, en la faisant dériver sur d'autres sujets moins directement douloureux.

Jacqueline l'écouta, pensive, tout en le regardant avec des yeux où persistait encore l'hallucination fiévreuse ; puis, sans répondre :

— Jean ! dit-elle. Viens, mon petit frère !... Viens m'embrasser !

Le petit Boër obéit. Il se pencha : elle lui prit le cou et l'attirant violemment à elle :

— Oh ! mon Jean ! murmura-t-elle, tout en éclatant en sanglots. Mon Jean !... Nous ne le reverrons plus jamais !... jamais !... Ah ! le pauvre ami !... Ce pauvre cher qui m'a sauvée !... Tu te souviens ? dis, mon Jean, quand il a failli être tué en m'arrachant aux mains de ces nègres féroces (1) !... Pauvre ami !...

— Oui !... répondait tout bas le petit Jean, oui, petite sœur chérie !

Et ne trouvant pas dans son cerveau imprégné de logique, le pieux mensonge à jeter comme un baume sur cette blessure d'amour, Jean Pierson l'embrassait éperdûment, tout en pleurant lui-même.

Pendant cette effusion, la porte s'était discrètement entrebâillée, et le visage de Paul Hugueville était apparu.

L'ex-Joyeux avait fait un signe au docteur qui, laissant le frère et la sœur causer ainsi au milieu de leurs larmes, rejoignit Hugueville dans le petit salon contigu.

— Docteur, dit Paul, je viens de fureter dans les agences. « L'Agence télégraphique Mondiale » vient de me communiquer un télégramme de Rio.

— Eh bien ? En quoi ce télégramme nous intéresse-t-il ?

— Voici ! répliqua Hugueville, j'ai, malgré tout, cette idée fixe que Gaëtan n'est pas mort.

— Oh ! murmura le docteur, en hochant la tête d'un air de doute, cette supposition est folle !

1. Voir *Gaëtan Faradel, explorateur malgré lui.*

— Allons donc! reprit Hugueville avec une sorte de fièvre. Allons donc!... Ce n'est pas possible, vous dis–je, docteur, que Gaëtan soit mort.

— Mon pauvre ami, je voudrais avoir, comme vous l'avez vous-même, cette pensée .. cette foi tenace... Mais l'évidence...

— Laissez-moi donc tranquille, riposta Paul avec un emportement un peu fiévreux. Je vous dis moi, qu'il vit! Donc, tout ce qui intéresse cette infernale machine...

— Comment? s'écria le docteur avec surprise, vous croyez que...

— Que Gaëtan a été entraîné par elle!... Oui, je le crois!

Paul énonça cette phrase, ou mieux cette idée pour ainsi dire invraisemblable, avec un ton de si ferme assurance que le docteur se demanda une seconde si son ami n'était pas fou.

— Je crois!... oui, je crois... à la vie de Gaëtan! déclara nettement l'ex-roi des Ourondis. Et puis, qu'est-ce que cela vous fait que j'y croie? Ça ne vous gêne pas, n'est-il pas vrai?... Et moi... ça me fait du bien d'y croire!

— Soit! acquiesça faiblement M. d'Arvil.

— Eh bien! reprit Paul, un câblogramme de Rio-Janeiro annonce que le steamer *Azalia* a rencontré la chose, l'objet, le sous-marin sauteur, enfin cette abominable machine d'avant-hier. Il l'a nettement aperçue en pleine nuit, non loin des côtes brésiliennes. La machine était éclairée de ses feux, et marchait à une allure inconnue aux navires les plus rapides; elle faisait route vers le Sud.

— C'est possible, dit simplement le docteur, sans attacher du reste la moindre importance à cette déclaration.

— Or, continua Hugueville, je suis convaincu que notre ami est à bord...

— Pour quel motif avez-vous cette conviction?

— Je n'en sais absolument rien. Ce sont des choses qu'on ne raisonne pas : *on les sent!*

— Soit ! consentit encore d'Arvil.

— Alors, poursuivit son interlocuteur, j'ai donné des ordres précis pour qu'on me communique tout ce qui peut avoir trait à cet engin. Au surplus, dès qu'on a su que je m'y intéressais, on m'a demandé des renseignements. J'en ai donné, et une demi-heure plus tard, vingt reporters me faisaient demander au salon de conversation de l'hôtel.

— Et ensuite ?

— Je me suis laissé interwiever, j'ai raconté l'histoire de la fin de la bataille, y compris la chute de Faradel, à ces messieurs ; j'ai donné nos noms, qualités, etc., persuadé que la diffusion par la presse peut nous aider à retrouver sa piste.

— Vous tenez, je le vois, à votre idée.

— Si j'y tiens !... Un de ces messieurs, le correspondant du *Bon Journal*, m'a même demandé un récit détaillé. Je l'ai promis pour plus tard. Et voulez-vous que je vous dise, docteur, eh bien ! j'en suis *sûr* — vous entendez bien — je suis sûr que nous reverrons Faradel.

— Je veux espérer, déclara le docteur, uniquement pour ne pas contrarier son ami.

— Et Mlle Pierson ? demanda Hugueville.

— Mieux !... Depuis une heure à peine. Mais je vous défends de lui faire part de ces espérances un peu outrancières. Cela, pour le moment du moins, ne pourrait que nuire à son état.

— Bon !

Mais soudain, le docteur se frappa le front :

— Mais malheureux ! s'écria-t-il douloureusement, je songe que vous venez de faire un abominable impair !

— Comment cela ?

— Mais oui ! Vous avez donné nos noms aux journalistes ?

— Certainement !

— Et le vôtre aussi... naturellement.

— Et quel inconvénient ?...

— Malheureux! Vous n'avez donc pas songé que vous êtes déserteur (1)...

— Bigre de bigre!... C'est pourtant vrai! Je n'y songeais plus!

Mais reprenant son calme, Hugueville déclara :

— Bah!... On ne pense pas à moi, sans doute! Au surplus on ne va pas me mettre la main au collet, comme ça... sans crier gare! Je vous dirai, du reste, mon cher docteur, que j'ai parfois prévu cette éventualité sans la redouter outre mesure. J'avais même l'intention de régulariser ma situation d'ici quelque temps, une fois nos comptes réglés et nos affaires en ordre ; car, après tout, si j'ai fait une boulette, l'autorité militaire ne me guillotinera tout de même pas pour m'apprendre à vivre. Néanmoins, je conviens que j'ai eu la langue trop longue. Assurément!... Il eût mieux valu arranger les choses avant de se démasquer. Grâce à mes relations j'aurais pu... Tant pis!... Ce qui est fait est fait! Et puisqu'il en est ainsi, docteur, écoutez-moi : je vais, si vous le voulez bien, déposer notre or au Comptoir Français.

— Bon, et ensuite?

— Notre ivoire, aux Docks Généraux.

— Continuez.

— Et puisque, maintenant, nous voici tous hors d'affaire, je vais vous laisser ici avec Jean et Jus-de-Réglisse pour soigner et guérir Mlle Pierson. Quant à moi, j'ai en poche un billet de mille francs (j'ai changé mes banknotes), cela me suffit et je vous quitte, momentanément s'entend. Je rentre à Paris embrasser ma famille qui va être bien étonnée, croyez-le! Vous aurez seulement l'obligeance de me tenir au courant des nouvelles qui pourraient survenir au sujet du bateau où navigue Gaëtan.

Le docteur eut un sceptique haussement d'épaules.

1. Voir *Gaëtan Faradel, explorateur malgré lui*.

— Vous comprenez, n'est-ce pas ! A Paris je serai mieux caché que partout ailleurs. J'aurai donc le loisir d'attendre quelques jours tranquille, avant d'aller à la Place, faire ma déclaration de retour dans le giron de l'armée française. Au surplus, le papa Hugueville arrangera certainement les choses pour le mieux. On n'a pas, en tant que père, la chance de revoir vivant un chenapan de fils qu'on croyait très probablement disparu, sans avoir l'envie de lui pardonner.

— Chenapan est un peu vif, mon cher Paul.

— Ne doutez pas, docteur, que ce soit là l'expression très réelle de l'opinion paternelle à mon égard.

— Elle s'adoucira.

— Sans doute ! Je vais donc vous laisser le soin général de nos intérêts. Vous réglerez cela avec Pingou.

— Parfait ! Et à vrai dire, autant procéder à cette petite liquidation tout de suite. Au surplus, je compte que d'ici très peu de jours Mlle Pierson sera sur pied, et nous filerons tous vous retrouver à Paris. Où descendez-vous ?

— Pas chez mon père !... Je descendrai tout bonnement au Grand-Hôtel.

— Bien ! Et puisque cette décision est prise maintenant, n'y revenons pas. Laissons les circonstances nous guider... en ce qui vous concerne. Mais comme il est inutile, voire même dangereux, d'évoquer de nouvelles émotions en l'esprit de Mlle Pierson, vous partirez sans même lui dire « au revoir ». Je lui raconterai votre départ et les raisons qui l'ont motivé au moment opportun.

— Entendu !

Sur ce, Hugueville qui avait maintenant abandonné la tenue coloniale pour les vêtements européens, serra la main du docteur et de Jean Pierson qui vint à l'appel de M. d'Arvil.

Il donna une tape amicale sur la nuque de Jus-de-Réglisse, puis après

avoir réglé les formalités de dépôt de leur or et ivoire, Hugueville se prépara
à prendre place dans le rapide de Paris.

.   .   .   .

Cependant, bien qu'entre son intervention à l' « Agence Télégraphique
Mondiale » et son départ pour Paris, il ne se fût guère écoulé que six petites
heures, la nouvelle apportée par lui de l'existence d'un engin sous-marin
formidable, et le récit de l'intervention dudit engin pour couler un croiseur
anglais, avait déjà fait son chemin.

Hugueville s'en rendit compte, du reste, car déjà des deuxièmes — voire
des septièmes — éditions des journaux locaux s'arrachaient en ville, et
portaient cette suggestive manchette :

UN FORMIDABLE ENGIN SOUS-MARIN AU SERVICE DE LA MARINE AMÉRICAINE !

Un croiseur anglais coulé dans le détroit de Gibraltar !

En effet, si les dépêches d'origine anglaise et concernant la guerre,
signalaient bien (par un euphémisme fréquent dans les communications de
l'Amirauté britannique) un *retard* dans l'arrivée du croiseur *Scotland*, laissé
en arrière-garde après l'engagement naval auquel *l'Albatros* avait assisté ;
lesdites dépêches n'avouaient point la perdition du *Scotland* que, du reste,
elles ignoraient encore.

L'interview arraché à la bénévole faconde de Paul Hugueville fut pour
tous une réelle révélation, qui, corroborée par la dépêche de Rio, fixa de
suite l'opinion publique, non seulement à Bordeaux, mais par toute la
France… mieux encore, par tout le globe. En effet, le consul britannique,
immédiatement renseigné, avait de suite télégraphié à son gouvernement.
L'Office de la marine de Londres, surpris et ne sachant trop que penser de

l'affaire, prit immédiatement le parti — classique chez les hommes d'État de la perfide Albion — de jouer la plus formidable indignation.

A peine prévenu, il fit marcher le téléphone, le télégraphe et le télégraphe sans fil, annonçant *urbi et orbi* qu'un navire sous-marin inconnu, sans pavillon, sans inscription sur les contrôles des marines ennemies, se permettait d'écumer les mers contre le droit des gens. Il dénonçait (ô ironie, de la part d'un gouvernement vandale par excellence !) il dénonçait, disons-nous, le fait aux nations civilisées ; les adjurant d'intervenir et de mobiliser leurs marines pour mettre un terme à de si monstrueux abus.

Dès qu'il eut connaissance de cette protestation, le président Roosevelt, qui n'a pas sa langue dans sa poche, riposta par ce message téléphoné aux puissances :

« La nation américaine et la nation japonaise unies, protestent avec la dernière énergie contre les racontars officiels du gouvernement britannique. Jamais, et à aucune époque, ni les États-Unis, ni le gouvernement japonais n'ont eu dans le service de leurs flottes respectives un navire correspondant de près ou de loin au signalement de l'engin signalé ; si toutefois (ajoutait avec scepticisme la dépêche) ledit engin existe autrement que dans l'imagination du Navy Office du Royaume-Uni. »

Etant donné les moyens modernes de communication parlée ou écrite, cet échange de notes contradictoires se fit dans la journée même ; et les reporters-interviewers du matin se demandèrent tout d'abord si l'interviewé Hugueville n'était pas tout bonnement un « bluffeur », une espèce de Lemice-Terrieux qui avait voulu leur monter un bateau en terre ferme, à l'aide de ce sous-marin fallacieux et hypothétique.

Pourtant… il y avait la dépêche de Rio expédiée par le capitaine même du steamer l'*Azalta*. Et cette coïncidence les rendit plutôt favorables aux explications de Paul Hugueville.

Ils ripostèrent, donnèrent dans des éditions successives les noms et qualités de notre camarade ; ils racontèrent tout de go la disparition de

Gaëtan Faradel : et en même temps que les journaux bordelais annonçaient ces sensationnelles nouvelles aux habitants du chef-lieu de la Gironde, les journaux de Paris, renseignés téléphoniquement, les imitaient en ce qui concerne les Parisiens.

L'inattendu de ce « clou » survenant au milieu de l'émotion provoquée par la guerre anglo-américano-japonaise surchauffa les esprits, surexcita le chauvinisme.

On ne parla plus que du monstre mi-aquatique, mi-aérien, à Montmartre comme à Montrouge, à Saint-Mandé comme à Neuilly.

Enchantés de voir cette force inconnue surgir soudain contre leur véritable ennemi héréditaire : l'Angleterre, les Français et en particulier les Parisiens exultèrent. Il n'y en eut pas un qui n'accueillît comme une vérité tangible et officielle l'existence de ce monstre, qui vous coulait un croiseur britannique en cinq secondes et s'envolait ensuite à des hauteurs prodigieuses.

Naturellement, le nom de Hugueville et du disparu Faradel devinrent instantanément aussi connus, aussi populaires que celui du cheval gagnant du Grand-Prix ; et si les indifférents s'occupaient ainsi de nos deux camarades, que durent penser leurs intimes et en particulier le père et la mère de notre Paul, commerçants en gros dans les « fleurs et plumes », 109, rue du Sentier ?

Ah ! ce leur fut — pour M\ua{me} Hugueville surtout — une indescriptible émotion.

Pour elle, le sous-marin et même le brave Faradel devinrent d'un intérêt tout à fait secondaire.

Leur fièvre de savoir se concentra sur cette idée : Est-ce notre Paul ?... Notre scélérat de fils ?... Allons-nous, malgré les conséquences terribles de ce retour pour Paul, pouvoir embrasser notre enfant ?... notre disparu !... notre faiseur de frasques... qu'on aime toujours et quand même !

Ceux qui ont un fils au loin... au Soudan, ou plus loin encore... un fils dont les nouvelles sont rares... oui ! ceux-là comprendront la joie et l'angoisse qui étreignirent le cœur de ces pauvres gens.

Immédiatement Mme Hugueville voulut partir pour Bordeaux. Son mari, plus maître de lui, la retint.

— Non ! dit-il, demain nous verrons ! Attendons encore d'être mieux renseignés. Et, du reste, *si c'est lui*, il va nous écrire, nous télégraphier.

— Soit ! acquiesça la mère, non sans pousser un gros soupir.

Disons aussi que ce n'était pas seulement la masse, la foule proprement dite, qui s'occupait de l'affaire. Tous les rouages gouvernementaux s'en inquiétaient, et en premier lieu le ministère de la marine.

Le ministre avait, en effet, de concert avec son collègue des Affaires étrangères, télégraphié à tous nos agents et à toutes nos stations navales, de faire leur possible pour donner des détails sur le singulier bâtiment signalé.

Mais, où l'étonnement et l'émotion fut sans conteste aussi profonde que rue du Sentier, ce fut au numéro 407 du boulevard des Italiens, au siège de la *Société Coloniale Française pour la Commission et l'Exportation*.

Oui, parfaitement ! Vous avez bien lu : malgré les apparences relatées au cours de ce récit, et dans la première partie, sous le titre : *Gaëtan Faradel, Explorateur malgré lui*, ladite Société existait toujours... et qui mieux est, plus florissante que jamais.

A quoi tiennent, pourtant, les destinées ?... A quelques lignes d'écriture !

Oui, sans la fameuse dépêche expédiée — on s'en souvient (1) — à la Monrovia-Bank, Faradel n'eût jamais été, sans doute, explorateur malgré lui, ni champion du tour du monde.

En tous cas, l'émotion fut — répétons-le — extrême dans les bureaux où, depuis le président et le secrétaire général jusqu'au petit chasseur et au gardien-concierge, on se demanda si ce Gaëtan Faradel était le même que l'estimé représentant disparu depuis près de six ans, et dont tous appréciaient si fort le charmant caractère et l'habileté commerciale.

1. Voir *Gaëtan Faradel, explorateur malgré lui.*

Immédiatement, le secrétaire général fut chargé de rechercher la vérité, et, de ce côté-là comme partout, le télégraphe se mit à fonctionner avec fureur.

.   .   .   .

On conçoit que dans de telles conditions le départ de Paul Hugueville de Bordeaux ne pouvait passer inaperçu.

Au demeurant, en tout reporter moderne, sommeille l'âme chercheuse d'un véritable détective.

« Savoir à tout prix » telle est leur devise, et il faut reconnaître que l'exercice de ce métier captivant et réellement difficile, a créé, par les temps qui courent, des sommités réelles dans cette spécialisation du journalisme.

Certes, notre camarade avait tout fait pour dépister les quémandeurs de renseignements, qui finissaient par l'ahurir et lui porter sur les nerfs ; mais ils ne se lassaient point.

Paul put en compter vingt-deux qui le prirent « en filature » dès qu'il sortit de l'hôtel.

Rangés un peu plus loin, vingt fiacres stationnaient prêts à « emboîter » le « sapin » dans lequel il fût monté, et cela l'amusa tout d'abord.

Il partit à pied, tout en fumant un excellent londrès et s'en fut acheter une sacoche de voyage. Les vingt-deux reporters, le carnet prêt, le suivirent comme un seul homme. Derrière, les sapins suivaient, comme à un enterrement.

Muni de sa sacoche, Paul héla un fiacre.

Aussitôt, les journalistes se précipitèrent éperdûment chacun vers sa voiture ; et tous du même geste indiquèrent à leur cocher la voiture de Hugueville qui filait au trot.

Par l'œilleton de la capote, notre ex-roi regardait et se faisait du bon sang.

— J'ai le temps avant l'heure du train, pensa-t-il, je vais les faire trotter.

— Cocher, ordonna-t-il, marchez très vite, et menez-moi à travers la ville... où vous voudrez!... pourvu toutefois que je ne manque pas l'express de 6 heures 5.

Alors, ce fut une course inénarrable à travers les rues. Hugueville emmena ses guetteurs, des Quinconces à la tour Piberlan, de la rue Judaïque à la place Fondodège... partout enfin.

Il alla même dans la direction de Talence, et les gens regardant filer ces vingt-trois fiacres à la queue leu leu, cherchaient machinalement en tête le carrosse à lanternes de la mariée.

Il s'amusa si fort qu'il faillit manquer son train ; pourtant il eut encore trois minutes pour prendre son ticket. Mais dix reporters sur vingt-deux le suivirent au guichet, et le premier qui se trouvait juste à côté du camarade, dit au second :

— C'est pour Paris!

En cinq secondes, le dixième journaliste était renseigné, et lança au premier :

— Prenez dix billets... On vous remboursera... Nous avons juste le temps !

Bref, quand Hugueville eut grimpé dans un wagon de première classe à couloir, et se fut installé, il constata que les dix suiveurs étaient montés derrière lui. Mais, comme la place manquait, plusieurs demeurèrent dans le couloir.

— Allons, messieurs, dit alors Hugueville en éclatant de rire, vous êtes merveilleux de ténacité! Je vous en fais mes compliments, mais pourquoi diable me chambrer ainsi? N'êtes-vous pas suffisamment édifiés déjà?

— Non pas, cher monsieur! déclara le premier, un petit homme bedonnant portant binocle, votre aventure et votre récit a fait déjà un tel vacarme...

CHAQUE REPORTER AVAIT SAISI SON CRAYON. (Page 167.)

— Comment cela?

— Sans doute!... Sachez qu'à l'heure actuelle toute la France — que dis-je? — le globe entier s'occupe de vous.

— Le globe?... Vous voulez rire.

— Du tout! C'est à la lettre! Les réponses de Londres en réponse aux télégrammes de ce matin sont arrivées.

— Ah! bah!

— Et, continua le reporter avec un malicieux sourire, on y conteste la véracité de votre récit?

— Hein?... Qu'est-ce que vous dites?

— C'est ainsi! déclara un second journaliste, long et maigre, qui portait les cheveux longs et toute sa barbe. On y dit *controuvée* et *due à la pure imagination* l'invention du sous-marin sauteur.

— Bon sang! clama avec colère Hugueville, bon sang! ils en ont un toupet!

Déjà les dix reporters avaient empoigné leur crayon et se calaient de leur mieux pour prendre des notes, car le train partait.

— Allez-y! déclara le second interlocuteur, allez-y, monsieur, nous sommes tout oreilles!

— Allons! dit Paul, je ne veux pas qu'il soit dit, messieurs, que je vous aurai imposé des frais de voiture et de voyage, plus une perte de temps, sans vous donner de la bonne copie. Dites donc d'abord que je maintiens formellement mes premières déclarations en ce qui concerne le monstre de métal dont je vous ai annoncé en grandes lignes l'apparition. Je vais de plus vous raconter en détails ce que mes amis et moi-même ont pu constater, en ce qui concerne sa terrifiante action.

— Très intéressant! déclara le premier reporter.

— Seulement, j'exige votre promesse formelle que vous me lâcherez le coude à la première station. Est-ce juré?

— Soit ! déclara au nom de tous, et après un coup d'œil de consultation à ses collègues, l'homme aux longs cheveux.

— Seulement, dit le petit reporter bedonnant, le train n'a son premier arrêt qu'à Saintes. Là, si vous le voulez bien, monsieur Hugueville, nous irons tous au wagon-restaurant ; nous vous offrirons une coupe de champagne, et nous vous quitterons à Niort.

— Entendu ! dit Hugueville, avec un de ces gestes nobles qu'il affectait naguère pour adresser des harangues à ses ex-sujets, les Ourondis. Ecrivez, messieurs.

Le programme prévu et accepté se réalisa à la lettre.

Après Saintes, on toasta à l'espérance de retrouver Faradel ; et, arrivés à Niort, les journalistes méridionaux prirent congé d'Hugueville, après l'avoir chaudement remercié.

— Ouf ! pensa le camarade, me voilà tranquille ! Ça n'est pas trop tôt ! C'est fort joli et très flatteur d'être un homme célèbre ; mais c'est terriblement fatigant et surtout atrocement agaçant ! Si j'avais eu, à Loukomba, des journaux et des journalistes, j'aurais *illico* supprimé la liberté de la presse, rien que pour être tranquille.

Malheureusement pour Hugueville, ses suiveurs de Bordeaux l'avaient, à Niort, *passé en consigne* à un journaliste de l'endroit qu'ils connaissaient et qu'ils avaient aperçu sur le quai.

Celui-ci, malin, ne voulant pas effaroucher Hugueville, monta dans le compartiment voisin, et ce ne fut qu'en cours de route qu'il fit son apparition, juste comme Paul allait s'endormir.

Il salua gracieusement, puis avec une politesse raffinée :

— Pardon, monsieur, dit-il, c'est bien à monsieur Paul Hugueville que j'ai l'honneur de parler ?

Du coup, l'ami Paul se redressa et regarda l'intrus de travers.

— Ah ! par exemple ! dit-il après un instant de silence, ah ! par exemple !... Elle est raide celle-là !

— Monsieur, reprit l'autre, sans se démonter le moins du monde, j'ai appris que...

— Assez! assez! lança Hugueville qu'une colère froide empoignait.

— Monsieur, poursuivit le collant reporter, une minute!... Une toute petite minute! je représente le *Colimaçon des Deux-Sèvres*, organe républicain conservateur indépendant.

— Je m'en moque!...

— Oh!... Une minute!... Un tout petit interview, monsieur!... Et je vous le jure, je vous quitte à Bressuire!

— Monsieur! dit froidement Hugueville, si vous dites un mot de plus... je ne réponds pas de moi!

Il articula cette menace comique avec un tel flegme, que l'autre resta abasourdi... et sortit. Mais tout le temps, au lieu de dormir, Hugueville regardait vers la porte du couloir, appréhendant le retour d'un nouveau reporter.

Et, pour finir son voyage tranquillement, il prit un parti énergique :

A Bressuire, il héla le chef de train, lui tendit un billet de banque et dit :

— Je loue mon compartiment! Allez me chercher une plaque : « Compartiment réservé », et si même vous pouviez mettre un bon cadenas à la porte, cela n'en vaudrait que mieux.

L'homme sourit et pensa :

— C'est un fou!

Puis, tout haut :

— Pas possible de mettre un cadenas, dit-il, mais, pour la plaque, c'est facile.

Peu après, il rapportait, avec la monnaie, le billet supplémentaire et la plaque indicatrice; et ce fut seulement alors que Paul Hugueville put se croire à l'abri des indiscrétions.

En effet, à part quelques regards tenacement investigateurs que l'évincé jeta par la vitre, Hugueville fut tranquille jusqu'au bout de son voyage.

A la fin il s'endormit même, comme s'il eût été dans un bon lit. L'habitude de la brousse, pendant de si longs mois, lui avait durci l'épiderme et créé presque un tempérament nouveau, rude et dur, de trappeur. Seule, sa faconde et son éternelle gouaillerie n'avaient pas varié.

Il dormit donc d'un bon et robuste sommeil, que les cahots des roues sur les rails n'interrompirent pas une seconde ; il s'éveilla suivant la vieille habitude contractée en Afrique, avec le soleil, et contempla, non sans attendrissement, cette vieille terre de France, dont son regard était déshabitué depuis si longtemps.

Il se surprit, en des étonnements naïfs, à la vue de la belle ordonnance des champs aux labours géométriques. Les routes, poudreuses, mais correctes et bien tenues, lui parurent une nouveauté, à lui que l'aventure avait depuis près de six ans jeté dans les brousses les plus diverses, depuis les alfas algériens jusqu'aux géantes floraisons équatoriales.

Puis, il se mit à songer à Paris, à ce Paris où il avait passé son enfance, et qu'il aimait comme on l'aime toujours.

— Quel effet cela va-t-il me produire, pensa-t-il, lorsque je vais fouler l'asphalte des trottoirs de la rue de Rennes, au débotté ?

Puis, il se demanda si sa mère, sa bonne mère, allait reconnaître, sous le hâle de tant de coups de soleil et sous cette moustache allongée, l'ancien collégien, le jeune troupier d'autrefois.

— Elle doit avoir les cheveux tout blancs, la pauvre maman, songea Hugueville, et le père que va-t-il dire en me revoyant ?

Bercé par toutes ces pensées, où pourtant revenait souvent l'image de Faradel, notre ami traversa Chartres, puis Versailles, et, à partir de cette minute, une émotion étrange l'envahit.

.   .   .   .

Bientôt le train stoppa en gare Montparnasse.

Hugueville s'étirant, se dressa, et, engourdi par l'immobilité forcée du wagon, il gagna l'escalier de sortie.

Sur le quai, des reporters parisiens, prévenus de la veille par leurs collègues de Bordeaux, scrutaient de l'œil les silhouettes des arrivants, et l'un d'eux s'écria tout à coup :

— Le voici !... C'est lui !

Et, de suite, il se précipita vers l'escalier.

Mais trois hommes le devancèrent.

L'un, assez corpulent, était vêtu d'une redingote et coiffé du chapeau haut de forme. Il avait l'allure classique du vieux sous-officier en retraite ; les deux autres, assez vulgaires d'allures, se tenaient un peu en arrière.

— Monsieur ! dit l'homme à la redingote, vous êtes bien Hugueville (Paul-Alfred) ?

— Oh ! clama l'ex-Joyeux, voilà que ça va recommencer !

— Répondez ! reprit rudement son interlocuteur, vous vous nommez bien Hugueville (Paul-Alfred), né à Paris, le...

— C'est bon !... Oui, c'est moi ! déclara Paul en pâlissant malgré lui, car subitement il venait de comprendre.

Il ajouta :

— Vous m'arrêtez ?

— Ah !... Vous avez saisi... A la bonne heure !

Il tira à demi de sa poche un papier.

— Mandat d'amener, dit-il, contre Hugueville pour désertion. Suivez-moi.

— C'est bien !... On y va ! riposta notre ami qui avait repris tout son calme.

Et, devant les reporters stupéfaits, qui demandaient en vain des explications, Hugueville, flanqué de deux agents de la Sûreté, fut conduit au bureau du commissaire spécial de la gare.

Très maître de lui maintenant et même un peu ironique, il répondit au court interrogatoire qu'on lui fit subir; puis, on le fit sortir par le quai de départ pour éviter les curieux. Alors, il monta en fiacre avec les agents, et, cinq minutes plus tard, on l'écrouait à la prison militaire du Cherche-Midi.

CHAPITRE VIII

Où Gaëtan Faradel, malgré ses remarquables qualités intellectuelles, est obligé
de remettre sa destinée aux mains de ce dieu énigmatique : « le Hasard ».

Lorsque après avoir vérifié sa carabine, notre ami Gaëtan s'était dirigé
vers l'escalier qui donnait accès aux divers organes intérieurs du *Pipo*, sa
résolution lui parut à lui-même ferme et définitive.

C'est dans cet état qu'il descendit les six premières marches.

A la septième, une sourde émotion le retint, et, chose bizarre, à chaque
échelon qu'il descendait, Gaëtan sentait sa fermeté décroître; si bien que la
douzième marche descendue, lorsqu'il se trouva dans le couloir qui condui-
sait aux cabines, sa décision primitive s'était transformée en une perplexité
des mieux caractérisées.

Alors, il s'arrêta; puis, posant sa crosse à terre ou — pour être plus exact — sur le plancher recouvert de linoléum, il poussa un fort soupir et résolut de se donner encore quelques instants de réflexion.

Résolution éminemment sage, du reste, car en des circonstances aussi peu prévues, il est parfois utile de ne pas agir avec une précipitation trop grande qui pourrait compromettre l'avenir, et, en l'occurence, le bien le plus précieux que possédât Faradel, c'est-à-dire sa propre existence.

Machinalement, un lointain souvenir de ses débuts militaires lui revint à l'esprit. Il revit son premier capitaine, un vieux, durci, roussi, tanné par tous les vents brûlants des colonies, pontifier en haranguant le peloton des élèves caporaux, et leur lâcher cet aphorisme, classique, non seulement dans l'armée, mais dans tous les bureaux des administrations françaises :

« *La précipitation est nuisible au bon ordre.* »

Au fond, ce précepte, qui peut avoir du bon en certain cas, n'est pas toujours d'une application pratique : et la preuve, Faradel venait par lui-même de l'expérimenter au cours de l'horrible combat où « sa précipitation » lui avait justement sauvé la vie.

Mais les aphorismes, comme les proverbes, sont à deux tranchants, tout comme le sabre légendaire de M. Prudhomme. L'homme habile est celui qui sait, avec à-propos, utiliser l'un ou l'autre des côtés de la lame.

A vrai dire, et pour l'instant, ce n'était pas le moins du monde l'habileté ni le raisonnement qui guidaient la conduite de Gaëtan. Il subissait les événements sans se targuer du vain orgueil de les coordonner, et, s'il se mit à réfléchir, après avoir descendu l'escalier, sa volonté n'y fut pour rien.

L'atmosphère de violence où il venait d'évoluer l'enserrait encore, comme en un cauchemar ; mais en tous cas, si le hasard ou l'instinct le firent s'arrêter, ce fut pour lui une excellente réaction.

Arraché ainsi à la brutale et atroce vision des cadavres, plongé dans cette demi-obscurité crépusculaire qui noyait le couloir, Faradel sentit ses nerfs, encore vibrants, se détendre, et c'est pendant cette pause qu'il redevint lui-même.

Alors, il raisonna.

Pourquoi, se demanda-t-il, Zôki n'est-il pas intervenu comme les autres? Il y a là un problème bizarre.

Après réflexion, il pensa qu'on avait dû confier au cuisinier la garde des machines, abandonnées par les matelots. C'était la seule supposition à faire, car, sans un ordre formel, le cuisinier du *Pipo*, entendant les coups de feu et le bruit de la lutte, fût immédiatement accouru. Oui, en entendant tout cela, Zôki, s'il n'eût été retenu ailleurs par une consigne draconienne, fût arrivé au galop.

Faradel conclut donc de cette première consultation que le Japonais devait se trouver à la machinerie.

— C'est plutôt intempestif d'y aller, murmura-t-il, car Zôki est un gaillard taillé en athlète. Je sais bien que je connais comme pas un la dix-septième leçon de boxe, et les meilleurs coups de l'escrime à la baïonnette! Je reconnais que je suis sorti le deuxième de Joinville avec la note « très bien » comme instruction générale. N'empêche que Zôki me paraît être un morceau très dur à avaler. Et puis le difficile, c'est de pugiler, de boxer, de chaussonner... et surtout de tirailler (car cela peut se produire) dans un local restreint comme la machinerie. Me voyez-vous lâchant un coup de feu qui, crevant un organe quelconque, attaquerait cette satanée protéothyline et provoquerait ainsi l'éclatement de tout le bazar!... Brrr!... Pas drôle du tout, cette hypothèse-là !

Enfin, après avoir sombrement réfléchi à tous les incidents qui pourraient se produire au cours d'une lutte, qu'il prévoyait terrible et imminente, Faradel se calma tout à fait.

En face du danger — et qui sait?... d'une mort affreuse, peut-être, — il reprit tout son calme, tout son sang-froid, toute son énergie.

— Mademoiselle Jacqueline! murmura-t-il, je suis peut-être arrivé au dernier quart d'heure de mon aventureuse existence! Certes, j'ai tout fait, et je ferai encore tout ce qu'il sera en mon pouvoir de faire pour vous rejoindre car... je vous aime de toute mon âme!... Vous le savez, du reste! Je vous donne donc en cette minute tout ce que mon cœur renferme pour vous de doux, de tendre et de bon. Tout à l'heure, sans doute, je n'aurai pas la possibilité de reporter vers vous ma pensée, je serai trop occupé avec Zôki! Acceptez donc, par delà les terres et les vagues, le dernier souvenir ému d'un homme qui vous aime bien et qui, à la seconde où je parle, est en équilibre sur une étroite passerelle séparant la vie de la mort!... Si je ne devais pas vous revoir... adieu donc!... adieu aussi à tous nos amis!... adieu!

Après cette invocation intérieure, Gaëtan reprit en main son arme, et enfilant rapidement les couloirs déjà bien connus de lui, il gagna la machinerie.

Devant la porte fermée, il eut un violent battement de cœur; mais pourtant il ouvrit, sans l'ombre d'une hésitation, la porte de métal.

...Rien!... Zôki n'était pas là!

Vainement Faradel, l'arme en arrêt, s'avança-t-il jusqu'au fond, tout contre les engrenages des hélices et des turbines qui tournoyaient furieusement; il ne vit rien.

Évidemment Zôki n'était pas là!

Alors!... Où était-il?

Il ne pouvait pas être dans la timonerie, car notre camarade l'eût — de la plate-forme — aperçu à travers les panneaux vitrés.

A la torpillerie?... Peut-être!... Mais non! Qu'y aurait-il été faire?

Dans ce cas, il ne restait plus guère qu'un local où on put trouver Zôki, puisqu'il n'était nulle part ailleurs : et ce local... c'était tout bonnement... la cuisine.

Pourtant, cette idée, éminemment logique, apparut de prime abord à Gaëtan comme une absurdité.

Non! Ce n'était pas possible que le Japonais n'eût pas lâché son fourneau et ses casseroles pour courir au bruit de la bataille.

— Et puis... après tout, se dit enfin Faradel, allons-y !... C'est le meilleur moyen de me renseigner.

Vivement il gagna la logette où le maître-coq à peau jaune avait son laboratoire... Il ouvrit la porte... et demeura stupéfait.

Zôki était bien là !... Mais il était étendu sur le plancher — tout de son long — et semblait un cadavre.

Sur une tablette, le coq de Faradel, momentanément sans surveillance, s'était hissé d'un coup d'aile et picorait sans vergogne à même un plat de riz probablement préparé pour le déjeuner de l'équipage.

A l'entrée de « son sauveur » l'animal se mit à pousser des « cocoricos » sonores, mais Gaëtan n'y fit même pas attention.

Il examinait curieusement Zôki... et, après une minute de contemplation, il murmura :

— Ah ! l'animal !... Il est ivre ! oh ! mais là tout ce qui se fait de mieux dans le genre !... Ah ! mon garçon ! celui qui t'aurait vendu ça pour un verre ne t'aurait pas volé ton argent !... Mais... je vois !... Personne ne t'a rien vendu !... Tu t'es offert à toi-même, ce qu'on peut nommer — ou le diable m'emporte ! — un « pompon » de première grandeur.

Et un sourire — le premier depuis sa bataille gagnée — éclaira le visage de Faradel qui conclut :

— Mon brave Zôki !... Quelle idée géniale tu eus de te plonger ce matin dans une douce ivresse !... Tu ne sauras jamais le bonheur que tu me causes ; car, sans ta petite orgie d'alcool, tu étais mort sans doute... à moins toutefois que ce ne fut cet excellent garçon qui a nom Gaëtan Faradel !... Dieu des ivrognes, recevez ici mes plus chaleureux remerciements !

Zôki était en effet ivre-mort.

Couché sur le dos, les bras à l'abandon, et la tête relevée contre la cloison, le Japonais avait les yeux mi-ouverts, mais il dormait, ou pour mieux dire, il était aplati, assommé par sa débauche alcoolique.

Un flacon, où Faradel aperçut encore un peu de liquide, l'éclaira sur les voies et moyens employés par Zôki pour obtenir un aussi beau résultat.

Prenant cette fiole, Gaëtan lut la suscription flambante et dorée de l'étiquette :

— *Old Sam Whisky !* dit-il.

Et avec une moue dédaigneuse :

— Mauvaise marque ! déclara-t-il. Ça ne vaut pas un clou ! Or, je suis des mieux renseigné sur cette question, car, s'il m'en souvient bien, au temps — lointain hélas ! — où je représentais la Société Coloniale Française aujourd'hui disparue, j'en vendis (car je vendais un peu de tout) cinquante pipes à un quelconque chef de tribu congolais, dont le nom m'échappe. C'est de l'alcool de betterave distillé en Allemagne et expédié de Hambourg à New-York. Là, on le dédouble, on le colore de ce joli ton *jus de chaussette,* on l'aromatise chimiquement, on le met en bouteille et en caisse ; puis on l'expédie comme marque américaine de premier choix aux quatre coins de l'univers ! Ah ! il n'y a pas à dire ! C'est bien beau... le commerce !... car un litre d'alcool allemand qui revient, tout rendu à New-York, à onze sous et des centimes, se vend carrément — après une manipulation qui coûte dans les quatre sous par litre — de sept à quinze francs... suivant la tête de l'acheteur !... Ah ! oui ! c'est rudement beau !... Mais occupons-nous un peu de cet aimable pochard.

Tout en monologuant ainsi, Faradel n'avait point perdu son temps. Sa blague de voyageur de commerce ne l'avait point empêché de dresser un petit plan très réussi.

Il avait remarqué, au préalable, que tous les cadenas et fermetures du bord étaient les mêmes. La même clef les ouvrait, et cette clef c'était le prince seul qui la détenait. Il en possédait du reste tout un lot de rechange, au cas où il eût égaré ou faussé celle que toujours il portait suspendue à son cou par un lacet de soie.

Faradel courut donc, sans perdre une minute, à la cabine de Sizikah, mais les tiroirs du coffre étaient fermés.

Dans la machinerie Gaëtan s'en fut chercher un levier et une clef anglaise, il revint, et transformé en vulgaire cambrioleur, il attaqua les serrures des tiroirs.

On sait que lorsqu'on cherche quelque chose au milieu d'un lot de choses à peu près similaires, c'est toujours l'objet désiré qu'on déniche en dernier lieu.

Le coffre avait trois tiroirs, Faradel débuta par le tiroir supérieur et, naturellement, ne trouva le trousseau qu'il cherchait que dans celui d'en bas.

— J'aurais dû évidemment commencer par le bas, se dit-il, mais, n'importe!... aux cadenas maintenant!

Les cadenas en question étaient les cadenas fermant les cuves des piles à la protéothyline. Gaëtan en ouvrit une demi-douzaine, et les fourra dans ses poches.

— Parfait, grogna-t-il. Quelques mètres de chaînes, maintenant!... Et me voilà paré!

Il trouva facilement ce qu'il cherchait dans une petite réserve de la machinerie.

Une chaîne de cinq mètres à double maillon renforcé, parut lui plaire tout particulièrement.

Il se la chargea sur l'épaule gauche, et reprenant en passant son Martiny qu'il avait laissé dans la cabine de Sizikah, Faradel retourna vers l'ivrogne. Zôki était toujours étendu, mais l'œil semblait chez lui moins atone que tout à l'heure.

— Diable! songea Gaëtan, je crois qu'il était temps que j'arrive!

En effet, au bruit ferraillant des chaînes, jetées d'un coup d'épaule sur le plancher, le Japonais eut un mouvement brusque et replia les bras.

— Aïe ! pensa Faradel.

Mais ce fut tout. Dans un bâillement Zôki referma les yeux.

Alors, avec une prestesse extraordinaire, Faradel lui cadenassa d'un tour de chaîne le poignet droit ; puis laissant un écartement de chaîne d'environ vingt centimètres, il procéda de même pour le poignet gauche.

— C'est déjà un résultat ! murmura-t-il. Aux chevilles maintenant.

L'enchaînement des pieds s'accomplit sans à-coup, et dans les mêmes conditions.

Zôki se trouva donc bouclé par les poignets et les chevilles ; les chevilles étaient — comme les poignets — reliées entre elles par vingt centimètres de chaîne, et enfin le poignet gauche était rattaché à la cheville droite par une longueur de maillons d'environ un mètre. De plus, à partir du dernier cadenas bouclant la cheville gauche, il restait de la sorte à peu près trois mètres de chaîne libre.

— Ce n'est pas le tout ! dit alors à mi-voix Faradel, il me faut maintenant l'arrimer quelque part !... Où diable vais-je installer ce brave garçon ?

Cherchant autour de lui sur les cloisons de la cuisine, Gaëtan ne trouva que des anneaux trop étroits pour laisser passer les maillons de la chaîne.

— Diable ! murmura-t-il, ça ne va pas aller tout seul, s'il me faut le traîner ailleurs !

Et se frappant le front :

— Du reste ! continua-t-il, impossible de le laisser ici dans ce local étroit qui commande la soute aux provisions de bouche. S'il se rebelle, une fois réveillé de son ivresse, il me couperait les vivres... et alors j'en arriverais fatalement — et malgré moi — à l'abattre d'un coup de carabine !... Tiens ! j'ai remarqué de forts anneaux dans le couloir de l'escalier...

Mais se reprenant vivement :

— Ah ! mais non ! Je ne pourrais plus monter sur la plate-forme ! Il en commanderait la sortie !

A ce moment, l'ivrogne fit un nouveau mouvement, et Gaëtan, sursau-

IL TRAÎNA ZÔKI A TRAVERS LES COULOIRS. (Page 183.)

tant, empoigna la chaîne pour maintenir Zôki en le renversant s'il tentait de se relever.

Mais après avoir cherché dans son sommeil, quasi léthargique, à dégager ses poings, Zôki ne bougea plus.

Pourtant, il fallait en finir.

Prenant une définitive résolution, Faradel empoigna la chaîne, puis entraîna Zôki par les couloirs comme il eût entraîné un paquet.

L'homme grogna sourdement, se débattit très légèrement, mais le trajet n'était pas long. En moins d'une minute notre camarade avait gagné, avec son fardeau, la cabine affectée précédemment au prince disparu, et ne se sentant plus tirer, Zôki se rendormit.

Alors, à un fort anneau fixé près de la couchette, Gaëtan cadenassa la chaîne avec ses deux derniers cadenas.

Par surcroît de précaution, il s'en fut en chercher d'autres aux cuves de protéothyline et doubla les fermetures.

Il ferma les coffres des tiroirs, écarta, hors de la portée du prisonnier, tous les meubles mobiles, tous les instruments et surtout tout ce qui eût pu, dans sa main, devenir une arme.

L'empoignant alors, il l'étendit sur la couchette.

Zôki dormait toujours.

— Ouf! dit alors le camarade. Me voilà plus tranquille! Quand il s'éveillera, il sera temps d'engager la conversation. Ah! ce n'est pas pour dire!.. mais j'ai eu chaud!

Quittant alors la cabine, il se rendit directement à la timonerie pour vérifier la boussole et tenter de se rendre compte par approximation de la route qu'il suivait.

L'instrument indiquait plein Sud-Ouest.

— Tiens? pensa-t-il, la marche a changé! Nous devions nous maintenir trois jours avec la direction plein Nord-Ouest, m'avait dit ce pauvre prince... Oui! avec l'itinéraire qu'il m'avait expliqué, nous devrions être environ vers l'île de Pâques, et marcher directement vers les Havaï... Qu'est-ce qui a bien pu se passer ?

Il était bien difficile pour Gaëtan de se répondre à lui-même. Il finit par penser — et peut-être n'avait-il pas tort — qu'au moment où le timonier avait précipitamment quitté le clavier de direction pour lui courir sus, l'homme avait dû, dans son émotion, toucher ou heurter sans même s'en rendre compte une des touches. Mais qu'y faire ?... Rien !... Car parmi les touches de cet infernal clavier aux couleurs disparates et aux inscriptions hiéroglyphiques, comment le profane qu'était Faradel eût-il osé s'aventurer ?

— Saperlipopette ! soupira-t-il avec amertume, c'est dur tout de même d'être emmené comme ça sans pouvoir remuer seulement le petit doigt pour arrêter ou changer la route !... Et puis !... à quoi bon !... car je ne sais seulement pas en quel point du globe je me trouve !... Et qui pis est !... je suis absolument incapable de m'en rendre compte ! C'est une rude lacune dans le système d'éducation qu'on donne aux jeunes Français que de ne pas leur apprendre à l'école *à faire le point !...* Voilà où ça vous mène !... Au demeurant, je suis un atome emporté je ne sais où, par je ne sais quoi !... Riante perspective !

Puis soudain, animé d'une volonté rageuse :

— Si tout de même j'essayais d'y voir clair dans ces satanées manivelles ! grogna-t-il.

Et il étendit la main vers le clavier.

. . . .

Mais ses doigts ouverts et raidis par une involontaire crispation restèrent immobiles au-dessus des touches et des boutons... En même temps, une grimace lui passa sur la face, semblable à la contraction nerveuse qui vous saisit à l'approche d'un coup qu'on prévoit.

Puis lentement, il retira sa main et dit en hochant la tête :

— Non !... Tout de même !... C'est risquer trop gros !... Si j'avais de la chance aux loteries, je fermerais bien les yeux et j'appuierais n'importe où...

au hasard et je tomberais peut-être sur le bon bouton!... Mais ce n'est pas la
peine!... car l'expérience est là pour me prouver qu'au contraire la plus
âpre, la plus intense, la plus répulsive malchance me poursuit!... Non!
décidément, c'est trop risquer!

Songeur, avec une lueur de désespérance dans le regard, il s'assit sur
la sellette du timonier et regarda longuement ce clavier comme on regarde
une bête malfaisante. Puis à un moment son œil devint suppliant. On eût dit
qu'il implorait cet outil de navigation, cet appareil aux lignes géométriques,
qui, en cet instant, prenait pour lui vie et forme, lui paraissait un sphynx
redoutable et railleur. Et ce regard de supplication semblait dire :

— Aie pitié! Sois bon! Livre-moi ton secret!... Pourquoi rester muet,
impassible, indéchiffrable? Qu'est-ce que cela peut te faire que je te touche,
que je te caresse du doigt... pour savoir?... Que t'importe que, par mon
contact, je fasse virer cette odieuse machine, ma prison flottante?

Mais l'œil de Gaëtan devint tout à coup dur... cruel.

Fixant l'appareil et approchant de lui son visage, il lui montra le poing...
sans y toucher pourtant... puis gronda :

— Canaille!... Sale bête!... Oh! si je pouvais!...

Et se relevant brusquement, il sortit, avec le désir inconscient de s'éloigner de cette chose, comme on fuit un monstre.

Dans le couloir, son regard fut attiré par le flot de lumière qui descendait
du panneau de la plate-forme demeuré ouvert.

Faradel leva les yeux et eut un frisson.

Toute l'horreur de la précédente bataille lui revint en apercevant au haut
de l'escalier les deux jambes nues du dernier matelot qu'il lui avait fallu tuer;
et son horreur s'accentua en remarquant un piquetis de taches rouges — du
sang! — qui créait, sur le bord du panneau et sur les marches, un pointillé
sinistre.

— C'est tout de même épouvantable! murmura Gaëtan. Oui! C'est
affreux d'en être réduit par les circonstances à massacrer ses semblables... des

hommes comme soi… qui vivent, qui pensent… qui aimaient peut-être !… Oh ! la lutte pour la vie !… Quelle abomination !… Mais qu'y faire ? C'est la loi, l'inéluctable loi de la nature !

N'importe ! Il fallait quand même prendre un parti au sujet de ces quatre cadavres qui ne pouvaient rester là.

— Triste besogne ! songea Gaëtan. Oui !… A toutes les situations anormales, comiques, amusantes ou terribles que j'ai déjà traversées, il va me falloir en ajouter une autre que je n'aurais jamais prévue !… celle d'employé aux pompes funèbres. Ah ! — soupira-t-il — il m'en faudrait, si j'en réchappe, oui ! il m'en faudrait des cartes de visite monumentales, si je tenais à y faire figurer tous les titres que la destinée falote m'octroya !

Si j'en réchappe ! ce cri intérieur avait quand même jailli du fond de l'âme de notre ami. L'espérance est généralement tenace au cœur de tous les hommes, mais — franchement — il fallait à Faradel une dose réellement excessive de sang-froid pour oser encore espérer.

Chassant donc les idées noires, il grimpa les échelons, et arrivé sur la plate-forme, il se découvrit machinalement devant les trois morts étendus… car ils n'étaient plus que trois.

L'un des matelots avait dû, en effet, basculer, ou mieux, glisser sur la surface incurvée, soit par suite d'un coup de roulis, soit qu'une lame l'eut emporté. Une trace de sang déjà à demi-lavée, indiquait nettement le parcours du corps.

Et pendant que Faradel, très impressionné, s'absorbait dans une contemplation muette, un bruit le fit sursauter.

Vivement, il se retourna.

Perché sur le haut du dôme de cristal à facettes, le coq s'ébattait en battant des ailes, puis dressé sur ses ergots, il allongea le cou et roulant son œil rond, dilaté par la joie de revoir le ciel et le soleil, il se mit à lancer dans l'espace le coup de clairon de sa voix enrouée.

Faradel eut un sourire.

— Tu es venu prendre l'air, hein? mon vieux!... J'avais, en effet, oublié de refermer la porte de la cuisine. C'est parfait!... Seulement méfie-toi qu'un paquet d'embruns ne t'enlève pas... J'en aurais du chagrin!

Alors, avide d'en finir, le camarade accomplit sa funèbre besogne.

Doucement, sans rudesse, il traîna ses ennemis morts, et la face contractée d'un rictus de pitié douloureuse, il les fit glisser dans les flots.

Descendant alors aux réserves de la machinerie, il prit un seau à corde, revint, jeta, sur le plancher sanglant, des seaux d'eau de mer, et ainsi toute trace du drame disparut.

Puis, ramenant son coq, il descendit, sans toutefois fermer le panneau de la plate-forme.

En effet, tout en se livrant à cette triste occupation il pensait, et, plus calme maintenant, il se rendait compte que la seule planche de salut qui lui restât, résidait dans le hasard d'une rencontre avec un bâtiment quelconque. Encore est-il que, pour qu'on l'aperçût, il fallait que la chance le fit passer très près; car avec sa flottaison presque au ras du flot, on n'apercevrait le *Pipo* qu'à distance très rapprochée.

Il s'en fut vérifier la boussole. La direction n'avait point varié.

Analysant la route suivie jusqu'alors, par rapport à celle dans laquelle le *Pipo* traçait en ce moment son foudroyant sillage, Faradel, de déduction en déduction, finit par conclure qu'il devait voguer dans cette surface d'océan, limitée au Nord par le courant du Pacifique Méridional, au Sud par le courant antarctique.

Un lot de cartes qu'il avait aperçu chez Sizikah, devait peut-être lui donner à cet égard quelques indications. Il se rendit donc — toujours escorté de son coq qui le suivait pas à pas — dans la cabine du feu prince.

Zôki dormait toujours: mais son sommeil comateux d'ivrogne se muait visiblement en un sommeil plus normal. Évidemment la phase d'accalmie succédait chez lui au foudroiement du cerveau par l'ivresse.

— Il en a encore pour quelque temps, pensa Gaëtan, ça va bien!

Il compulsa les cartes, mais tout en continuant à admettre son hypothèse de tout à l'heure, il ne put matériellement, on le conçoit, se donner à lui-même une sanction même approximative.

Au reste, disons-le, son hypothèse était la vraie. Le *Pipo* piquait droit vers le Sud de la Nouvelle-Zélande, dans la direction des Antipodes, qu'il devait atteindre puis dépasser le lendemain, septième jour de traversée, emporté qu'il était par son allure de vertige.

Dépité, Gaëtan se dit :

— Après tout, à quoi bon me marteler la matière cérébrale ? Cela ne m'avance pas d'une seconde ! Je n'ai qu'une chose à faire, c'est à me considérer comme un naufragé sur une épave : à cette différence près toutefois que l'épave marche à la dérive, et qu'elle manque de confortable, tandis que mon épave à moi, ce *Pipo*, marche un train d'enfer et me donne mes aises relatives... jusqu'à ce qu'il me joue un tour quelconque en s'écrasant quelque part, en sombrant ou en éclatant. A part cela, je ne dois pas trop me plaindre ! Seulement, si je suis sur le chemin que je suppose, et que la direction se maintienne, je vais, d'ici peu de jours, accoster des banquises antarctiques ! C'est là un atterrissement peu enviable ! De plus, j'ai — ici moins qu'ailleurs — la chance de croiser l'honorable steamer qui voudra bien me recueillir. Il n'en passe pas des flottes dans cette partie du Pacifique. En tout cas, agissons en naufragé !

Ayant ainsi pensé, notre homme s'en fut à la réserve de la machinerie, y dénicha une tige de fer assez résistante et mesurant environ trois mètres ; dans sa cabine il arracha sans vergogne une des tapisseries merveilleuses qui la garnissaient, puis avec ces deux éléments et du filin, il se constitua un pavillon de détresse, capable de signaler de plus loin la présence du *Pipo*.

Déboulonnant alors le panneau du canot encastré à l'avant, il le hissa, non sans une grande dépense de force musculaire, et avec d'infinies difficultés.

Il l'amarra solidement sur le chantier métallique où reposait la quille, tout en y déposant une hachette pour trancher vivement les filins en cas de nécessité.

Alors, il y planta son drapeau improvisé qui, majestueusement, déploya ses admirables broderies, ses dragons féroces, ses serpents apocalyptiques et ses paysages de féerie; et la vitesse du *Pipo* était telle que le drapeau se déploya violemment en arrière et eût semblé presque rigide, sans le tremblotement clapotant de ses plis.

Cela fait, Gaëtan comprit que c'était l'heure de déjeuner. Le camarade avait, en effet, l'estomac le mieux accroché qui fût au monde.

C'est un excellent compagnon dans la vie qu'un bon estomac. Or, celui de Faradel ne lui avait jamais joué l'ombre d'un mauvais tour. Bien mieux : il poussait la gentillesse jusqu'à lui servir d'horloge... parfois même de réveille-matin.

En tout cas, il n'y avait pas d'émotion capable de l'empêcher — vers onze heures du matin — de dire à Faradel : « Mon brave camarade, il est l'heure de déjeuner » et Faradel obéissait toujours à ce bienveillant conseil.

Le naufragé, ou pour être plus exact, le naufragé sans l'être, descendit donc à la cuisine, et vérifia la soute aux provisions.

Elles étaient suffisantes pour alimenter l'équipage en entier pendant au moins un bon mois.

— De « sept » ôtez « cinq », reste « deux » ! pensa-t-il. Nous sommes donc parés pour un trimestre, car mon coq passe par-dessus le marché.

Mais cette pensée rassurante l'abandonna soudain.

— Oui ! murmura-t-il, oui, je vois bien !... Trois mois de vivres !... Mais l'eau !

Il constata, non sans amertume, que les récipients — des tonnelets en verre armé, obturés à l'aide de bondes caoutchoutées — ne donneraient guère qu'une vingtaine de jours.

Mais il en prit son parti en songeant que, sans doute, le steamer béni qu'il espérait, l'aurait pris à bord avant l'épuisement de la dernière goutte d'eau.

Il prit donc une galette biscuitée, ouvrit une boîte de thon, emporta une bouteille de porto, de l'eau, et vint, pour déjeuner, s'installer sur une tablette de la cuisine.

Le coq, coquetant, picorait à ses pieds les miettes que Gaëtan lui jetait, tout en lui causant, car causer est un besoin pour l'homme.

Faradel ne s'en faisait pas faute, heureux qu'il était, de se donner ainsi l'illusion de n'être pas seul.

Il faisait du reste les demandes et les réponses.

— Tu aimes le thon ?

— Oui !

— A la bonne heure !... Du reste, mon pauvre canard, tu ne dois pas être difficile, depuis le remue-ménage du *Santa-Lucia*.

— Ah ! tu ne veux pas que je t'appelle canard. Pourquoi ?

— Parce que tu n'es pas un palmipède ? Je le sais fichtre bien ! Mais, crois-moi, cela n'a rien de froissant pour ta dignité.

— Tu trouves que si !... Mazette ! En voilà de l'amour-propre mal placé, mon garçon !

— Quoi ? Tu prétends que le canard est une volaille inférieure !

— Ah ! J'entends ! c'est parce qu'il mange salement ! Bah ! cela ne l'empêche pas d'être excellent aux navets, aux petits pois ou en rôti. Mais je vois que cette digression culinaire t'impressionne ! N'aie aucune crainte à cet égard ! Si je t'ai sauvé, ce n'est point avec une préméditation gastronomique. Non ! mon petit canard ! Non ! Si nous nous sortons de cette aventure ultra-stupide, tu auras tes Invalides ! Oui, tu ne finiras pas dans une sauce mal faite, côte à côte avec des champignons de couche. Bien mieux ! Je t'achèterai des poules !... Je te le promets... Ah ! ah ! L'idée te sourit, mon gaillard !

.   .   .   .

— Bon sang !... Voilà Zôki qui se réveille !

Cette exclamation coupa chez Faradel ce soliloque à deux, et le rejeta dans la réalité.

Un bruit de chaînes remuées lui parvenait, en effet, à travers les couloirs et les cloisons.

— Soit ! dit alors Gaëtan après dix secondes de réflexion, mieux vaut en finir tout de suite !... Je n'aime pas les affaires qui traînent en longueur.

Il saisit sa carabine, empêcha « Canard » de le suivre, car non seulement cet intéressant volatile n'avait point à intervenir, mais encore il eût pu être très gênant. Alors fermant la porte de la cuisine, Gaëtan Faradel marcha vivement dans la direction de la cabine transformée en prison.

Quand il eut ouvert la porte, il aperçut Zôki assis sur le bord de la couchette.

Le Japonais avait reprit ses esprits.

Son visage se contractait sous les spasmes violents d'une colère intérieure ; et tout en grommelant d'incompréhensibles phrases, il tentait, à l'aide de tractions lentes mais énergiques, de dégager ses poings des mailles de fer qui les enserraient. Sa préoccupation était telle, que, de prime abord, il n'entendit pas la porte s'ouvrir. Faradel eut donc — pendant une bonne minute — le loisir de considérer la scène, et de se faire mentalement cette comparaison : que l'homme brute et l'animal, quand ils sont captifs, ont, sinon une ressemblance physique, du moins la même allure dans leurs gestes rageurs.

Zôki, avons-nous dit, était taillé en hercule.

C'était un petit modèle d'homme ; mais tout petit qu'il fût, il était merveilleusement charpenté, avec des proportions admirables.

En temps normal et vêtu de cette robe-tunique qui découvrait le cou puissant, les bras et les jambes d'un modelé exceptionnel, il eût tenté, pour une étude, un futur prix de Rome.

Seule, la tête asiatique, déprimée et comme aplatie, détonnait avec l'harmonieuse tenue du corps.

Mais, en cette lutte avec le fer des chaînes, tout se coordonnait en cet animal humain, car les muscles du corps étaient aussi convulsionnés que le facies.

Arcbouté des pieds au plancher, les reins cambrés, s'appuyant à la muraille, il donnait un effort puissant, que soulignait encore un rauque soufflement s'échappant des narines aux ailes retroussées.

Les biceps, les muscles de la cuisse et du mollet se raidissant sous l'effort semblaient des cordes tendues par la traction d'un cabestan.

La pression exercée était d'une telle violence que les mains, s'engorgeant de sang, bleuissaient.

— Fichtre! songea Gaëtan, quel gaillard! Il vaut mieux qu'il se soit grisé... sans quoi... j'aurais eu fort à faire!

Puis, tout haut :

— Zôki! appela-t-il.

Le prisonnier sursauta... Il laissa retomber ses poings. Le relief marmoréen de ses muscles s'adoucit, et la rage disparut soudain de son visage pour faire place à une hébétude farouche... mais craintive.

Faradel comprit qu'en s'entendant appeler par son nom, Zôki avait cru tout d'abord entendre la parole du maître; et, en effet, un étonnement se plaqua dans les yeux du cuisinier en apercevant l'Européen. Pourtant, après un silence, Zôki parla.

Que dit-il, en son dialecte? Gaëtan ne le comprit point.

Il répondit pourtant :

— Zôki! tu t'es grisé?

Et Zôki comprit, lui, grâce à la pantomime à laquelle se livra Gaëtan, qui joua très bien le rôle d'un ivrogne s'entonnant du liquide à la bouteille, puis en arrivant progressivement à tituber... et à s'endormir.

L'homme jaune acquiesça passivement d'un signe de tête, puis reprit la parole.

Il énonça une phrase indéchiffrable où Gaëtan perçut néanmoins ce son : Sizikah...

— Inutile de parlementer, pensa Faradel, il ne comprendrait pas. La mimique est plus expressive.

Et se désignant lui-même du doigt en se touchant la poitrine, il montra ensuite un point devant lui, comme pour désigner un autre homme que lui-même. Tout en faisant ce second geste, il articula « Sizikah » pour bien démontrer que ce personnage fictif n'était autre que le prince.

Zôki, immobile, le considérait fixement.

Alors, prenant sa carabine, Gaëtan épaula, cria : « Pan!... pan! » et fit un geste qui manifestement voulait dire : « Sizikah est tué ! » et, sans transition, il lâcha plusieurs « pan!... pan!... pan! » avec indication mimée qui exprimait qu'autour de lui des êtres — les matelots — tombaient aussi.

Zôki comprit.

Il eut une contraction des mâchoires ; ses yeux noirs s'allumèrent... puis poussant un « heu! » féroce, il bondit, sans tenir compte des chaînes!... et sans même y songer, peut-être.

Gaëtan, qui pourtant avait pris la précaution de rester hors de sa portée, fit malgré lui un pas en arrière, et instinctivement épaula son Martiny.

Mais... C'était bien inutile.

Arrêté net dans son élan par la chaîne qui se tendit avec violence, Zôki fut si rudement jeté bas, la face au plancher, qu'un saignement de nez violent se déclara.

Tout en se relevant péniblement, gêné qu'il était par la chaîne, le prisonnier grondait sourdement.

Il arracha un lambeau de crépon de sa ceinture, et se tamponnant le visage, il vint se rasseoir sur le bord de la couchette, avec une attitude d'hébétude farouche, comme une bête blessée se blottit au creux d'un rocher.

— Rien à tirer de cet animal! grommela Faradel, et je perdrai mon temps à vouloir convaincre son obtuse cervelle! Au surplus, il ne me serait

— j'en suis certain — d'aucune utilité. Il est pris par les pattes... qu'il y reste. Je lui donnerai sa pitance comme les belluaires la passent à leurs pensionnaires, à longueur de fourche !... Oui ! comme ce brave Hugueville procédait jadis pour le dressage de Bobette et de Fanoche... Et advienne que pourra !... Si un navire me porte secours, je prierai — si le commandant le veut bien — qu'on empoigne cette bête brute, pour la sauver malgré elle : mais, pour ma part, je renonce à dresser ça !

Sur ce, il alla chercher du riz cuit, des galettes, un vase plein d'eau, et revint.

Il lança le plat de riz et les galettes en les faisant glisser sur le plancher. Quant à l'eau, il procéda de même, mais avec les précautions suivantes :

Armant ostensiblement sa carabine, ce fut avec le canon, et le doigt sur la détente, qu'il avança le récipient à portée de Zòki.

Fermant alors les deux portes qui commandaient la cabine, Faradel s'en fut, laissant le prisonnier approvisionné pour deux jours.

. . . .

. . . .

Dès lors, Gaëtan put se croire seul avec son coq « Canard » à bord du *Pipo*.

Ce que furent alors les journées du malheureux, on le devine.

Les septième et huitième jours de traversée, il les passa dans une agitation perpétuelle. Il allait, venait, incessamment, d'un compartiment à l'autre du *Pipo*, ne s'arrêtant que pour prendre hâtivement quelque nourriture ; mais, la plupart du temps, il arpentait en cercle le salon de la coupole vitrée, ou bien encore la plate-forme.

Sans cesse, il scrutait de l'œil et de la lorgnette l'horizon pour y découvrir le tant désiré navire sauveteur..., quitte à lancer le canot ou à se jeter à la nage, s'il en apercevait un à portée.

Rien n'apparut...

Si, pourtant... Un court instant, les mâts de hune d'un voilier, garnis de toute leur toile, y compris le *perroquet de fougue*, lui apparurent vers le Nord... loin... très loin. Mais cette machine infernale qu'était le *Pipo*, filant infatigablement, l'entraîna... le voilier disparut.

Le soir du septième jour, il avait entrevu également une terre lointaine, mais il crut, presque, avoir été le jouet de ses prunelles, fatiguées à force d'observer.

Il ne dormit pas pendant ces quarante-huit heures. Il n'aurait pas pu, tant était grande sa surexcitation morale.

Au reste, la torture de son esprit se décuplait d'une autre torture — physique celle-là — produite par l'incessante trépidation du *Pipo*. Ses nerfs s'en affectaient, et principalement son système auditif. Les sons se brouillaient pour son oreille, et il en arrivait à percevoir des bruits imaginaires.

Péniblement affecté, abattu outre mesure, il devint sombre et ne causa même plus avec « Canard » qui — lui — prenait la traversée avec philosophie.

Pourtant, la volonté de notre ami ne fléchissait pas. Et ce fut même par un puissant effort du « vouloir » qu'il se décida à dormir, au lieu d'inspecter inlassablement la mer.

— Oui! dit-il, « TRÈS HAUT » POUR ENTENDRE UNE VOIX HUMAINE, oui! je *veux* dormir! Si je ne dors pas, je suis flambé!... Je deviendrais... sourd d'abord... et fou ensuite! Il ne faut pas que j'aie déjà dépensé tant de volonté pour en arriver à ce misérable résultat! Faradel... mon vieux, retape-toi!... Redeviens un Faradel à la hauteur. Un coup de traversin... et tu seras d'aplomb.

Il servit deux nouvelles journées de vivres à Zôki qui, abruti maintenant et dompté, ne bougea même pas, lorsqu'il entendit ouvrir la porte ; puis, s'allongeant sur la fourrure du divan, Gaëtan s'étendit et se *força* à s'endormir.

Ce fut très dur.

Il lui fallut, par une transposition énergique de sa pensée, s'abstraire du *Pipo* et vivre ailleurs. Mlle Jacqueline Pierson l'y aida par son souvenir ; et, chose étrange, ce ne fut pas Mlle Pierson « de demain », vers laquelle Gaëtan jeta sa pensée, mais vers la Jacqueline des années écoulées.

Oui ! graduellement, Faradel s'évada du bourdonnement du *Pipo* pour retourner en Afrique, chez Nioroh, chez les sauvages, et enfin dans ce rêve évocateur, le sommeil le saisit... en fit une chose inerte... presque (sauf le souffle) un cadavre.

Combien de temps dormirait-il? Peu lui importait. Il savait bien, en effet, que, grâce à l'horloge du petit salon, il verrait non seulement le nombre d'heures qu'aurait duré sa sieste, mais aussi le jour où elle cesserait, dans le cas où elle se prolongerait. L'horloge marquait, en effet, les heures, les mois et les jours.

.   .   .   .

.   .   .   .

Gaëtan dormit trente heures... Et quand, vers le milieu du neuvième jour, il s'éveilla... le *Pipo* marchait toujours d'un train de folie.

.   .   .   .

.   .   .   .

En s'éveillant, très reposé, le premier soin de Faradel fut de courir à la timonerie pour y vérifier la boussole.

— Bon sang ! dit-il, voilà que nous avons changé de route !... Cependant personne n'a pu manœuvrer le clavier de la barre !

Et, en effet, la boussole marquait Nord-Ouest, en plein.

Perplexe, Gaëtan considérait alternativement la boussole et la table du clavier.

Il se demanda par quelle mystérieuse intervention s'était produit ce changement radical.

— Suis-je bête ! dit-il soudain... C'est sans doute un courant !... Pourtant !... avec la vitesse et la puissance de propulsion que possède le bateau, il est peu probable qu'un courant l'influence dans de telles proportions !

Mais, à cet instant, un battement d'ailes retentit derrière lui.

« Canard » venait d'entrer, car son maître lui avait intentionnellement laissé toute liberté pendant sa sieste, et, d'un élan, l'animal avait sauté sur le bord de la table du clavier.

— Tonnerre!... Pas de ça? clama Gaëtan en s'élançant.

Frémissant, il empoigna le coq d'un mouvement rapide... En même temps, il comprit, ou tout au moins supposa (ce qui était vrai, sans doute), qu'au cours de ses ébats, « Canard » avait dû grimper sur le clavier et appuyer sur le bouton directeur.

— Mazette!... mon vieux! pensa Gaëtan, je ne sais pas au juste si, pendant que je m'offrais un coup d'oreiller, tu fus le timonnier occasionnel du *Pipo*... mais je te jure que tu n'auras pas l'occasion de recommencer!... Voyez-vous qu'il ait posé ses pattes sur le bouton de plongée. Nous étions jolis!

C'est pourquoi Canard fut, dorénavant, consigné à la cuisine.

Au fond, se dit notre héros après avoir bouclé le coq, que je navigue Nord-Ouest ou Sud-Ouest, cela ne me fait pas une plus belle jambe!... Si! tout de même, après tout!... car la route Nord-Ouest me rapprochera toujours davantage des terres, et par suite des routes maritimes suivies par les navires. A la volonté du destin! et reprenons stoïquement nos journées de torture.

Zôki « pansé », Gaëtan se remit donc à observer la mer.

Vers le soir du dixième jour, un steamer à fort tonnage lui apparut assez loin en plein Est.

Il avait apporté dans le canot, tout paré, sa carabine, et il se mit à tirer des coups de feu pour attirer l'attention. Puis l'envie de mettre à la mer le canot le prit, et empoigné d'une étrange frénésie de fuite, il saisit la hachette et coupa les amarres en deux coups secs.

Malheureusement — ce que ne savait pas Faradel — c'est que la manœuvre du canot ne pouvait se faire qu'à l'aide de quatre hommes. Seul, il ne put parvenir qu'à déplacer légèrement l'avant.

— Bon Dieu !... Bon Dieu !... Tonnerre et malheur ! hurla-t-il, en proie à une rage folle, je suis maudit !... maudit !

En effet, le steamer avait disparu. Seul le panache grisaillant de sa fumée dominait la ligne d'horizon... et deux minutes plus tard Faradel ne la vit plus.

.   .   .   .

Il passa une nuit lugubre, affreuse.

Oh ! cette nuit du dixième jour... Il se la rappela toujours avec épouvante.

Qu'on songe, en effet, que dans l'impossibilité où il se trouvait de toucher un seul bouton sans risquer une catastrophe, Faradel passait la nuit en pleine obscurité.

Le *Pipo* voguait en pleines ténèbres.

Pourtant, Gaëtan était resté sur la plate-forme, non sans s'être arrimé à un anneau, afin que si le sommeil le prenait, un coup de roulis ne le fît pas basculer dans les vagues...

... Et soudain, les fanaux d'un transport trouèrent la nuit... droit devant le *Pipo*... à un mille à peine.

Ce fut pour le naufragé une émotion indicible.

Vivement il se dressa, et se mit en devoir de délier le filin qui assurait sa sécurité.

... Or... il n'y put parvenir.

... L'émotion ?... peut-être... Peut-être aussi un nœud trop serré ?... Qui sait ?... Car lui-même ne sut jamais comment il se trouva immobilisé par cette infernale corde..., sans couteau en poche pour la trancher... et cela tandis que dans le ressac violent produit par l'étrave du steamer, Gaëtan hurlant sauvagement : *à l'aide !* aperçut, à trente mètres au plus de la plate-forme, passer la haute muraille boulonnée du transport.

Les fanaux l'éclairèrent un instant d'une clarté crue. Là-haut, au-dessous du rouff et sur la passerelle, des silhouettes se penchèrent, écoutèrent ce hurlement lugubre qui perçait la nuit.

Faradel entendit confusément retentir les commandements d'arrêt... Il hurlait toujours... frénétiquement...

... Et les doigts crispés, sur cette corde maudite, il vit le fanal d'arrière diminuer... puis disparaître... non par la fuite du navire, lequel avait bien stoppé, à son appel... mais en raison de la vitesse du *Pipo*, qui filait... filait toujours vers le Nord-Ouest.

En proie à un désespoir immense, Faradel sans persister dans ses efforts pour délier la corde, s'abattit sur le métal doré de la plate-forme, en sanglotant comme un enfant... ou comme un fou.

L'aurore du onzième jour le surprit dans cette attitude. Il s'était assoupi dans les larmes.

. .   .   .

Fiévreux, ahuri par tant de tortures morales, il se redressa pourtant, et détacha — sans peine cette fois — le nœud malencontreux qui l'amarrait, puis descendit.

Un coup d'œil sur Zôki le convainquit que le Japonais prenait, en fataliste, son parti de la situation. Il renouvela la provision d'eau épuisée, sans que le prisonnier bougeât.

Se rendant ensuite à la cuisine, Faradel donna la provende à « Canard », mais lui-même ne mangea pas.

Il se contenta, tandis que l'animal picorait le riz de sa ration, de le caresser doucement de la main avec un sourire triste. Il éprouva, à cet instant, une infinie tendresse pour le pauvre animal, qui, dans cette cruelle détresse, représentait pour lui le seul lien *réellement vivant* qui le rattachait à l'humanité.

Sous le coup de ces pensées sombres et douloureuses, Gaëtan s'émut... Un sanglot souleva sa poitrine... Et des larmes violentes jaillirent de ses yeux, comme d'une source.

Il ne pensa plus à rien, qu'à son âpre désespérance et continuait à passer machinalement ses doigts sur les plumes lisses du coq.

Ce contact doux le berçait. Faradel perdait la notion de la volonté et de la résistance. Il abandonnait ainsi l'idée d'une lutte possible pour se résorber en cette sensation tout animale du contact instinctivement agréable de la caresse qu'il prodiguait, et du dégonflement moral produit en lui-même par les larmes.

Mais, après s'être gavé, le coq chanta. Il s'ébroua vigoureusement, tout en lançant son claironnement classique ; et la vue de cet animal énergique et fier, symbole d'audace gauloise, remua les souvenirs de Faradel, qui se reconquit.

— Allons ! allons !... gronda-t-il. Voilà que je pleure !... Femmelette... va !

Il n'en dit pas plus, sortit en fermant la porte, et remonta sur « le pont » — autrement dit — sur la plate-forme.

Il n'y était pas depuis cinq minutes qu'il eut un choc d'espoir.

Une terre basse, rocheuse d'allures, surgissait devant lui.

Anxieux, la fièvre aux tempes, Gaëtan regardait... La côte approchait vertigineusement.

Mais soudain, arrivé à deux ou trois milles, le malheureux s'aperçut qu'il avait devant lui un récif mince qui s'allongeait à fleur d'eau.

En ce moment, il passait (il ne s'en rendit compte que plus tard) à peu de distance — mais sans les apercevoir — des îles Saint-Paul et New-Amsterdam.

.   .   .   .

Lorsqu'il eut *la certitude d'un fatal écrasement sur un récif*, Faradel éprouva un instant la plus poignante des angoisses.

Si fort soit-on moralement, il est des instants où la mort vous effraie. Gaëtan subit cet effarement... Il eut l'idée (un dixième de seconde) de sauter dans les flots pour s'éviter à soi-même le broiement inévitable. Mais, songeant

HURLANT SAUVAGEMENT, FARADEL VIT S'ÉLOIGNER LE TRANSPORT. (Page 198.)

soudain à Zôki, — oui ! à cette bête féroce, — le camarade eut comme un remords...

Après tout !... N'était-il pas le capitaine — impuissant, sans doute, mais chef quand même — du *Pipo* ?

Rapidement, il regagna l'escalier, rabattit le panneau, le boulonna : puis, transfiguré par le sentiment d'une lutte où il devait rester digne, mais au fond rempli d'angoisse, il courut au salon du dôme...

... Arrivé là, il regarda le clavier, accroché aux parois, à portée des bretelles de suspension.

Il se rappela qu'au cours de l'expérience tentée par lui sur l'insistance du prince, ce dernier lui avait assuré que, parfois, il s'installait ainsi, à cette place, au moment du saut, pour pouvoir observer... et *guider* le terrible navire... Donc, de là, on pouvait guider le saut.

Guider le saut... quelle ironie en la circonstance !... car... que pouvait guider Faradel ?... Et le *Pipo* approchait toujours du récif... Une minute encore, et c'était l'effondrement définitif.

. . . .

Que se passa-t-il alors en l'âme de Gaëtan ?... Bien subtil serait le psychologue qui pourrait l'analyser.

Toujours est-il que, mû par une volonté irraisonnée, il saisit de la main gauche une des bretelles de suspension... regarda d'un œil farouche le récif qui, grossissant à vue d'œil, n'était plus guère qu'à 500 ou 600 mètres de l'étrave... puis brutalement, — férocement pourrait-on écrire, — il lança un furieux coup de poing sur le clavier.

. . . .

. . . .

. . . .

Qu'advint-il alors ?... Faradel ne s'en souvint jamais que comme on se rappelle un rêve... ou un lointain souvenir de prime jeunesse.

La seule chose qu'il se remémora nettement fut qu'un bouillonnement invraisemblable se produisit à l'arrière. Cela dura quelques secondes à peine ; tandis que Faradel, oubliant tout, se cramponnait des deux mains à la bretelle... Puis un enfoncement subit et violent entraîna l'arrière du *Pipo* sous l'écume et sous les vagues... En même temps, un bruit sec et violent lui arrive — également de l'arrière — analogue au cassement rude et vibrant d'une tige d'acier. A la même seconde, la chaloupe de la plate-forme, qu'il n'a pas à nouveau arrimée, entraînée par son propre poids, glisse en grinçant sur la surface métallique. Heureusement elle n'arrive pas jusqu'aux facettes de cristal qu'elle eut — sans doute — défoncées... Puis, basculant, elle tombe à la mer.

... Et soudain, Faradel se sent projeté en l'air par une poussée formidable. Il ressent un choc à la tête... et perd connaissance.

.   .   .   .
.   .   .   .

Quand il recouvra ses esprits, il se vit étendu sur le plancher, à plat ventre, et il éprouva de suite un bourdonnement des oreilles, en même temps qu'il ressentait un violent mal de tête.

N'importe ! Il tenta de se relever ; mais à peine était-il à genoux qu'il glissa en arrière jusqu'à l'autre muraille cloisonnée.

Seulement alors, il se rendit compte que le *Pipo* naviguait maintenant en conservant une position fortement inclinée d'avant en arrière.

La pente que donnaient ainsi les planchers et toutes les surfaces horizontales étaient d'environ 30 à 35 degrés.

Gaëtan constata également que le *Pipo* avait notablement diminué sa vitesse.

— Évidemment, se dit-il, j'ai dû détraquer quelque chose ! C'est d'une tangible évidence !... Heureusement encore que je n'ai pas provoqué un plus grand malheur ! Allons !... Tâchons de nous relever !

Il y réussit — non sans peine — et accoté à la paroi de cristal, il reconnut alors avec certitude que sa supposition de tout à l'heure était bien fondée.

Oui! le *Pipo* ne s'était pas écrasé. Donc il avait franchi le récif; mais le navire était détraqué. Quant à cela, c'était formel.

.   .   .   .

Ce n'est pas précisément commode pour un homme de se mouvoir ainsi en équilibre sur un plan incliné à 30 degrés, et qui de plus se déplace. C'est un peu la sensation qu'on éprouverait à circuler sur un escalier roulant.

Ce n'est pas impossible, mais il faut avoir de l'entraînement, et même, dans ce cas, un point d'appui n'est pas à dédaigner.

Gaëtan en fit la pénible expérience.

Dès qu'il se fut dressé, ses talons glissèrent.

Il se retrouva assis sur le linoléum.

Alors, employant la prudence, il se servit des cloisons comme tuteur, et réussit de la sorte à gagner la machinerie.

C'est là qu'il put constater le désastre.

Sans doute, avait-il fait agir ensemble plusieurs courants moteurs qui contrariaient leurs effets; car, dès son entrée dans la cage des machines, il put reconnaître que trois des cuves à piles avaient leurs fils brûlés.

La chaleur développée avait dû être extrême, car elle avait, par place, fait entrer en fusion les tuyaux de cuivre protégeant les fils.

Il ouvrit ces cuves. Les récipients de protéothyline fondus — eux aussi — laissaient voir un magma, de molle apparence, et dont s'exhalait une odeur rappelant un peu celle de l'ozone.

Vérifiant les organes moteurs, Faradel reconnut que l'arbre d'hélice était rompu en arrière des engrenages quadruples qui commandaient à la fois les hélices et les turbines.

Il en résultait que les hélices, impuissantes maintenant, demeuraient inertes, tandis que les turbines — tant horizontales que verticales — continuaient leur mouvement de giration et d'aspiration formidable.

— Je saisis! lança le camarade. Je comprends tout! Les hélices ne marchant pas, il en résulte que l'aspiration continue. De là cette ridicule position inclinée!... De plus, le battement des eaux par lesdites turbines produit quand même un mouvement de propulsion, mais incomparablement moins violent... car nous allons maintenant d'un train de steamer! C'est déjà joli : mais c'est la petite vitesse, comparée aux allures précédentes!

Puis, après réflexion :

— J'aime mieux cela! conclut-il. Au moins, si je rencontre un bateau, il pourra nous rattraper!... Mais, j'y songe, j'ai dû détraquer encore bien d'autres organes, car les turbines fonctionnent et pourtant nous ne nous envolons plus!... Au fait, voyez-vous que nous procédions maintenant par bonds successifs!... Ah! ma bonne madame!... C'est cela qui serait suave!... Oui! parlons-en! Enfin, je ne veux pas me plaindre!... Je constate au contraire que j'ai une rude chance! Et... n'était cette fâcheuse inclinaison, tout serait pour le mieux!

Gagnant — toujours accroché aux cloisons — la timonerie, il examina la boussole. La direction n'avait pas varié.

Il s'en fut alors à la cuisine.

« Canard » mieux outillé que son maître par la nature, n'avait pas visiblement souffert de l'incident. S'envolant, il s'était perché sur le barreau d'une chaise renversée.

— A Zôki, maintenant! dit le capitaine improvisé.

Mais à peine Gaëtan eut-il ouvert la porte de la cabine-prison qu'il recula épouvanté.

Surpris par le choc, le Japonais avait été projeté en avant avec une violence inouïe; et par une fatalité singulière et terrible, il était venu donner en plein, de la tempe, sur un fort crochet d'attache.

Le malheureux y était resté suspendu, en une attitude affreuse.

Le croc était enfoncé dans le crâne, le corps pendait lamentablement, tandis que mélangé aux atroces débris de la cervelle qui avait jailli, le sang s'écoulait de la blessure et striait la cloison de longs filets.

Après le premier mouvement de recul, Faradel vint au cadavre; il tâta le pouls, le cœur... C'était fini !

— Pauvre garçon ! murmura-t-il. Mais je ne peux pourtant pas le laisser là !... surtout avec la température qui redevient brûlante, signe certain que nous regagnons le Tropique ou l'Équateur.

Il dut donc — horrible besogne — décrocher le cadavre, puis le traîner par la chaîne jusqu'à l'escalier.

Alors, une fois le panneau réouvert, Faradel hissa ce triste débris humain sur la plate-forme et le confia à cette grande tombe : la mer.

. . . .

Le onzième jour s'écoula. Maintenant ce n'étaient plus ni la désespérance, ni l'énergie qui animait Faradel, c'était une atonie singulière de sentiments et d'allures. Il se laissait emporter par le tourbillon, sans rien dire, sans rien penser, n'éprouvant plus rien qu'une grande lassitude cérébrale et musculaire.

Son regard si vif, si pétillant d'ordinaire, était devenu morne, hébété. Cet homme qui avait donné tant de preuves de vitalité semblait une sorte de chose, ou tout au moins d'animal qui se résigne.

Il mangeait pourtant, sans même se demander ce qu'il mangeait. Il prenait, aux soutes, le premier aliment qui lui tombait sous la main, et l'absorbait, sans volonté réfléchie, mû seulement par l'instinct bestial de la conservation.

Cette situation se prolongea jusqu'au soir du douzième jour.

Faradel ne pouvant se tenir debout, s'allongeait tout le jour sur la plate-forme, le dos appuyé au dôme, et regardait la mer d'un œil vague où déjà perçaient les lueurs hallucinées de la folie.

Ce soir-là, il se sentait définitivement dompté.

Un sommeil anéantissant lui coulait aux veines et dans les paupières comme du plomb fondu.

S'abandonnant à cette sorte d'engourdissement comateux, Gaëtan ferma les yeux. Au surplus, sa fatigue morale et physique se doublait de la souffrance aiguë du soleil.

Certes, l'Équateur n'était pas loin.

Le malheureux avait même dû dans la journée quitter ses habits, en conservant toutefois son chapeau. Il s'était seulement enveloppé d'une large étoffe de crépon japonais tant la chaleur était extrême.

Déjà le soleil déclinait visiblement, quand dans la direction du Nord-Ouest, un bruit assourdi de détonations lui arriva.

Il rouvrit les yeux et son regard morne sembla se raviver.

— Un orage? pensa-t-il. Tant mieux! Cela va rafraîchir cette température de fournaise!

Mais il examina le ciel. Pas un nuage n'en pommelait l'azur uniforme.

— Non! soupira-t-il. Ce n'est pas un orage!

Pourtant le bruit continuait.

Malgré sa lassitude morale, Faradel se reprit à écouter.

— Est-ce que ce serait le canon? murmura-t-il.

Et rien que d'avoir pensé cette chose, il en reçut comme une effluve d'espérance.

Se relevant sur les genoux, les poings appuyés au plancher, en une attitude de bête qui guette, il tendit toutes ses facultés d'optique et d'audition vers ce bruit lointain.

— Oui! C'est bien une bataille! conclut-il enfin. C'est sans doute la grande lutte prévue par ce pauvre prince. Si elle a lieu où il l'a prédit, je serais donc dans les mers de Chine.

Et cette idée que des navires (même anglais) se trouvaient sinon à sa portée, du moins dans son rayon, raviva tous ses espoirs.

TENEZ BON! LUI CRIA-T-ON, ON VOUS LANCE UNE DRISSE! (Page 213.)

— Ah! ce coup-ci, cria-t-il à pleins poumons, je ne laisserai pas passer l'occasion!... Que j'en voie un seulement! même sur la ligne d'horizon et je saute à la mer!

Mais, à cet instant, il songea à son coq... et (qui aurait le courage de railler?) il décida de ne pas l'abandonner.

Alors, se dépouillant de sa pièce de crépon, il s'en fut réenfiler sa culotte; puis prenant dans la cuisine une caisse à biscuit — une caisse en mince ferblanc — il pratiqua des trous dans le couvercle.

Cela fait, il empoigna « Canard » qui crut devoir protester; mais sans vouloir l'entendre, Faradel l'enferma dans la boîte qu'il ficela solidement.

— Là! maintenant, mon garçon, dit-il, tu es toujours sûr d'être ou sauvé ou noyé avec ton ami Gaëtan Faradel.

En effet, à l'aide des bretelles de suspension qu'il arracha, le camarade se boucla la caisse sur le torse, très haut, entre les deux épaules.

Une bouée circulaire qu'il prit dans la réserve de la machinerie, compléta cet original gréement; et, ranimé par ce mouvement, notre gaillard vint se réinstaller sur la plate-forme.

Il est des moments dans la vie où une sorte de prescience vous pénètre, et Faradel subissait l'influence d'un de ces moments-là.

Sans savoir pourquoi, il était, à cette minute, animé d'un espoir, irraisonné sans doute, mais formel. Il *sentait* le salut venir jusqu'à lui.

Pour voir de plus loin, il s'était hissé jusqu'aux tubes extérieurs de la torpillerie et s'était installé à cheval sur le tube supérieur.

Le canon avait cessé là-bas vers le Nord Nord-Est; mais le naufragé croyait toujours entendre le martellement des détonations: et tout à coup la nuit survint sans crépuscule préalable.

— Ça y est bien! pensa Gaëtan, c'est l'Équateur! L'embêtant, c'est que je n'y vois pas clair! Mais tant pis!... Que j'aperçoive seulement des fanaux... et je plonge!... Les requins ont mauvais yeux — la nuit surtout, — et puis, être avalé par un squale, cela vaut encore mieux que la vie que je mène depuis une douzaine de jours !

Et, accroché des bras et des cuisses au lance-torpille, il fixa son regard dans le noir, ne pensant plus à rien au monde (pas même à Mlle Pierson), sinon à découvrir les fanaux d'un navire.

.   .   .   .

Et tout à coup, un hurlement inouï, presque sauvage, jaillit de sa gorge !...

... Ils étaient là, les fanaux si désirés !... Oui ! c'étaient bien les feux de position d'un navire... et même d'un grand navire.

Il arrivait justement du Sud, prenant juste le *Pipo* par son flanc de bâbord.

Oh ! quelle émotion !... Quels battements de cœur !... Quelles étincelles passaient devant les yeux du malheureux ! Quelle fièvre faisait trembler ses nerfs !... Oui ! Faradel grelottait !... Il avait la fièvre de l'espérance.

Dressé sur ses genoux, arcbouté des poings à deux cannelures des tubes, il hurlait comme un fou furieux.

Il ne criait pas : « Au secours ! », ni : « A l'aide ! ». Il eût été incapable d'articuler un mot, de donner par son verbe un corps à sa pensée... Il hurlait... bestialement... Et dans cette invocation animale passaient tous ses désirs, toute sa crainte qu'on ne l'aperçut pas... tous ses espoirs.

Il ne s'arrêtait que pour faire reprendre à ses poumons la gorgée d'air utile, et recommençait, et c'était d'un effet sinistre... cette plainte de bête qui s'élevait dans la nuit bleue sur la surface sombre et mouvante des flots.

.   .   .   .

Quand le navire arriva assez près pour qu'on l'entendît de son bord, l'officier de quart, en percevant cette note affreuse, eut — il le raconta ensuite — un frisson... Mais vivement il donna des ordres, car sans doute cet appel provenait d'un naufragé perdu en mer.

Le vaisseau stoppa ; et sous l'impulsion de la vitesse acquise il courut sur son erre.

Déjà les commandements se croisaient ; le bruit strident des sifflets perçait la nuit ; des ombres couraient ; on distinguait le grincement des moufles, car on préparait une baleinière, et l'émotion s'emparait de tous, car le cri, l'affreux cri semblait maintenant tout proche. Il s'y mêlait, comme un bruit bouillonnant d'eau remuée par des hélices.

Puis un grand réflecteur électrique s'alluma soudain, jaillit du haut des superstructures, allongea son cône de lumière éblouissante et fouilla les abords de l'océan, sur le flanc gauche du bâtiment. Comme le cri âpre et strident parut soudain, pour l'électricien, venir de l'avant, le cône vira brusquement en hauteur pour se porter dans cette direction, et à cette minute précise une secousse suivie d'un craquement violent se produisit à l'avant du navire.

En même temps, un bruit nouveau vint s'ajouter à ceux déjà entendus, celui bien connu des matelots qui ont à leur actif un naufrage, le bruit de l'eau qui s'engouffre en masse dans la déchirure d'une coque.

Un cri s'échappa de toutes les poitrines. Mais la voix brève et rude de l'officier de quart, dominant le tumulte, calma l'effarement.

On se précipita... et les premiers arrivés purent, avec stupeur, voir, à la lueur du feu électrique, une sorte de cône de métal doré, analogue à la pointe d'un torpilleur, qui se dressait dans un bouillonnement fantastique et s'engloutissait lentement ; tandis qu'un homme demi-nu, cramponné d'une main et des genoux à une des excroissances qui le garnissaient, hurlait comme un chien hurle à la mort, tout en faisant de grands gestes fous.

— Tenez bon !... Tenez bon !... On vous lance une drisse !

Un quartier-maître jeta cette phrase, et en entendant une voix humaine, Faradel se ressaisit. Il se tut, puis concentra sa volonté à bien empoigner au passage le filin qu'un matelot lui envoya.

Il y réussit du premier coup... Puis poussant un nouveau cri, sauvage, indicible... mais triomphant, il s'y accrocha des deux mains, et, — on peut le croire — solidement... juste à la seconde où le *Pipo*, éventré, s'abîmait sous les flots.

. . . .

Et c'est ainsi que trente secondes plus tard, notre ami Gaëtan Faradel fit une entrée sensationnelle sur le pont du croiseur cuirassé français *Sambre-et-Meuse*, commandant de Klavarec.

Chapitre 9

Dans lequel, après quelques nouveaux incidents, Faradel ajoute la profession d'avocat à celles — déjà nombreuses — que lui
connaît le lecteur.

Pendant que Gaëtan Faradel vivait
ainsi les douze journées les plus terribles de son existence — les six dernières, en particulier ! — on continuait
à s'occuper de lui par tout le globe, mais
surtout en France.

On se rappelle l'émotion intense
qu'avait produit le récit de Paul Hugueville, corroboré par la dépêche de
l'*Azalta*.

Nous avons décrit les discussions passionnées qui s'élevèrent alors au
sujet du monstre sous-marin que seuls connaissaient à ce moment les passagers de l'*Albatros*, et aussi — mais pour l'avoir entrevu seulement — le
steamer *Azalta*, en route pour Rio ; et nous avons également raconté que sur
tous les points des deux hémisphères, des ordres avaient été câblés à leurs
stations navales par toutes les Amirautés, par tous les offices et ministères
maritimes des nations civilisées : ordres qui comportaient la plus active sur-

veillance pour tâcher d'obtenir sur cet engin mystérieux et terrible des renseignements sinon précis, du moins plus complets.

A vrai dire, cette publicité outrancière avait assez mal réussi à
Hugueville. Son nom transmis et répandu dans les masses, avait — par cela
même — attiré sur lui l'attention de l'administration militaire qu'il avait
quittée un peu trop brusquement et sans laisser d'adresse.

Vivement des ordres avaient été donnés, qui eurent pour résultat de
faire coucher l'ami Paul en une cellule de la prison militaire du Cherche-
Midi, et non — ainsi qu'il l'escomptait — dans une bonne chambre au
Grand-Hôtel !

Ce serait mal connaître le camarade, que de supposer qu'il s'en émut
outre mesure.

Certes, il eût préféré que ce petit incident n'arrivât que plus tard ; mais
il en prit bravement son parti.

— Mon commandant, déclara-t-il au directeur qui l'accueillait d'une
façon plutôt froide, ce qui m'arrive ne me surprend qu'à demi ; et je dois dire
— mes amis peuvent l'attester — que j'avais l'intention de me rendre de
bonne volonté en ce logis, qu'on a cru devoir m'imposer avec escorte. Mais je
suis disposé à racheter mes folies de jeunesse, s'il plaît à MM. les membres
du conseil de guerre d'user à mon égard d'un peu d'indulgence.

Surpris, l'officier s'adoucit ; et comme il était — ainsi que tout le monde
— renseigné par les journaux sur son locataire, il lui fit raconter son
odyssée.

Cela rompit la glace.

— Mon ami ! dit-il alors, vous êtes, je le vois, bien trempé ; vous êtes
de la graine dont on fait les bons soldats !... Ah ! si vous aviez dépensé au
service de l'armée le quart des qualités que vous avez déployées dans la
brousse et ailleurs !... Vous seriez officier... oh ! certainement !

— Je peux encore le devenir, mon commandant.

— Bah ! Vous auriez l'idée de...

— De retourner en Afrique ! oui, mon commandant ! Si on veut bien être indulgent pour ma frasque.

— Ça, c'est très bien !... Et je vous promets d'en parler.

— Merci, mon commandant !

Ce début de relations promettait : et, en effet, Hugueville jouit dès lors d'un traitement très adouci que justifiaient, du reste, les bons sentiments dont il avait fait preuve et aussi — disons-le — sa quasi-célébrité : car la presse continuait à s'occuper de lui, de Faradel, et... du sous-marin.

Il en résulta que tous les jours il put voir ses parents qui... est-il besoin de le dire... lui pardonnèrent.

D'Arvil était rentré à Paris avec Jacqueline, Jean Pierson et le négrillon. Ils furent autorisés, eux aussi, à le voir.

Seule, Fanoche, ne fut pas admise au parloir qu'elle eût rempli à elle seule. Elle était pour l'instant installée dans un terrain confortable loué pour elle par d'Arvil, à Neuilly, où, du reste, le docteur et ses compagnons s'étaient logés dans une villa.

Le camarade était donc tenu au courant, jour par jour, des événements extérieurs.

La guerre anglo-américaine battait son plein. Des engagements navals s'étaient déjà produits sur plusieurs points ; et la chance semblait fuir maintenant la marine britannique. On s'attendait à voir, dans un délai rapproché, une bataille décisive se livrer ; car, du Japon à Aden, les deux grandes flottes ennemies se cherchaient pour la lutte définitive.

Quant à Faradel, que, dans son espoir tenace, Hugueville croyait — ou voulait croire — toujours vivant, on n'en avait reçu aucune nouvelle ; quand, le 3 juillet, le docteur entra au parloir avec un air bizarre. Il semblait à la fois joyeux et préoccupé.

— Mon ami ! dit-il. Vous aviez raison...

— Pour Gaëtan, interrompit fiévreusement Hugueville.

— Oui... pour Faradel !... C'est insensé !... C'est fou !... Mais c'est la vérité.

— Dites !... Racontez !... Vite !...

— Le steamer hollandais *Krüger* a rencontré la *machine* en plein Pacifique.

— Ah ! Ah !

— Oui. La dépêche transmise par lui, de son bord à Lima, par télégraphe sans fil, puis de Lima à Buenos-Ayres, avec des retards, et enfin par câble de Buenos-Ayres en Europe, raconte que le *Krüger* a rencontré ce terrible engin filant nord-ouest vers les Iles de Pasques avec une vitesse insensée. Sur le pont, une lutte effroyable se livrait entre un Européen, dont le signalement est bien celui de Gaëtan Faradel, et plusieurs Japonais en costume national.

— C'est lui ! C'est lui !

— Je le crois ! Mais que s'est-il passé ensuite ? Le *Krüger* l'ignore !... Le vitesse de l'engin l'a entraîné loin de la vue de son bord. Et peut-être que...

— Que... quoi ?

— Que Gaëtan Faradel est mort !

— Non ! s'écria Hugueville avec une foi bizarre. Non ! sûrement. Il les a démolis !

Le docteur d'Arvil hocha dubitativement la tête.

— Je le souhaite ! dit-il enfin.

— N'importe ! reprit Paul tout joyeux. Nous le reverrons ! Nous le reverrons, vous dis-je, car Faradel, ce n'est pas *tout le monde*, savez-vous bien ! C'est un type à part !... Mais qu'en dit Mlle Pierson ?

— Elle est à la fois heureuse, perplexe et angoissée.

— Oui ! C'est logique. Mais dites-lui de ne pas se désoler. *Je sens* qu'il revient !

A ce moment le commandant entra et dit :

— Messieurs !... On a encore vu votre satanée machine ! Voici une nouvelle dépêche.

— Ah ! bah !

— Oui. Une « dernière heure » des journaux annonce qu'on l'a rencontrée dans l'océan indien.

— Oh !

— Oui. Le steamer italien *Garibaldi* l'a vue, la nuit !... mais un court instant seulement. Sur la plate-forme, un homme, amarré par un filin, appelait « à l'aide ».

— C'est lui ! crièrent à la fois Hugueville et le docteur.

— Votre ami ? M. Faradel... C'est possible ! Malheureusement la vitesse de cet infernal bateau l'a emporté au loin et le *Garibaldi* n'a pu lui porter secours.

. . . .

Il y eut un silence, silence plus éloquent que des paroles.

Chacun pensait et espérait.

Oui ! D'Arvil lui-même sentait fléchir ses doutes. Oui ! Ce passager vivant à bord de cette espèce de machine infernale, qu'on savait maintenant être japonaise et que pourtant le Japon déclarait ne pas connaître... c'était peut-être le pauvre Faradel.

Vivant ? Il l'était donc encore le 11ᵉ jour qui avait suivi sa disparition : mais était-ce bien réellement Faradel, cet Européen mystérieux signalé à bord de ce torpilleur-fantôme ? Et si le 11ᵉ jour, on le signalait comme vivant, l'était-il encore aujourd'hui, c'est-à-dire 15 jours après sa chute à Gibraltar ?

Problème douloureux et angoissant.

Et Hugueville, qui pourtant avait la confiance chevillée dans l'âme, ne put dormir de la nuit : Jacqueline Pierson non plus, du reste.

Seul, Jus-de-Réglisse n'admit pas un instant une catastrophe.

— Missié Faâdel ! disait-il. Ah ! missié Faâdel tu plein fort, tu plein couâgeux ! Casser l'cabèche à tu l'monde su l'bateau ! Li malin rivinir ces joû-ci !

— Le ciel t'entende ! ripostait Jean Pierson.

. . . .

Or, le lendemain, 5 juillet, le commandant du Cherche-Midi entra en coup de vent dans la cellule de « l'inculpé » Paul Hugueville.

Brave homme, il avait fini par s'emballer lui-même au sujet du retour possible de ce Faradel, dont tout le monde s'occupait, et qui avait à son actif tant d'aventures quasi-miraculeuses. Il lui aurait déplu qu'il ne triomphât pas de ce dernier obstacle. De plus, la foi invincible de son locataire forcé avait fini par le gagner. Il suivait donc avec passion les nouvelles.

Ce jour-là, il était encore au lit quand son ordonnance lui remit les feuilles du matin.

Il en ouvrit une et lut en « manchette » cette phrase imprimée en capitales immenses :

LE FAMEUX FARADEL EST RETROUVÉ !!!

Du coup, une émotion violente l'empoigna.

Sans souci de la fôôôrme, oublieux de toutes les conventions qui règlent l'étiquette et la dignité hiérarchiques, il ne prit même pas le temps d'enfiler ses chaussettes, ni de retirer le foulard de soie dont il recouvrait — pour dormir — sa calvitie.

Il bondit dans sa culotte, y plongea les deux jambes d'un seul coup, sauta dans ses savates et, en bras de chemise, agitant en l'air le journal, il courut jusqu'à la porte que gardait un sergent-planton.

— Ouvrez ! mon vieux... ouvrez vite !.., clama-t-il, Faradel est retrouvé !

A dire vrai, le digne sous-officier avait, de prime abord, cru que le désarroi de la tenue de son chef impliquait qu'un accident grave avait dû survenir inopinément dans la trop hospitalière maison, sous forme d'incendie, d'évasion ou de révolte.

Ce cri calma son inquiétude naissante ; car il s'intéressait comme tout le monde au célèbre Faradel.

Vivement il ouvrit la porte grillée et conduisit son supérieur jusqu'à la cellule du non moins célèbre Paul Hugueville, qui était encore couché.

— Ça y est! mon ami. Ça y est!... IL est retrouvé! Lisons ça.

Et à haute voix, devant son prisonnier, qui tout à sa joie ne se souciait guère lui non plus de la fôôòrme, le commandant lut ce qui suit :

« Djibouti, 4 juillet, 6 h. 45 du soir. Le croiseur cuirassé Sambre-et-Meuse, *commandant de Klavarec, en mission dans l'océan Indien pour surveiller la prise de contact des escadres belligérantes, a rencontré, au Nord des Maldives par 5° environ lat. N. et 60° environ longit. E., un navire répondant au signalement de l'engin signalé par les télégrammes du Ministre de la Marine. La rencontre a eu lieu en pleine nuit, et l'engin ne portant aucun feu ni signal, un abordage en est résulté qui, du reste, n'a causé aucune avarie au* Sambre-et-Meuse. *L'engin, atteint sur son flanc bâbord par l'éperon du croiseur, a coulé à pic. Mais un passager demi-nu, accroché sur l'engin en question, a pu être sauvé. Ce naufragé est M. Faradel, Gaëtan, signalé comme disparu au large de Gibraltar. Il est sain et sauf, mais légèrement déprimé par incidents impossibles à télégraphier, vu leur longueur de développements. Avons seulement touché Djibouti pour câbler et sommes repartis immédiatement pour Suez, selon pli cacheté que nous transmet gouverneur Djibouti. M. Faradel nous prie informer ses amis qu'il télégraphiera de Port-Saïd. Au sujet de la guerre, la flotte anglaise a pris contact hier avec flotte américano-japonaise, et a dû, repoussée qu'elle fut et fort endommagée, rallier Bengale. Le croiseur* Claymore, *commandant Durval, continue à suivre opérations et télégraphiera résultats.*

...Du coup, Hugueville, tout pâle et envahi d'une émotion indicible, sauta hors du lit, mais il sentit ses jambes flageoler, et dut s'asseoir sur son lit.

Chose étrange. Après avoir conservé jusqu'alors, même contre toute évidence, une invincible foi dans ce résultat, le camarade doutait maintenant.

Oui, si paradoxal que cela puisse paraître, Paul éprouvait à cette seconde et devant cette nouvelle — officielle pourtant — un tel chavirement d'âme qu'il se demandait si ce n'était point là un rêve ou tout au moins une sensationnelle fumisterie lancée par un reporter facétieux.

Mais, néanmoins, une joie immense l'inondait, malgré ce doute bizarre ; et son trouble, fait de bonheur et d'angoisse, l'empêcha tout d'abord d'articuler un mot.

— Eh bien !... clama le commandant. Je suppose que voilà une nouvelle qui vous fait plaisir, hein, mon brave ! A moi aussi, du reste, car sans le connaître, votre satané Gaëtan m'intéresse énormément... Eh bien, voyons !... Qu'est-ce que vous en dites ? Vous avez l'air abruti...

— Mon commandant, dit enfin Hugueville, vous avez raison. Je suis littéralement abruti et je me demande si je rêve.

— Mais non, vous ne rêvez pas ! Bigre de bigre... Tenez, voulez-vous que je relise?

— Cela me fera plaisir, mon commandant.

— Allons-y !

Cette deuxième lecture détendit les nerfs du prisonnier.

— Oui, s'écria-t-il. Cette fois-ci, je crois que ça y est bien.

Et, remis tout à fait, une sorte de délire joyeux s'empara de lui.

Se dressant, il se mit — malgré la présence du commandant — à esquisser dans sa cellule un « cavalier seul » peu ordinaire.

La scène était si burlesque que l'officier, nullement scandalisé, se mit à rire à pleins poumons.

— Ce n'est pas pour dire, articula-t-il, mais vous avez une singulière manière de manifester votre joie.

— Ouf! Ça fait du bien! riposta tout essoufflé l'ami Paul, en arrêtant sa gigue. Excusez-m'en, mon commandant, mais c'est plus fort que moi.

— Ça va bien, mon garçon! Il n'y a pas de mal! Et maintenant ne vous énervez pas. Attendons avec patience les nouvelles de Port-Saïd. C'est quatre jours environ de patience à avoir.

Ce que furent les journées suivantes pour Jacqueline, Jean, le docteur et Hugueville, le lecteur peut le supposer. Ce fut mortel; bien qu'au fond il y eût une certitude absolue sur la survivance du disparu. Seul, Jus-de-Réglisse ne se tenait pas d'aise.

— Va veni! Missi Faâdel!... Bono!... Bono besef! Petit Eglisse tu plein content!

Il ne cessait de répéter cette phrase. Il en était assommant!

Enfin, le 8 juillet, le docteur reçut cette dépêche de l'humoristique garçon qu'était Gaëtan :

« Port-Saïd.

« Renversant, mes amis! C'est bien moi! Pas télégraphié moi-même de Djibouti, cause dépression peu ordinaire. Conterai ça arrivée. Suis rétabli, mais arrive sans le sou avec un camarade nommé Canard. Vous conterai épisodes à Toulon où devons toucher le 15. Trouvé Port-Saïd bureau télégramme expédié Syndic Société Coloniale et réexpédié avec mon envoi de mille francs! Y comprends rien, mais n'importe. Examinerons cela une fois en France. Inutile ajouter que adresse fervemment amitiés innombrables à tous, surtout à Mlle Jacqueline. Croyez suis de cœur avec vous comme vous avez été certainement avec moi. A bientôt, reprenons route dans une heure. Amitiés, baisers, *et cætera*.

« FARADEL,

« *Ex-commandant submersible japonais.* »

Cette fois, le lien était rétabli entre les cœurs.

Pour peu explicite et même baroque que fût la dépêche, elle n'en constituait pas moins une réunion directe de pensées entre le « ressuscité » et ses amis; aussi, malgré le manque de détails et l'obscurité du texte, fut-elle pour eux un calmant, puisqu'elle leur apportait la certitude définitive.

Ils attendirent donc — Hugueville compris — la fameuse date du 15, non sans fièvre, mais avec une tranquillité relative de sentiments.

Et, pendant ce temps, le brave Faradel était traité comme un prince à bord du *Sambre-et-Meuse*.

.   .   .   .

Lorsqu'il avait, en pleine nuit, et dans les dramatiques conditions que nous avons racontées, fait son apparition sur le pont du croiseur, les assistants : matelots, quartiers-maîtres ou officiers éprouvèrent d'abord ce sentiment normal de pitié que tout homme de mer éprouve pour tout naufragé ; mais il s'y joignit aussi un malaise moral indéfinissable, car l'homme demi-nu qui leur apparaissait ainsi sous la clarté drue du fanal électrique leur sembla manifestement fou.

Et, en fait, n'y avait-il pas du vrai dans cette hypothèse ?

N'était-il pas, en effet, presque logique qu'un nuage de folie — au moins passager — enveloppât de son tourbillon le cerveau surmené du malheureux, après les terribles journées qu'il avait traversées ?

Certes, il avait tenu bon jusqu'au bout; mais la force de résistance nerveuse a des limites, même chez l'homme le mieuxéquilibré.

Du reste, on remarque souvent ce phénomène : un cerveau, demeuré, jusqu'à l'extrême, maître de sa raison, au cours d'une longue phase de danger, perd parfois et sans transition ses facultés, en passant brusquement de l'horreur à la joie, de l'agonie à la résurrection, de l'extrême désespérance à l'excès d'espoir.

Il en fut ainsi pour notre héros.

Dès que ses orteils nus sentirent le contact du plancher du pont, ils s'y crispèrent.

En même temps, un rictus de délire convulsa les traits de Gaëtan.

Il n'avait point lâché le filin, et s'y agrippait avec une telle frénésie

FARADEL EST RETROUVÉ! S'ÉCRIA-T-IL .. (Page 221.)

que ses bras et ses épaules tremblaient, secoués par un continuel frisson.

Le froid de l'eau de mer accentuait, du reste, ce tremblement ; et soudain un rire atroce s'échappa de ses lèvres ; rire affreux qui n'avait rien d'humain… un de ces rires aigus et sinistrement sanglotants, comme en entendirent ceux qui ont pénétré dans un asile de fous !

Immobile, les muscles raidis et secoués d'un spasme continu, il demeurait là, sans pouvoir articuler un autre son que ce rire abominable qui faisait mal à l'âme.

— Pauvre garçon ! dit, apitoyé, un second maître. Il est *déralingué !* N'a pu sa tête à lui ! Ce que c'est tout de même !

— C'est pourquoi, opina un aspirant, il n'y a qu'une chose à faire : le conduire à l'infirmerie et aller prévenir le docteur.

Justement, le commandant de Klavarec arrivait. On l'avait réveillé et mis au courant.

Il s'approcha, mit la main sur l'épaule du « fou » et dit d'une voix empreinte de cette bonne et paternelle rudesse, si particulière chez l'officier de notre marine de guerre.

— Mon ami !… Venez avec moi ! On va vous soigner.

Au contact de la main qui s'appuyait à sa chair nue, Faradel avait sursauté, puis s'était tu ; mais, au son de la voix qui s'adressait à lui, une détente s'opéra ; et notre gaillard, si ferme d'ordinaire, se mit à sangloter comme un enfant, tandis qu'au même instant, un bruit étrange s'exhala, rauque et enroué de la caisse à biscuit, attachée à ses épaules, et cette sonorité aussi bizarre qu'inattendue était si déconcertante qu'une stupeur passa sur les spectateurs.

— Qué qu'c'est qu'ça ? murmura effaré un matelot trapu, manifestement breton, chez lequel ce bruit évoqua sans doute la légende de ses landes avec leurs voix lointaines de farfadets et de korrigans.

Mais un loustic parisien (il en est aussi dans la flotte) prit de suite la chose en plaisanterie.

— Tout de même ! dit-il, qui c'est qu'aurait cru ça ! Il a emporté sa boîte à musique ! Al'va rien avoir besoin d'réparation !

— Non pas ! répartit un maître de timonerie, ça n'est pas de la musique, c'est son garde-manger... au pauvre mâtin ! T'entends donc pas? C'est d' la volaille qui fait ce bruit-là.

— Silence, donc ! ordonna le commandant de Klavarec... Deux hommes !... Prenez ce malheureux sous les bras et emmenez-le à l'infirmerie, dans une cabine d'isolement, et qu'on aille chercher le docteur.

Silencieux, et comme hébété, Gaëtan se laissa emmener, puis asseoir sur le bord du cadre-couchette.

Mais quand il s'agit de lui enlever son fardeau, il s'y opposa d'un geste, et devant l'insistance des matelots il recouvra, non pas sa raison tout entière, mais au moins la parole.

— Non! dit-il, je ne veux pas qu'on touche à Canard. C'est mon ami ! Il m'a sauvé !

— Qu'est-ce que tu dis, mon pauv' vieux ? demanda l'un des hommes. Qui donc que t'appelle Canard?

— C'est mon coq! Il est dans la boîte. Je ne veux pas qu'on lui fasse du mal!

— Ah ! je comprends !... C'est bon ! on te le promet ! Mais laisse-nous faire.

Un apaisement se produisit alors chez Faradel.

Il ajouta :

— Donnez-lui à boire ! Il a soif... le pauvre ami !

Puis, pris d'une torpeur invincible, Gaëtan laissa tomber ses bras et ferma les paupières... Il dormait.

On le délivra — sans qu'il fît un geste — de la boîte de fer-blanc ; et après l'avoir frictionné, on l'étendit dans le cadre, enveloppé de chaudes couvertures de laine.

Pendant cette opération, il ne fit pas un mouvement, on eût dit un cadavre qu'on ensevelissait ; mais une fois étendu, le bien-être physique que produisit en lui le contact des draps et la tiédeur des couvertures, se traduisit par un pelotonnement frileux. Un bâillement... un étirement des membres... puis, de nouveau immobile, il devint une chose inerte, non pensante, envahie d'un sommeil de mort.

A ce moment, le commandant suivi du docteur entrèrent dans la cabine, et après un court examen, le médecin, qui avait tâté le pouls du malade sans que celui-ci eut l'air de le sentir, déclara :

— La respiration est bonne ; le pouls un peu sec ; mais somme toute, je ne vois rien d'inquiétant dans son cas. La folie nerveuse que vous me signaliez, mon commandant, est un accident fréquent en pareil cas. Elle est, du reste, essentiellement passagère.

Et s'adressant aux matelots :

— A-t-il parlé ?

— Oui, monsieur le docteur, il a dit qu'on donne à boire à un coq qu'est là-dedans.

Il désignait la boîte.

— Ah ! oui !... Le chanteur bizarre de tout à l'heure? interrompit le commandant.

— Oui, mon commandant ! Il a dit qu'on y fasse pas de mal... que c'était son ami... son sauveur !

— Bizarrerie d'imagination surexcitée, sans doute!... Mais... au fait !... C'est un Français?

— Oui, mon commandant. En tous cas, il parle français comme vous et moi !

— C'en est un... sûrement! Un étranger en crise de folie eût tout d'abord parlé sa langue maternelle.

Et pris d'une idée subite, l'officier fit un geste et dit :

— Ah ! c'est cela qui serait étrange!...

— Quoi donc? mon commandant, questionna le docteur.

Le commandant ne répondit pas tout d'abord. Il réfléchissait et tout à coup :

— C'est lui ! s'écria-t-il. Ce ne peut être que lui !

— Qui ça ? *Lui !*

— Mais... docteur, vous n'avez donc pas lu les journaux ? Vous n'avez donc jamais causé au carré des officiers de cette affaire du...

— Au fait ! C'est vrai ! interrompit soudain le médecin. C'est ma foi vrai !... Ce torpilleur démoli !... Cet homme !... C'est M. Faradel ! le fameux Faradel disparu à Gibraltar, et dont le ministère a prescrit télégraphiquement la recherche.

— Pour moi, c'est certain ! reprit M. de Klavarec. Mais quel malheur d'avoir coulé en l'abordant ce mystérieux engin signalé par les dépêches ! .. C'est cela qui eût été curieux à ramener...

Enfin ! conclut-il après un silence, nous n'y pouvons rien !... Heureux encore d'avoir pu en sauver le passager, car au moins nous avons par lui la chance de déchiffrer cette énigme ! En tous cas, qu'on le veille. Qu'on le laisse dormir. Nous aviserons à son réveil. Et puisqu'il tient tant à son coq, délivrez cette bête et soignez-la. »

Canard fut donc délivré !... Enfin ! Mais dans quel état, grands dieux !

Affolé, en revoyant la lumière, l'animal trempé chercha à s'enfuir, mais on le rattrapa et il fut porté au cambusier-chef avec des ordres spéciaux.

Cinq minutes plus tard, on colportait déjà à travers l'équipage que le naufragé recueilli était *monsieur Gaëtan Faradel*, et cette nouvelle devenait immédiatement le thème de toutes les conversations, notamment au carré des officiers de service, où l'on se mit à discuter à perte de vue sur le mystérieux et fantomatique torpilleur si malencontreusement coulé.

Et à partir de ce moment une fièvre de curiosité s'empara des esprits. On attendit avec une impatience indescriptible le réveil du dormeur... Mais, tel un loir en hiver, Gaëtan continuait sa morne sieste.

Il s'éveilla pourtant une fois, au lever du soleil, et faiblement, comme on parle en rêve, il demanda :

— A boire !

L'infirmier lui fit avaler une gorgée de bouillon glacé, puis notre camarade retomba dans une quasi-léthargie dont il ne devait sortir que quarante-huit heures plus tard.

Gaëtan dormit, en effet, deux fois vingt-quatre heures, et si les officiers trouvèrent le temps long en attendant son réveil, le docteur pensait tout autrement.

— Excellente chose ! disait-il, et qui va rétablir l'équilibre en ce coffre solide !

Toutes les deux heures, il le visitait, prenait la température, auscultait le cœur, vérifiait le pouls et constatait avec joie que le fonctionnement général de la vie normale reprenait son cours chez le malade qui pour lui n'était encore qu'un hypothétique Faradel.

Enfin, le matin du troisième jour, comme on arrivait dans la zone du cap Guardafui, Gaëtan ouvrit les yeux et — disons-le — il éprouva une surprise en se trouvant couché.

En effet, il ne se souvenait plus de rien, en ce qui concernait son sauvetage.

Mais comme il vit à son chevet un matelot français, un travail de reconstitution se fit dans sa pensée ; néanmoins il referma les yeux, histoire de réfléchir, puis, au bout de cinq bonnes minutes, il les rouvrit, et tournant la tête :

— Bonjour, mon ami ! dit-il.

— Bonjour, monsieur, ça va-t-il mieux ?

— J'ai donc été bien malade ?

— Oh ! Pas malade, si vous voulez !... Abattu un peu.

— En effet, j'ai encore la tête lourde... mais j'ai une faim de dogue.

— Pas étonnant ! Voilà deux jours et deux nuits que vous dormez !

Du coup, Gaëtan se redressa sur le coude.

— Hein ? dit-il. Qu'est-ce que vous me dites là ?

— J' vous dis ce qui est.

— C'est tout de même raide !

— Mais non ! Le docteur a dit que ça n'était pas étonnant du tout, parce que, faut vous dire, quand on vous a repêché, vous n'aviez pas toute vot' tête !

— Dame ! Ça se peut bien, après les petites journées que j'avais passées !... Mais où suis-je, mon brave, je vous serais reconnaissant de me le dire et de me raconter ce qui s'est passé.

— Vous êtes à bord du croiseur cuirassé *Sambre-et-Meuse*.

A cette déclaration Faradel respira.

— Ouf !... murmura-t-il. Tout est bien en ce cas ! Mais... mon brave, continuez !

Et le matelot raconta, tandis que Gaëtan l'écoutait attentif mais en proie au plus visible des ahurissements.

Quand l'homme eut terminé, le camarade murmura comme en rêve :

— C'est renversant ! Ma parole d'honneur ! J'aurai tout fait dans ma vie, même *d'être fou*. Heureusement que chez moi ça ne dure pas, car me voyez-vous rentrer en France avec la camisole de force !... Ah ! ma pauvre Jacqueline ! qu'auriez-vous dit ?... Enfin, le principal, c'est que me voilà sauvé ! Bon sang ! Je croyais pourtant bien que c'était la fin... l'autre jour ! Ce qui prouve qu'il n'est jamais dans la vie de situation désespérée.

Et au fur et à mesure qu'il monologuait ainsi, il redevenait si bien lui-même, c'est-à-dire l'ancien Faradel jovial et plein d'humour, qu'il crut devoir lâcher la bride à sa coutumière faconde.

— Dites donc, mon brave, dit-il. Pourriez-vous me donner l'adresse d'un tailleur chic ; car ma garde-robe est entièrement (je me le rappelle !) démunie. Or, il est nécessaire que je revête une tenue décente pour aller rendre au commandant ma visite de remerciements. Je lui dois bien cela pour les bons soins dont il entoura (m'avez-vous dit) mon ami Canard et votre serviteur Gaëtan Faradel.

A ces deux derniers mots, l'infirmier sursauta.

— Alors! clama-t-il. C'est bien vous, monsieur Gaëtan Fara. ,

— ... del! Oui, m'n'ami! interrompit notre gaillard, étonné au fond d'une telle exubérance de surprise.

Mais l'autre, se levant, s'écria :

— Attendez!... Bougez pas!... Je cours prévenir le commandant que *c'est bien vous!*

Et il disparut, laissant Gaëtan parfaitement ahuri.

...Un monarque qui relève de maladie ne voit certainement pas son chevet plus entouré que le fut celui de Faradel, à dater de cette minute-là.

Tout l'état-major y défila, pour lui serrer la main et le féliciter de l'heureuse et inespérée issue de sa cruelle aventure.

C'est même tout juste si les matelots ne forcèrent pas sa porte; et on vit le moment où il faudrait la faire défendre par un factionnaire.

Mais le docteur intervint. Malgré les affirmations réitérées du malade qui prétendait être en mesure de se lever, il le condamna à rester encore quarante-huit heures sur le dos, par mesure de précaution, dit-il.

— Mais, puisque je vais bien, docteur, insistait Gaëtan.

— Ta! ta! ta!... De la fantaisie que tout ça! On veut « *faire le zouave* ». On commet une imprudence et puis crac!... Une rechute!... merci bien, cher monsieur! Je réponds de vous!

— Mais...

— Je n'entends rien! Je ne veux rien savoir! Au surplus, cher monsieur, vous n'avez pas de vêtements; et l'accès du pont et des couloirs vous est interdit en tenue aussi... primitive! Le commandant est très strict à ce point de vue et il vous ferait mettre aux fers!... Mais, dans deux jours, vous me permettrez de vous prêter une tenue coloniale et un casque *idem*. Cela vous ira comme un gant, car nous sommes à peu près de même taille.

Et notre héros dut se résigner.

Ce fut pendant ces quarante-huit heures — qui, du reste, lui semblèrent mortelles, malgré les visites du docteur et du commandant — que le *Sambre-et-Meuse* fit escale au large de Djibouti pour expédier le câblogramme que connaît le lecteur, câblogramme qui, on l'a vu, avait apporté tant de joie à ses amis anxieux; mais le lendemain Gaëtan, autorisé à se lever, revêtit une veste à col officier et un pantalon en flanelle bleue de Saïgon, se coiffa d'un casque d'une immaculée blancheur; et c'est en cette tenue qu'il fit son entrée au carré des officiers.

La réception fut ultra chaleureuse, et au fond, malgré la colossale aventure qui le mettait ainsi en vedette, notre ami trouvait excessive l'espèce de célébrité qu'elle lui valait.

— Messieurs, disait-il, vous en arriveriez si je vous écoutais, à me faire croire à moi-même que je suis un homme très extraordinaire! C'est un peu une erreur. Je sais bien que ces aventures-là n'arrivent pas à tout le monde, mais je vous donne ma parole que vous vous en seriez tirés aussi bien que moi.

Peine et modestie perdues. Il dut raconter toutes ses péripéties à bord du *Pipo*, les détailler, les redire, et de Djibouti à Port-Saïd, il n'y eut pas d'autre sujet de conversation.

Arrivé là, une surprise attendait Faradel.

Comme il remettait au télégraphe le texte de la cocasse dépêche dont nous avons donné la teneur, l'employé anglais fit, en lisant la signature, un geste d'étonnement.

— C'est vous Faradel? questionna-t-il avec cette politesse particulière à tous les bureaucrates et à toutes les administrations de l'univers.

— On me l'a toujours dit, riposta Gaëtan, mais puis-je savoir pourquoi...

— C'est bon!... Attendez là! déclara l'homme en se levant.

— Si ça peut vous être agréable, je n'y vois aucun inconvénient, reprit le camarade qui, goguenard, ajouta :

— Allez !... et ne soyez pas longtemps !

Cinq minutes s'écoulèrent, au bout desquelles le courtois employé réencadra sa tête dans le guichet et demanda d'un ton rogue :

— Avez-vous des papiers ?

— Je n'en ai pas l'ombre. Je les ai oubliés dans l'océan Indien.

— Tâchez de ne pas être insolent, hein ?... Il pourrait vous en cuire.

— Vous dites ?... fit en se penchant avec sa figure des mauvais jours, l'ami Faradel.

— Je dis que si vous n'avez pas de pièces d'identité, vous ne pourrez toucher un mandat de mille francs télégraphié par vous à Paris il y a plus d'un mois, et revenu au bureau de Zanzibar pour cause d'insuffisance d'adresse.

— Eh bien ?... Comment se fait-il qu'il soit ici ?

— Je pourrais vous répondre que ça ne vous regarde pas, et de vous mêler de vos affaires...

— Continuez, mon cher... grinça Gaëtan. Je suis dans un jour de patience.

— Ça se trouve bien, parce que si c'était le contraire ce serait la même chose. Donc, Zanzibar nous le réexpédie. Nous réexpédions à Paris. Paris n'en veut pas, et nous le réexpédie. Nous réexpédions à Zanzi...

— Y en a-t-il encore pour longtemps ? interrompit Gaëtan en tirant du gousset la montre que lui avait prêtée le docteur, parce que, mon ami, je suis un peu pressé.

— ...Bar ! reprit l'employé courroucé. Mais Zanzi...

— ...Bar... nargua Faradel.

— Oui ! Bar n'en a pas voulu et nous le réexpédie.

— Et vous réexpédiez...

— Pas du tout ! rugit l'homme. Nous l'avons gardé.

— Pourquoi ? dit avec ingénuité Gaëtan.

— Parce que ça nous embêtait de le réexpédier. Et vous devriez me

remercier de ma gentillesse à votre égard, car si vous n'étiez pas venu aujour-
d'hui, le directeur du service avait prescrit de le réexpédier à...

— Suffit, cher monsieur. Je reviens dans un quart d'heure. Saluts
empressés.

Il fila en vitesse jusqu'au croiseur, pria le commissaire du bord et un
officier de l'accompagner et revint.

Après un quart d'heure d'examen et de réflexion, l'employé consentit à
accepter pour bonne la garantie, et Faradel encaissa 400 francs; le surplus
représentant les frais des multiples réexpéditions, et — ô ironie! — de caisse.

Sur ce, il modifia son télégramme primitif, l'expédia, mais ne put jamais
comprendre comment il pouvait se faire qu'un syndic de faillite fût si difficile
à trouver.

— Après tout! je m'en moque, conclut-il. Nous verrons bien. Mais
c'est égal! un peu plus ce lascar d'Engliche employé au télégraphe allait
m'échauffer les oreilles! Il est bien de son pays, celui-là!

En rentrant à bord du *Sambre-et-Meuse*, Faradel comprit du reste la
raison qui avait dû rendre le télégraphiste si grincheux.

Depuis la retraite... un peu précipitée de la flotte anglaise, qui, on l'a
vu, s'était réfugiée au Bengale, le gouvernement britannique, sentant que ses
affaires marchaient mal, avait immédiatement proposé et obtenu un armistice
aux fins d'entamer les négociations de paix qui devaient aboutir peu après,
sans qu'Albion perdît un pouce de terrain!! C'est du reste pour Albion le
procédé classique. Quand elle ne se sent pas la plus forte... Elle fait patte de
velours, et cherche, grâce aux ressources infinies d'une diplomatie qu'on peut
reconnaître comme merveilleuse, à tirer le meilleur parti des situations même
désespérées. Elle y parvient du reste toujours!

Néanmoins, on n'aime jamais être battu, cela ne flatte pas l'amour-
propre, même chez un Anglais, et le rogue employé avait évidemment sur le
cœur la défaite de sa flotte.

. . . .

Une heure plus tard, le *Sambre-et-Meuse* reprenait la mer et fendant de son éperon les flots bleus de la Méditerranée, piquait droit sur Malte. De là on devait, en contournant l'île, laisser à gauche Bizerte et la Tunisie pour gagner directement Toulon.

Mais, à mesure qu'il sentait diminuer la distance le séparant de France, et des êtres chers qui l'y attendaient, Faradel devenait plus agité.

Ma foi ! pour peu que le lecteur se transpose et prenne la place du camarade, il ne saura, décemment, lui en faire un crime.

En effet, la seule communication réelle qu'il avait pu reprendre avec eux était sa dernière dépêche ; mais il n'avait d'eux aucune nouvelle directe, ni même indirecte.

Les journaux ?... Il n'avait pas eu la possibilité matérielle d'en parcourir le moindre spécimen relatant les événements survenus depuis l'arrivée de l'*Albatros* à Bordeaux. Les seuls renseignements que possédaient Gaëtan provenaient de ses conversations avec les officiers du *Sambre-et-Meuse* ; or, ceux-ci n'avaient que de vagues données à lui fournir, puisqu'eux-mêmes n'étaient au courant que par les dépêches officielles.

L'âme du brave garçon se trouvait donc ballottée entre toutes les craintes et tous les espoirs, et sa pensée se résumait ainsi :

Qu'était-il advenu des camarades et amis ?... De Jacqueline Pierson en particulier ?

A cet égard, Faradel en était réduit aux conjectures ; et, en tous cas, il était à cent lieues de supposer que le brave Paul Hugueville recevrait sa dépêche *sur la paille humide des cachots*.

Non pas que cette éventualité n'eût été — au préalable — agitée entre eux ; mais, au fond, Gaëtan ignorant la célébrité factice et malheureuse dont leur aventure avait gratifié son ami, était en droit d'espérer que le nommé Hugueville avait pu passer inaperçu depuis son arrivée.

Pourtant, malgré tout son raisonnement, Faradel avait peur. L'inconnu le rendait perplexe, et il eût donné gros pour que le *Sambre-et-Meuse*, au lieu d'obéir à un ordre inflexible de ralliement sur Toulon, eût pu, en cours de route, faire escale quelque part, à Bizerte, par exemple, pour pouvoir se renseigner avec détails.

Vingt fois, il avait demandé au commandant de Klavarec de faire, en sa faveur, fléchir la rigide consigne. Peine perdue.

— Si j'étais le seul maître de la situation, lui répondait l'officier, avec une sempiternelle bienveillance, j'acquiescerais d'autant mieux à votre désir, que moi-même je suis emballé par l'histoire de votre abracadabrante aventure, et que, moi aussi, je ne serais pas fâché de savoir ! Malheureusement ! pour cette quintessence de *soldat* qu'est *le marin*, l'obéissance passive est la règle suprême ! J'ai l'ordre de rallier Toulon... Je rallierai Toulon !

— Que le diable emporte les ordres ! grommelait en aparté Gaëtan, ces marins ont vraiment des façons déplorables d'envisager les choses !

Or, le 12 juillet au soir, on put apercevoir, dans la brume crépusculaire, se détacher la massive silhouette de l'île de Malte.

Faradel, qui venait de dîner à la table du commandant, était en train d'allumer avec d'infinies précautions un admirable havane cravaté d'or ; il en tirait avec une componction béate, mêlée de respect, les premières bouffées odoriférantes, quand l'aspirant de service se fit annoncer.

— Mon commandant, dit-il, le contre-torpilleur *Paladin*, de la défense mobile de Bizerte, croise en vue et nous fait les signaux d'arrêt pour communiquer avec nous.

— Bien, monsieur, répondit le commandant de Klavarec, transmettez l'ordre de ralentir, puis de stopper... J'y vais.

L'aspirant salua et sortit ; tandis que le commandant, avalant hâtivement son verre de chartreuse, se leva, faisant signe à Faradel de le suivre.

Cinq minutes plus tard, notre camarade, installé par faveur spéciale sur la passerelle de commandement, apercevait à deux milles, dans la direction de la côte d'Afrique, le *Paladin* qui, dans la brume envahissante, hissait ses *signaux à feu.*

Glissant — telles des lucioles — le long des filins des différentes parties du gréement, les lumières multicolores s'élevaient, s'agitaient, montaient, descendaient, pareilles à de gigantesques papillons phosphorescents.

Ce manège, auquel Gaëtan non initié ne comprit rien, dura quelques minutes, au cours desquelles un enseigne posté près du commandant prenait des notes.

Puis, un dernier feu largement balancé ayant annoncé la fin de la communication, l'enseigne lut :

« Par ordre de monsieur le ministre de la marine, le Sambre-et-Meuse devra immédiatement faire route en arrière. Il rejoindra dans le plus bref délai possible l'escadre de Crète, et prendra rang sous le commandement de l'amiral de Sugny pour coopérer à l'occupation du Canal de Suez. »

— Ah ! bah ! murmura, malgré son flegme ordinaire, M. de Klavarec. C'est donc cette fois qu'on va frapper le grand coup !...

Il ajouta, non sans un éclair dans les yeux :

— Enfin ! L'Egypte a donc fini d'être anglaise !

Puis, du ton bref qu'il affectait dans la transmission des ordres :

— Répondez que c'est compris ! ordonna-t-il.

Déjà l'officier de quart, immobile jusque-là, se dirigeait vers son téléphone à protecteur métallique, afin de faire transmettre la réponse par signaux à feu, quand un appel semi-douloureux, semi-comique jaillit dans le silence nocturne.

— Ah ! Tout de même ! clamait la voix. Du coup... J'en ai assez ! J'en ai assez de Port-Saïd !... Vous n'allez pas me ramener là-bas... tout de même ! Dites ! mon commandant !

M. de Klavarec, l'officier de quart et l'enseigne se retournèrent brusquement, et, dans la nuit, maintenant tout à fait tombée, ils aperçurent la silhouette de l'ami Gaëtan.

Ses deux bras dressés s'agitaient avec désespoir, et, pour souligner plus énergiquement encore son amertume, il empoigna son casque colonial, le lança avec colère sur le grillage de la passerelle et hurla en trépignant rageusement :

— J'veux débarquer !... J'veux débarquer !

— Du calme ! Du calme ! riposta en souriant le commandant qui ajouta :

— Aussi bien, mon cher monsieur Faradel, vous avez bien fait d'intervenir, car je vous eusse carrément oublié !

Mais Gaëtan s'était élancé vers lui.

— Débarquez-moi ! dites, mon commandant ! implora-t-il. Faites-moi transborder à bord du... « Palanquin » !... Je me trompe !... Du... « Baldaquin » !... Non ! ce n'est pas ce nom-là ! Comment s'appelle-t-il ce bateau de malheur ?

— Le *Paladin !*

— Oui ! C'est ça !... Le « Saladin » !... Et puis au fait ! qu'il s'appelle comme il voudra, je m'en moque ! .. Qu'il ne s'appelle même pas du tout... Ça m'est bien égal !... Mais qu'il m'emmène à Bizerte ! Une fois là, je suis sauvé ! En bateau, en vélo, en diligence, en tramway ou en ballon, s'il le faut, je m'arrangerai toujours bien pour gagner la France ! Mais quant à retourner à Port-Saïd ! Non !... Non !... et non !... Je gagnerais plutôt Malte à la nage !

Et les trois officiers riaient de bon cœur.

— Mon cher monsieur, dit le commandant, attendez !... Et vous allez être satisfait !

— Vrai ?

— Puisque je vous le dis ! Allez lieutenant, transmettez que *l'ordre est compris, mais qu'on attende notre baleinière qui va transborder un passager pour Bizerte.*

— Merci ! oh ! merci ! mon commandant !

Faradel, ramassant son casque, se coiffa et se mit à suivre fiévreusement

LA BALEINIÈRE DESCENDIT LE LONG DU CROISEUR. (Page 243.)

les préparatifs de mise à l'eau d'une des chaloupes de bâbord ; car l'enseigne, sur un signe du commandant, s'en était occupé.

— Donc, reprit ensuite M. de Klavarec, monsieur Faradel, bon voyage et heureux retour !

L'officier lui tendait la main, et, à cette minute, Gaëtan éprouva comme un serrement de cœur mêlé d'un peu de honte.

— Oh ! s'écria-t-il, mon commandant, pardonnez en moi le cri du cœur ! Certes ! c'est... comment dire ?... mettons mal élevé de ma part d'éprouver pareille joie à vous quitter, vous qui m'avez sauvé, mais...

— C'est bon ! c'est bon ! interrompit paternellement l'officier. Vous vous excuserez plus tard, quand nous nous reverrons. Allez vite ! Faites vos adieux à messieurs les officiers du *Sambre-et-Meuse*. Le temps presse !

Gaëtan ne se fit pas prier.

Quelques instants plus tard, il enjambait la baleinière, parée maintenant, et déjà le quartier-maître de manœuvre allait lancer le : « Laissez glisser ! » quand Faradel se mit à hurler :

— Bon sang !... J'ai oublié Canard !

Et ce fut parmi les assistants l'occasion d'une crise de joie hilarante, car Canard était, à l'instar de son maître, devenu célèbre.

— Bigre, dit un officier en riant, c'est dommage que vous y ayez songé ! Il est gras comme un chapon du Mans, et eût fait un rôti superbe !

— Lieutenant ! vous n'auriez jamais eu le courage de manger ce pauvre ami ! répliqua Faradel avait un sérieux imperturbable. Car ce n'est pas un coq... c'est un homme ! C'est même un savant !... Oui ! parfaitement ! puisque c'est son intervention qui a dirigé le *Pipo* vers vous !

Mais un matelot apportait dans une cage le brave animal. Faradel s'en saisit, et... la baleinière descendit le long du bordage.

Peu après, il montait en cet équipage l'échelle de bord du *Paladin* qui, le 13 juillet, vers onze heures du matin, le déposait à quai à Bizerte.

. . . .

Le premier soin du camarade fut de gagner Tunis.

Une fois arrivé dans la *Perle Blanche*, il se précipita au café et demanda tous les journaux de la quinzaine écoulée qu'on pourrait lui procurer. Il en récolta ainsi une quantité suffisante et se mit à les parcourir, non sans avoir déposé à côté de lui la cage de Canard.

Alors, par bribes et parcelles, il apprit la vérité.

Animé d'un parfait esprit de logique, il avait commencé... par le commencement, c'est-à-dire qu'il avait d'abord épluché les journaux du 22 juin précédent, date à laquelle, selon toute vraisemblance, ses amis avaient dû atterrir à Bordeaux.

Il retrouva de la sorte la filière des aventures de Paul Hugueville, et, rasséréné au début par la certitude que Jacqueline et tout son monde étaient en bonne santé, il demeura soudain atterré par l'annonce de l'arrestation de son camarade.

N'importe ! Il lut fiévreusement, et, en arrivant aux journaux du jour, il frissonna, à cette fin d'article :

« *M. Paul Hugueville a éprouvé, au cours de sa détention préventive, une consolation, en apprenant l'heureuse nouvelle du sauvetage de son ami le fameux Faradel. Souhaitons que la pensée du retour prochain de cet explorateur, si célèbre qu'il demeure jusqu'à ce jour unique en son genre, soutienne l'espérance de M. Paul Hugueville. En effet, c'est prochainement (et, pour être exact, le 18 courant) que le 7e Conseil de guerre du Gouvernement militaire de Paris se réunit sous la présidence du colonel Collignon afin de juger ce cas très spécial. Les fonctions de commissaire du Gouvernement seront remplies par M. le lieutenant Manceau.* »

— Garçon ! rugit Faradel, l'indicateur... l'indicateur général des paquebots et chemins de fer !... Vite !... Vite !

— Voilà ! monsieur Faradel !... Voilà ! lança le garçon en se précipitant pour exécuter l'ordre.

La surprise de Gaëtan fut énorme en s'entendant appeler par son nom.

Seulement alors, il remarqua l'attention dont il était l'objet de la part des consommateurs : officiers du 4ᵉ zouaves, des turcos, des chasseurs d'Afrique; civils variés : bourgeois, fonctionnaires ou colons... et même (il y en a partout!) Anglais.

Il n'eut du reste pas le temps de réfléchir à la situation; car deux jeunes sous-lieutenants de spahis l'abordaient avec de chaudes félicitations... et tout le monde les imita... y compris la caissière, les garçons, le gérant, le sommelier et le « plongeur ».

Entouré, ahuri par ces sympathies débordantes, Gaëtan remerciait vivement, et cherchait à décliner tant d'honneur en s'esquivant.

Il ne le put.

— Messieurs! dit-il en désespoir de cause, croyez que je suis touché... très touché! profondément touché! Mais... si vous vouliez m'être infiniment agréables, vous me conduiriez de suite au paquebot pour Marseille, si toutefois il y a un départ aujourd'hui! Et surtout, je vous en supplie, prenez garde à mon coq!

Un chef de bataillon intervint, calma les expansions, et apprit à Faradel qu'un départ avait lieu le jour même, mais qu'il avait juste le temps de gagner La Goulette.

Dans un immense brouhaha, au milieu d'une effervescence fâcheusement sympathique, Canard et Faradel réussirent pourtant, grâce au concours d'un piquet de turcos, requis à cet effet, à gagner l'embarcadère.

Le train fut envahi, et l'arrivée à La Goulette fut identique au départ de Tunis.

Bref, Faradel put néanmoins embarquer sur le *Saint-Augustin*, exactement cinq minutes avant le départ... mais sans avoir eu seulement le temps de déjeuner.

Peu importe. Il était content.

Ah! oui, il était content.

Mais ce n'étaient point les vivats de la foule bariolée qui l'enchantaient. Non! car cette masse multicolore qui, massée sur les quais, suivait du regard le départ du *Saint-Augustin* et agitait les chapeaux, les mouchoirs, en criant : « Faradel!... Vive Faradel! ». Cette foule, Gaëtan eût préféré la voir plus calme. Et, très sincèrement, sa popularité naissante commençait à l'agacer.

S'il était heureux, c'était seulement de n'avoir pas manqué le paquebot, et de pouvoir, en conséquence, arriver à temps, espérait-il, pour la séance du conseil de guerre. Encore est-il qu'en la circonstance le qualificatif d' « heureux » est peut-être excessif ; car la satisfaction de Faradel se mélangeait, à haute dose, de perplexité. Il songeait, en effet, que les conseils de guerre ne sont pas toujours très tendres.

Au surplus, notre camarade évoluait, depuis qu'il avait quitté le *Sambre-et-Meuse*, dans une sorte de rêve baroque et heurté.

Il n'était plus bien maître de sa volonté ni de sa pensée. Ses actes relevaient de l'instinct impulsif plus que de cette belle logique piquetée d'humour dont il était coutumier.

Le souvenir de ses quinze jours à bord du *Pipo* dansait encore en son cerveau une sarabande échevelée ; et depuis qu'il avait quitté l'épave, le désir fiévreux du retour, allié au manque de nouvelles précises, avait amené chez Faradel un bouleversement d'âme fort compréhensible.

Pourtant, en prenant congé à Bizerte des officiers du *Paladin*, il avait échafaudé rapidement un plan de conduite.

La première phase dudit plan était d'abord de se renseigner complètement, une fois arrivé à Tunis, car l'état-major du *Paladin* n'avait pas été plus précis que celui du *Sambre-et-Meuse*, et pour cause. Le *Paladin* arrivait, en effet, à Bizerte seulement depuis vingt-quatre heures, — retour des Antilles, — et avant même d'éteindre ses feux, le navire avait reçu l'ordre de se porter immédiatement à la rencontre du *Sambre-et-Meuse*.

Ce ne fut donc réellement qu'à Tunis que la lecture des journaux apprit la vérité à Gaëtan.

Une fois renseigné, on l'a vu réclamer, avec véhémence, l'indicateur pour, après avoir pris les indications utiles, — rédiger un télégramme à ses amis.

Les événements l'avaient empêché de mettre à exécution cette seconde et très importante partie de son plan ; car, téléphonée de Bizerte, sa présence à Tunis avait motivé la manifestation sympathique et flatteuse, mais absorbante, que nous avons décrite. Noyé, envoûté dans ce tourbillon, Faradel, son coq sous le bras, avait littéralement perdu son libre arbitre.

Il ne se reconquit réellement que sur le pont du *Saint-Augustin*.

— Saperlipopette ! grommela-t-il. J'ai oublié mon télégramme ! C'est navrant d'avoir acquis pareille célébrité ! Peste soit d'elle ! Je ne m'appartiens plus !

Et à ce moment le comptable du paquebot l'aborda.

— Monsieur Faradel ?

— Ah, oui ! C'est moi Faradel, monsieur ! Vous pouvez le dire ? Et je commence à le savoir !... On me le corne assez aux oreilles !

— Monsieur, reprit en souriant le comptable, vous êtes arrivé à l'impromptu à bord, aviez-vous préalablement réglé le prix de votre passage aux bureaux de la Compagnie ?

— Il aurait fallu que j'en eusse le temps, monsieur ! Or, vous avez vu que je suis arrivé dans des conditions très particulières...

— Sans doute ! mais cela n'a qu'une importance relative, vous allez m'en régler le montant...

— Parfaitement !

Et Gaëtan, fouillant sa poche, devint soudain pâle, puis rouge, puis vert-pomme.

— Ah ! diable, s'écria-t-il. Mon porte-monnaie, ou plutôt celui que je devais à la complaisance du docteur, a disparu avec toute ma fortune, soit quatre cents francs ! Ah ! malheur de malheur !... On a dû me le voler dans la foule !... Ah ! Faradel, mon pauvre garçon, tu n'as vraiment pas de chance !

— Oh ! ne vous inquiétez pas pour si peu ! riposta aimablement le comptable, et qu'à cela ne tienne ! Nous vous ferons volontiers crédit, car nous savons tous, monsieur, que vous êtes possesseur d'une immense fortune rapportée d'Afrique !

— Ah !... Vous savez cela ?

— Pardieu ! Tout le monde connaît votre histoire et celle de vos amis. Voyez, du reste, tous les passagers massés sous le velum du promenoir. Ils chuchotent entre eux en vous désignant. Ah ! monsieur Faradel, si vous vouliez garder l'incognito, vous auriez fort à faire !

Effectivement, les passagers s'étaient peu à peu rapprochés, et même l'un d'eux fit mine de se diriger vers Gaëtan.

— Ah ! non ! dit le camarade. Si ça doit recommencer comme à Tunis, je pique une tête par-dessus bord. Vite ! monsieur le comptable, emmenez-moi ! Venez m'enfermer dans ma cabine !

Il prit le bras de son interlocuteur et l'entraîna en courant vers l'escalier de descente des cabines de première classe. Une minute plus tard, Gaëtan se verrouillait dans son « home » pour pouvoir enfin respirer et penser, sans être assailli par la curiosité publique.

Il demeura ainsi une bonne heure, étendu sur sa couchette, et réfléchit.

A plusieurs reprises, on avait frappé à sa porte, mais trop content de pouvoir se détendre, le camarade fit la sourde oreille.

De prime abord, il avait pris la ferme résolution de se calfeutrer dans cette petite boîte pendant les trente-six heures de traversée, d'y prendre ses repas, et de ne pas en permettre l'accès à d'autres que le « stewart », autrement dit le « garçon de cabine ».

Mais après une heure de solitude, notre ami commença à trouver le temps long ; et, malgré lui, cette claustration volontaire lui remémora douloureusement l'autre — involontaire celle-là — subie à bord du *Pipo*.

Du coup, il se dressa. A ce souvenir un frisson l'avait envahi !

— Ma fois tant pis ! murmura-t-il. Puisque me voici passé « homme célèbre » acceptons bravement l'arrêt du destin ! Aussi bien, à rester ainsi, inactif et solitaire je m'embêterais comme un régiment de croûtons derrière une multitude de malles perdues et enfouies dans de multiples greniers ! Et puis, j'y songe !... Le comptable m'a dit qu'on connaissait mon histoire... *et celle de mes amis !* Moi qui connais fort bien la mienne, mais qui ne puis arriver à apprendre la leur, je vais donc enfin pouvoir être renseigné ! Allons-y donc, et acceptons la situation !

Sur ce, il sonna le garçon qui arriva *illico* porteur d'un plateau où s'étalaient une centaine de cartes de visite et des lettres.

— Tout cela provient de messieurs les passagers ! déclara-t-il.

Faradel en parcourut quelques-unes.

La première qu'il ouvrit provenait d'une Américaine qui, en un français baroque, lui offrait... son cœur, sa main et sa fortune.

Une autre (d'un Anglais) lui faisait des propositions chatoyantes, pour l'exhiber dans un important music-hall londonien.

Une Française, ardente collectionneuse de cartes postales, en avait inséré une dans sa missive avec prière instante de bien vouloir y écrire une pensée... oh ! un mot seulement. Elle en garderait, affirmait-elle, une reconnaissance éternelle.

D'autres proposaient à Gaëtan des affaires qu'on qualifiait d'*exceptionnelles*, et dans lesquelles on lui offrait d'emblée la présidence du Conseil d'administration.

Une foule d'épîtres demandaient simplement une audience de faveur ; mais certaines faisaient appel *à la générosité bien connue du merveilleux explorateur* et ce, pour les motifs les plus divers.

Et, devant cette avalanche d'écriture, Gaëtan pensa :

— Si je mets le nez dehors... je suis flambé ! Néanmoins, il faut pourtant que je satisfasse la curiosité des autres... et la mienne.

Il se tira de ce pas difficile, grâce au commandant, qui vint sur sa prière s'entretenir avec lui.

Il fut convenu que Faradel vivrait à bord au carré des officiers, et mangerait avec eux et à part.

C'est ainsi que le camarade put apprendre, en cours de traversée, tous les incidents de l'arrivée de ses amis à Bordeaux, grâce au capitaine et à son second qui furent ses seuls commensaux pendant le voyage.

Néanmoins, un passager, amateur de photographie, réussit, le deuxième jour, à forcer la consigne.

Il pénétra en coup de vent dans le carré où déjeunaient Faradel et ses amphytrions; puis, sans dire un mot, il braqua son appareil, toucha le déclic... et fila... sans attendre que le capitaine l'eût prié de sortir.

.   .   .   .

Normalement, le *Saint-Augustin* devait toucher Marseille le 16 juillet au soir, et rien dans l'atmosphère ne faisait prévoir le moindre retard.

Faradel pouvait donc espérer retrouver ses amis en débarquant à Marseille, c'est-à-dire dans un délai si rapproché maintenant, que rien que d'y penser il en avait la fièvre.

Il se disait, en effet, non sans logique, que bien qu'il n'eût pas annoncé lui-même son arrivée, on avait dû télégraphier la nouvelle de son départ sensationnel de Tunis.

Il ne se trompait pas. Le jour même de son départ de La Goulette, le docteur d'Arvil était renseigné par les télégrammes des journaux du soir.

— Partons!... Partons vite ! s'écria Jacqueline à cette nouvelle. Allons l'attendre ! Il faut que nous soyons les premiers à le recevoir sur la terre de France, qu'il a bien failli — le pauvre cher ! — ne jamais revoir !

— Ci madzelle Jacqueline il a raison ! clama Jus-de-Réglisse.

Et, naturellement, Jean Pierson était du même avis.

Quant à Hugueville, il connut l'heureuse nouvelle par son avocat Mᵉ Cocardin (un digne homme s'il en fut, et vieil ami de M. Hugueville père) qui s'était chargé en ami de la défense du jeune homme.

Au reste, Paul Hugueville avait d'abord manifesté une certaine répugnance à être défendu. Il affirmait que le meilleur avocat de sa cause serait

Mᵉ Paul Hugueville en personne. De plus, s'il professait une réelle estime pour la personne de Mᵉ Cocardin, il n'appréciait que médiocrement son talent un peu poncif et tout à fait « vieux jeu ».

Il accepta néanmoins, par politesse, mais décidé au fond à ne pas laisser sa défense se prodiguer en inutiles longueurs.

Lorsqu'il sut l'arrivée de son cher Gaëtan, Hugueville tressauta d'allégresse.

— Enfin ! s'écria-t-il, le voilà sauvé !... Maintenant, le Conseil peut me condamner s'il veut à la peine de mort à perpétuité... Je m'en moque !... Vive Faradel !

Et comme Mᵉ Cocardin voulait lui donner lecture de son projet de plaidoirie, projet qui ne contenait pas moins de quarante-huit feuillets sur papier ministre, Hugueville argua de l'émotion provoquée par la joie pour ne rien vouloir entendre ; et le digne maître dut, à regret, réintégrer sa prose dans sa serviette.

Cependant, le docteur avait pris de suite une décision.

— Ma chère enfant, dit-il à Jacqueline, il serait, je crois, préférable que vous restiez à Paris et que j'aille seul au-devant de notre ami.

— Pourquoi ?

— Parce que, à force d'évoluer au milieu de tant d'aventures fantasques, j'en arrive à me méfier des nouvelles données comme les plus fermes et les plus sûres. Supposez que l'annonce du débarquement à Marseille soit controuvée.

— Oh !

— Tout est possible !... Dans ce cas, vous seriez là-bas dans l'angoisse, et je ne veux pas qu'après les chocs violents que vous avez déjà subis, vous risquiez encore...

— Oh ! je suis forte, mon cher docteur !... même contre de nouveaux désespoirs, si le destin nous était encore cruel.

— N'importe ! Vous restez tous ici. Je partirai seul.

Jacqueline insista; mais le docteur d'Arvil demeura inflexible. Il prit seul le rapide pour Marseille où il arriva le 16 au matin.

Il trouva la cité phocéenne en effervescence.

Les Marseillais sont, en effet, très expansifs en général. Or, l'arrivée de *l'explorateur fameux* les surexcitait de façon inusitée.

Ce sensationnel débarquement du mystérieux passager du *Pipo* était devenu le thème de toutes les conversations, aussi bien dans les élégants cafés de la Canebière que dans les cabarets d'ouvriers et de matelots.

Il en résultait même, de ci, de là, des altercations.

C'est ainsi qu'on vit un malheureux journaliste parisien poursuivi jusqu'à son hôtel, par une foule de deux ou trois cents personnes, pour avoir osé, dans un café, émettre un doute sur l'existence réelle de Faradel.

Les sociétés lyriques, les fanfares diverses, les sociétés de gymnastique s'agitaient, se concertaient, décidaient enfin de se rendre en corps à l'arrivée du *Saint-Augustin*.

L'Association Syndicale des Voyageurs de Commerce Méridionaux « L'Hyperbole » organisait un « Vin d'Honneur » pour le *collègue* qu'elle se plaisait à voir dans Faradel; et devant cette agitation inusitée, le Conseil municipal songea — d'accord pour une fois avec la préfecture — à prendre des dispositions afin de maintenir le bon ordre de la rue au cours de cette manifestation aussi imprévue que spontanée.

En homme avisé, M. d'Arvil ne s'était pas fait connaître sous sa qualité réelle. Il eut carrément raison, car, bénéficiant de la célébrité de son ami, il eût été lui-même la proie des sympathies les plus débordantes.

Il se contenta de se promener en touriste amateur, en attendant l'arrivée du paquebot, arrivée prévue pour 4 heures du soir.

Néanmoins, il était ennuyé de tous ces préparatifs de réception chaleureuse.

Songeant à Jacqueline, il avait projeté un retour ultra-rapide et construit le plan suivant : Faradel débarquait à 4 heures; il le harponnait, l'enlevait en voiture, le chambrait à l'hôtel et prenait, peu après, à 6 heures, le rapide qui les mettait à Paris dans la matinée du 17.

En raison de la manifestation qui se porterait en foule sur les quais, ce projet devenait irréalisable, et s'en étant vite rendu compte, le docteur d'Arvil prit une autre décision : celle d'aller à la rencontre de Faradel en haute mer.

A 2 heures, embarquant dans un fort canot à vapeur qu'il avait loué, très cher du reste, il sortait du port. Il n'était pas seul. Nombre d'embarcations similaires, pavoisées comme aux grands jours de fête, se portaient déjà dans la même direction.

Le docteur fit forcer les feux, et les devança.

Puis, quand il eut gagné une petite avance, il prit à part le patron et le mit au courant de son plan et de son désir, lui réclamant l'absolu silence, mutisme que du reste il soldait d'une royale gratification de 500 francs.

Il n'en fallut pas davantage. L'homme lui fut de suite acquis.

— Et maintenant, conclut d'Arvil, activez violemment la marche ! Il faut absolument que j'embarque mon ami hors la vue des embarcations qui nous suivent. Ensuite, nous ferons un crochet pour débarquer à la Ciotat.

Le canot se mit alors à voler sur la lame.

Heureusement, le *Saint-Augustin* se trouvait légèrement en retard.

Nous disons : heureusement, car cela permit à d'Arvil de « semer » tous les curieux et d'arriver fort loin en haute mer après avoir perdu de vue toutes les embarcations.

Bientôt, vers trois heures un quart, la masse imposante du paquebot apparut... et une émotion violente empoigna le docteur.

Au surplus, s'il était ému, il n'était pas le seul.

A bord du *Saint-Augustin*, l'ami Gaëtan sentait son cœur battre la générale.

La face collée à un châssis de grand hublot, il rivait son regard dans la direction de la terre, non encore en vue, et une angoisse délicieuse bouleversait son âme.

A plusieurs reprises, le second du bateau, qui l'examinait du coin de l'œil, put même voir une rigole strier la plaque de verre... une larme!...

Les manifestations du sentiment sont faites en effet d'antithèses bizarres. Les larmes!... démonstraion de douleur amère... et parfois de la joie la plus extrême! Sources jaillissantes du désespoir!... ou rosée douce et bénie du bonheur!

Et tout à coup, Gaëtan tressaille!

Un canot est en vue, dont l'un des passagers fait de grands gestes!

Le patron, les mains en porte-voix, lance vers le paquebot des appels.

Mais... Faradel ne se trompe pas!... Mais non!... Cette silhouette?... c'est lui!... c'est le docteur!!

Du coup, il bondit!... Il passe en courant devant le second interloqué; puis insoucieux maintenant des manifestations de curiosité des passagers, Gaëtan s'élance à travers le pont, gagne la plate-forme d'avant, où déjà se tient le capitaine; et alors penché sur la lisse, le camarade hurle à pleins poumons :

— Docteur!... Docteur!... Docteur!... Vite! venez me chercher!... Vite!... Ah! quelle joie, mon Dieu!... quelle joie!

Il pleure... Il rit... Il s'agite... Il sanglotte... Il est comme fou!!

Le *Saint-Augustin* a stoppé.

Par bonheur la mer est calme, et le canot vient se ranger sur la hanche de tribord.

Le capitaine parle d'attacher le transbordé pour le descendre.

— Ah! ouitche! clame Gaëtan. Une échelle seulement!... Vous allez voir ça!

Vivement, il serre les mains qui se tendent, remercie sans trop même savoir ce qu'il dit; puis, l'échelle déroulée est tendue par l'effort des matelots du canot, et l'ex-élève de Joinville dégringole les échelons dans une tempête de vivats. Il vient tomber dans les bras du docteur, qui l'étreint longuement et l'embrasse, tandis que les applaudissements redoublent.

— Allons! Au revoir, et bonne route! crie le commandant.

Mais un matelot arrive essoufflé. Il tient à la main une cage et lance :

— Eh! du canot!.., M'sieur Faradel, vous oubliez vot' volaille.

— Tonnerre!... C'est vrai !

Mais l'oubli est réparé ! Canard descend au bout d'un filin retrouver son maître et ami... puis le canot s'éloigne vers l'Est tandis que lorgnettes et appareils photographiques le suivent du haut du pont.

.   .   .   .

.   .   .   .

Le *Saint-Augustin* rencontra une demi-heure plus tard les premières embarcations, venues à sa rencontre. Celle qui marchait en tête contenait cinq reporters, avides d'avoir été les premiers à interwiever le fameux Faradel.

Mais, à leurs questions, un vaste rire leur répondit du bord, rire au milieu duquel ils entendirent cette phrase :

— Il vient de filer dans un canot à vapeur!... Vous ne le verrez pas!... Il vous a joué le tour, hé!... Vous en êtes pour vos frais!

Et la mine déconfite des arrivants souleva à bord du paquebot (n'est-ce pas la nature même de l'homme?) un orage de quolibets.

Furieux, un des journalistes qui représentait *le Hanneton Méridional,* clama :

— Allons donc! Té! On nous a monté le cou avec ce Faradel!... C'est une blague, té!... Un des plus beaux bluffs connus jusqu'à ce jour!... Il n'a jamais été à votre bord! Té!

Les passagers ripostèrent; or, comme on arrivait en plein dans la flottille pavoisée, la discussion devint générale, et ce fut au milieu des invectives les plus passionnées que le *Saint-Augustin* fit son entrée dans le port.

Que dire de ce qui suivit?

La foule immense, désappointée, rendait le commandant et le *Saint-Augustin* tout entier responsables de sa déconvenue.

Les plus ardents étaient les membres de « l'Hyperbole » qui parlaient déjà de monter à bord pour perquisitionner. On leur cachait, prétendaient-ils, leur « collègue ».

Les fanfaristes cherchèrent à se calmer les nerfs, en jouant, à pleins poumons, les airs les plus disparates. La *Marseillaise* voisinait avec : *Bon voyage, monsieur Dumollet !* Cacophonie abominable sur laquelle le grondement populaire plaquait son murmure ; et les têtes s'échauffant, la police dut requérir un escadron du 51ᵉ hussards pour déblayer la place.

Néanmoins, l'effervescence se calma peu à peu, et les divers groupes, discutant encore avec violence, se répandirent par la ville, où bientôt il fut admis en principe que toute cette histoire de Faradel était simplement une phénoménale fumisterie, une mauvaise farce que Paris avait voulu faire à Marseille... par vengeance !... par jalousie !

Les journaux publièrent, du reste, en manchette :

L'AFFAIRE FARADEL DÉVOILÉE !...

Une gigantesque mystification !...

Et pendant que, malgré les affirmations du capitaine et des passagers descendus à terre, la population n'en voulait pas démordre, Faradel et le docteur roulaient tranquillement vers Paris.

En effet, ils avaient débarqué sans encombre à la Ciotat, où leur arrivée passa inaperçue, attendu que ce n'était point de ce côté qu'on attendait Faradel.

— Ouf ! nous voilà tranquilles ! dit avec un soupir de soulagement Gaëtan en prenant pied sur la terre de France.

— Espérons-le ! riposta M. d'Arvil.

Au reste, pour plus de tranquillité, le docteur exigea que le canot reprît immédiatement le large. Il se méfiait, en effet, d'une possible indiscrétion de la part du patron et surtout de ses hommes, qui eussent très bien pu ren-

A TRAVERS LE HUBLOT, FARADEL APERÇUT UN CANOT DONT L'UN DES PASSAGERS FAISAIT DE GRANDS GESTES. (Page 254.)

seigner la population sur l'identité du nouveau débarqué ; et ce fut seulement après avoir vu disparaître la petite embarcation que les deux voyageurs se mirent en quête d'une voiture pour gagner Marseille.

Au préalable, Faradel trop *voyant* avec sa tenue coloniale et son casque blanc, avait jugé utile de modifier légèrement son costume.

Un magasin de nouveautés lui en fournit les moyens, grâce à la bourse du docteur.

Il acheta donc une casquette de voyage et un long cache-poussière gris ; puis, chez un horloger-opticien, il s'offrit un lorgnon à verres bleus.

— Comme cela, dit-il, je pourrai — je l'espère du moins — ne pas être reconnu, à brûle-pourpoint, par les passagers du *Saint-Augustin*, si — des fois — nous en rencontrions !

Ces précautions prises, ils cherchèrent et trouvèrent — non sans peine — chez un loueur, un petit omnibus qui les emmena cahin-caha vers Marseille.

Ils ne restèrent, du reste, pas longtemps dans cette ville.

D'Arvil laissant Gaëtan dans la voiture, s'en fut prendre sa valise à l'hôtel, régla la note, consulta l'horaire des trains et, après avoir donné au cocher l'ordre de gagner la gare, il rejoignit son ami.

— Mon cher Gaëtan, dit-il, il est sept heures un quart, le rapide est parti, et nous pourrions attendre ici l'express qui part à minuit, mais j'ai préféré n'en rien faire. Vous avez pu voir qu'on s'occupe trop de vous par la ville...

— Beaucoup trop, en effet.

— Et le mieux est de filer le plus lestement possible.

— Vous parlez d'or, mon cher docteur.

— Donc, nous allons sauter dans le premier train. C'est le train mixte de sept heures trente-huit minutes. Il ne va pas vite, mais... .

— Tant mieux ! riposta en riant Faradel, cela va me changer un peu. J'en ai assez de faire de la vitesse !... Le seul ennui de la combinaison, c'est que je voudrais déjà être... là-bas !... près d'elle !... près de...

— Soyez tranquille ! Nous arriverons quand même presque aussi vite au but, car nous n'irons en train mixte que jusqu'à Lyon. Là, nous prendrons demain matin un des premiers rapides pour Paris.

— Bon ! conclut Gaëtan, demain c'est le 17 et le conseil de guerre de ce pauvre Paul a lieu le 18. Dans les conditions que vous énoncez, docteur, nous serions à Paris demain vers deux heures.

— Parfaitement !

— Bien ! J'aurai ainsi le temps de préparer un peu ma plaidoirie.

— Votre... quoi ?

— Ma plaidoirie.

— Votre plaidoirie !... Vous voulez défendre notre Paul Hugueville ?

— Vous l'avez dit !

Il y eut à ce moment une interruption forcée dans la conversation, car on arrivait à la gare.

Vivement d'Arvil s'en fut louer un compartiment de première classe, fit accrocher à la portière la plaque signalétique, expédia à Jean Pierson ce court télégramme, convenu d'avance : *Tout va bien, serons demain Paris,* et, peu après, les deux amis, confortablement installés, poursuivaient leur causerie.

— Croyez-vous, mon cher Gaëtan, reprit d'Arvil, croyez-vous que ce soit bien utile de plaider pour Paul ? Son père lui a fourni un avocat, M⁰ Cocardin, ami de la famille, et j'estime, du reste, que c'est un tort. Le cas de Paul est très particulier. Il jouit (comme nous tous, du reste) de la célébrité qui s'attache à vos aventures. Dans de telles conditions, il vaudrait mieux ne rien dire du tout et s'en remettre à la bienveillance du conseil.

— Du tout !... Je plaiderai ! répartit Gaëtan, et vous m'en direz des nouvelles !

— Allons !... Soit !

Sur ce, la causerie prit un tour plus général et aussi plus intime.

En effet, depuis son débarquement du *Saint-Augustin,* Faradel n'avait pas encore pu causer en pleine liberté. La présence de tiers, puis ensuite l'obligation de se soustraire à l'attention, l'avaient ou gêné ou absorbé. Mais, maintenant, notre homme — seul à seul avec d'Arvil — s'étendit moelleusement au fond des coussins, et se fit tout d'abord raconter par le menu tous les détails de l'arrivée à Bordeaux et en particulier ceux qui visaient Jacqueline Pierson.

Il rayonnait... Il était heureux, archi-heureux, et répétait incessamment :

— Alors ! docteur, elle m'aime toujours ?

— Mon pauvre ami, finit par répondre d'Arvil en riant, vous devenez « rasoir » avec cette question ! Je n'y répondrai plus, attendu que c'est à vous-même à vous en rendre compte à l'arrivée.

La joie extrême qu'il ressentait de se sentir enfin sauvé... définitivement sauvé, donnait à Gaëtan une véritable fièvre.

C'était donc vrai qu'il était en France !

C'était donc vrai qu'un train l'emportait vers Paris, vers ses amis, vers sa fiancée, et cela tranquillement, face à face avec un vieil ami, et surtout sans être agacé, gêné par l'importune curiosité de la foule.

Les nerfs du pauvre garçon vibraient délicieusement.

Le bruit du train lui semblait une musique idéale. Il ne regrettait qu'une chose, c'est que la nuit, définitement tombée, l'empêchât de voir, de contempler... d'admirer en toute béatitude le paysage de France.

Tous ceux qui firent, hors de la vieille Gaule, un séjour prolongé, comprendront les sensations qu'éprouvait Faradel; mais, chez lui, arraché au sol natal depuis tant d'années, elles prenaient une acuité particulièrement intense, à tel point que le camarade si bien organisé pourtant par la nature, au point de vue de l'estomac, en oubliait, du coup, qu'il n'avait rien bu ni rien mangé depuis le déjeuner.

Ce fut le docteur d'Arvil qui le lui rappela, en descendant à Avignon pour chercher au buffet deux paniers de victuailles.

Cela replaça Faradel en présence des réalités physiologiques de l'existence, et, tout en dînant, il reprit sa verve pour conter au docteur, passionnément intéressé, ses aventures à bord du *Pipo*.

Alors, les deux hommes, également heureux, l'un d'écouter, l'autre de raconter, ne songèrent plus du tout qu'ils étaient dans un train presque omnibus, c'est-à-dire dans un train contre la lenteur duquel on peste d'ordinaire.

Le sommeil lui-même n'eut pas prise sur eux, et, quand, vers six heures du matin, ils arrivèrent à Lyon, ils n'avaient pas songé à fermer l'œil.

Faradel, qui, depuis le départ de Marseille, avait rengaîné son lorgnon bleu (lequel, du reste, le gênait abominablement) descendit sur le quai à visage découvert.

Il était maintenant tout à fait tranquille, et demeurait convaincu que son stratagème de départ ayant pleinement réussi, il n'avait plus rien à craindre maintenant de sa popularité si gênante.

Il marchait donc à petits pas, côte à côte avec le docteur, et ils se dirigeaient vers le télégraphe pour y déposer une nouvelle dépêche à l'adresse de Jacqueline, quand, surgissant du buffet, un grand jeune homme les aborda.

Sa casquette sur laquelle étaient relevées des lunettes à parements de soie, sa blouse cache-poussière, étaient une indication suffisante pour classer immédiatement l'arrivant dans la catégorie des « chauffeurs ».

— Messieurs, déclara-t-il avec une exquise politesse, je suis rédacteur au *Bon Journal*.

— J'en suis enchanté pour vous, monsieur, répondit Gaëtan avec une légère grimace.

Il flairait, en effet, une brèche dans son incognito, si jalousement préservé jusque-là, et, saluant, il fit un pas pour s'éloigner.

Mais, le journaliste, souriant, le retint légèrement par la manche.

— Monsieur Faradel, dit-il, un mot... un seul mot, je vous prie!

Gaëtan eût reçu par derrière le classique *coup de pied lancé d'une main sûre,* qu'il ne se fût pas retourné plus brusquement... Mais la première stupeur dominant chez lui la colère, il balbutia :

— Ah! par exemple!... Ah! par exemple! C'est un peu fort!

Et, pris soudain d'une de ces belles inspirations dont il était coutumier, il se calma instantanément.

— Monsieur! reprit-il avec sang-froid, vous êtes dans l'erreur. Je ne suis pas monsieur Faradel!

Et sur un incrédule sourire du reporter :

— Non, monsieur! appuya-t-il. J'ignore même profondément ce monsieur dont on parle tant. Il faut croire pourtant que je lui ressemble beaucoup, et cette confraternité de visage n'est pas précisément ce qui m'enchante le plus, car vous n'êtes pas le premier qui m'interpellez en croyant s'adresser à ce Faradel dont on me rebat les oreilles.

— Monsieur, riposta vivement le journaliste légèrement ironique, vous pourriez essayer de donner le change à d'autres... à mes confrères, par exemple : ils s'y laisseraient prendre, c'est certain !... Moi... pas!

— Mais puisque je vous dis que...

— Alors, reprit le reporter avec flegme, ce serait donc que vous auriez la même manie que le vrai Faradel , lequel voyage — tout comme vous, monsieur — en compagnie d'un coq qu'il porte dans un cageau semblable en tous points à celui-ci.

Il désignait du doigt le brave Canard... et — il faut le dire sans ambages — Faradel fut « assis ».

Du coup, il posa la cage à terre, se croisa les bras, et, suffoqué de surprise, il lâcha un sonore : « Tout de même !... Celle-là est raide! », tandis que le reporter et aussi le docteur riaient de bon cœur.

— Ah! monsieur Faradel, reprit avec volubilité le jeune journaliste, ma profession n'est pas ce qu'un vain peuple pense! Elle exige, croyez-le, une dose inimaginable de flair et d'esprit d'à-propos ; et c'est pour cela, monsieur,

qu'on rencontre, hélas! si peu de reporters intelligents! Je ne suis pas de
ceux-là, monsieur Faradel, et la preuve... la voici.

Il prit un temps, puis :

— J'avais, monsieur, prévu qu'en arrivant vous fileriez à l'anglaise!
Mais, en même temps, je m'étais juré de vous jouer le tour! Vous me pardonnez, n'est-ce pas? car qui pourrait, mieux que vous, me pardonner,
habitué comme vous l'êtes aux aventures sensationnelles?

— Vous êtes bien honnête, monsieur, mais...

— Laissez-moi continuer, cher monsieur, et vous allez être, j'en suis
certain, ravi de la proposition que je vais vous faire!

— Allez-y! riposta Faradel avec une résignation amusée.

— Voici! Moi, Jean Dariol (c'est mon nom) j'ai envoyé sur tout le
parcours, de Marseille à Paris, une nuée de sous-reporters, chargés de me
renseigner téléphoniquement sur les incidents de votre arrivée.

Dès que mon ami Max Herly m'eut téléphoné de Marseille que vous aviez
brûlé la politesse à la foule qui vous attendait, j'ai compris de suite que M. le
docteur d'Arvil — dont je connaissais le départ à votre rencontre — avait dû
vous enlever! Mon parti fut vite pris! Représentant du *Bon Journal,* il
fallait à tout prix que je fusse le premier interwiever du célèbre globe-trotter
que vous êtes! Pour cela, il me fallait réussir sur les trois points suivants :
1° dépister mes confrères; 2° vous cueillir au passage; 3° vous ménager (et
ceci est le point essentiel de ma combinaison) une entrée non banale à Paris.

— Ça, c'est gentil!

— Je me rendis donc immédiatement aux établissements de Teuf frères
et Cie, qui sont — ainsi que vous allez le voir par vous-même — les premiers
fabricants d'autos du monde entier. Je les mis au courant de mon projet
qu'ils applaudirent d'enthousiasme. Immédiatement ils mirent à ma disposition leur dernière création : une merveilleuse voiture encore inédite, munie
d'un moteur électrique spécial, laquelle développe, en vitesse moyenne, du
130 à l'heure!

— Bigre!...

— Je venais d'y monter, poursuivit Jean Dariol, et le chauffeur mis à ma disposition s'apprêtait à mettre en marche quand, du *Bon Journal*, un cycliste arriva. Il me communiqua votre signalement y compris celui de votre coq. Mon camarade Max Herly, qui était chargé par moi de surveiller Marseille, vous avait, en effet, déniché et reconnu juste comme vous preniez le train mixte de 7 h. 35, et venait de me téléphoner la nouvelle. Il avait même appris, en filant de près le docteur au moment où il prenait les tickets, que vous deviez faire un arrêt à Lyon.

Dès lors, je n'hésitai plus!... Je filai sur Lyon où nous sommes arrivés sans à-coup à une heure du matin.

Au buffet, où je m'installai tandis que mon chauffeur s'occupait de la voiture et du rechargement des accumulateurs, j'ai — sans me déranger — connu par mes agents votre passage à Avignon, à Valence, à Vienne. Je suis même documenté fortement, puisque je connais jusqu'au menu de votre dîner en wagon...

— Ce n'est pas pour dire, monsieur Dariol, interrompit Faradel, mais je tiens à vous déclarer que vous *la connaissez dans les coins !*

— N'est-ce pas? affirma le reporter avec un légitime orgueil.

— Oui!... Et ma foi, j'aurais mauvaise grâce à ne pas récompenser une aussi persévérante initiative. Interviewez-moi donc. Je vous offre — n'est-ce pas, d'Arvil? — une coupe de champagne au buffet et...

— Du tout!... Du tout! clama Dariol. Je réclame bien autre chose de vous! C'est en route... que je vous interviewerai à loisir, car nous partons.

— Hein?

— Parfaitement! Nous filons illico sur Paris en auto. Je vous enlève! Avais-je pas raison de vous dire que je vous offrais une fin de *tour du monde* pas banale; car enfin, il n'y a pas à dire ni à contester le fait : *vous avez battu tous les records connus dans ce genre de sport !*

Il leva son chapeau et dit avec emphase :

— Monsieur Faradel, en vous le *Bon Journal* acclame *le Champion du Tour du Monde!*

— C'est pourtant vrai! opina le docteur. Nous n'y avions pas encore songé, mais l'assertion est juste, car si nous arrivons aujourd'hui 17 juillet à Paris, et en tenant pour équitablement compensée la distance qui sépare Bizerte de Gibraltar, vous aurez fait le tour du globe en...

— Vingt-huit jours! déclara Gaëtan.

— C'est bien cela! reprit Jean Dariol, et c'est aussi le titre de l'article sensationnel que je vais donner à mon journal : « Les Vingt-huit jours de M. Gaëtan Faradel, Champion du Tour du Monde ».

— En tous cas, cher monsieur, reprit Gaëtan, si vous voulez mon opinion, j'eusse de beaucoup préféré faire ces vingt-huit jours à la caserne, voire même dans la compagnie du plus grincheux des capitaines plutôt qu'à travers les divers océans, et dans la foule de péripéties où j'évoluai! Mais, assez causé!... J'accepte votre proposition. Enlevez-moi, monsieur! J'aurai ainsi tâté en ce bizarre voyage de tous les modes de locomotion... ou à peu près : bateau sous-marin, bateau sauteur, croiseur de guerre, trains variés, paquebot, hippomobile, automobile. Ce sera presque complet. Il n'y manque que le ballon dirigeable...

— Et la bicyclette! interrompit Jean Dariol. Mais vous n'aurez pas occasion de vous servir jusqu'à Paris d'un autre véhicule que de mon auto électrique de la maison Teuf frères et Cie. En route, messieurs, il est sept heures! Sans nous presser outre mesure, nous arriverons vers deux heures à Paris; c'est-à-dire dans les mêmes conditions que si vous eussiez pris le prochain rapide.

. . . .

L'auto, merveilleuse de coupe, attendait rangée au bord du trottoir, en dehors de la gare.

C'était un réel chef-d'œuvre dans ce genre spécial de carrosserie.

La caisse, couleur tabac, rechampie de discrets filets d'argent, affectait le genre des anciennes berlines à capote, sans en avoir pourtant conservé la lourdeur. La capote double en cuir fauve, pouvait à volonté s'abattre en arrière et en avant, comme celle des landaus.

A l'avant, et dominant trois gigantesques phares d'argent, le mécanicien, assis dans un siège confortable, était protégé contre le vent et la poussière par un coupe-vent vitré, cerclé de cuivre argenté, en forme d'éperon de navire.

A l'arrière, sur deux ressorts en C, était suspendue une malle, genre ancien, où Dariol, précautionneux, avait accumulé les provisions de bouche, afin de ne pas perdre une minute, même pour déjeuner.

La caractéristique de cette voiture toute nouvelle, résidait en ceci, que ses accumulateurs pouvaient lui fournir la force motrice, sans rechargement, pendant quarante-huit heures, et cela sans déchet ni déperdition.

Aussi, n'était-ce que par un excès de prudence que le journaliste avait fait compléter les charges à Lyon en vue du retour.

Après avoir envoyé une dépêche annonçant leur arrivée pour l'après-midi, les trois voyageurs s'installèrent. Dariol commanda : En route! et déclanchant sa mise en marche le mécanicien lâcha sa machine d'un seul coup et sans progression à 30 à l'heure.

La voiture fila comme une flèche à travers la ville à ce train déjà effarant mais que Dariol qualifiait sans vergogne de toute petite allure, destinée à ne pas trop effrayer *ces poltrons de piétons*.

Du reste, le mécanicien semblait un véritable maître en l'art de conduire ce genre d'engin à la fois si maniable et si dangereux.

Il évoluait avec une sûreté et une grâce si invraisemblables, qu'il fit l'admiration de Faradel, pour lequel cette promenade imprévue constituait un début. Il n'avait, en effet, jamais marché en auto; mais la vitesse ne l'effrayait plus... depuis le *Pipo*.

Néanmoins, pour donner une simple idée de l'adresse du conducteur, nous citerons un léger incident.

Un chat mangeait une tête de hareng au milieu de la rue, et 999 chauffeurs sur 1,000 eussent profondément dédaigné de s'occuper d'un pareil détail, mais le chauffeur de Dariol prenait garde aux moindres incidents de route. Il dévia savamment... se contentant ainsi de couper la queue de l'animal... *pour lui apprendre à se garer la prochaine fois,* déclara Jean Dariol.

Le chat dut sans doute protester avec énergie contre le 6 507-32. A Z (c'était le matricule de l'auto); mais il n'eut pas le temps de prendre le numéro... La voiture était déjà loin.

— Voilà, dit Faradel, une bête qui se rappellera de la date de mon passage. En tous cas, si nous le rencontrions à nouveau, et qu'il ne tînt pas compte de ce premier et vraiment paternel avertissement...

— Nous lui couperions le train de derrière! dit en riant Dariol.

— Et la troisième fois?... Vous ne lui laisseriez que la tête!

— Sans doute!... Ah! monsieur Faradel, on vous dépeint comme un homme de belle humeur... On ne m'avait pas trompé.

Mais, maintenant, le véhicule courait... volait plutôt à travers la campagne, en longeant la Saône.

Immobile, le regard fixe, le mécanicien avait tourné le bouton du maximum, et le 6 507-32 filait sur le ruban gris de la route, comme un météore. Il symbolisait une sorte de comète terrestre, avec l'étincellement de ses phares où le soleil piquait des éclats, et sa longue queue de poussière floconnante.

Bien qu'habitué à boire les kilomètres avec une rapidité encore supérieure, Gaëtan était à la fois surpris et impressionné.

La sensation différait, en effet, beaucoup de celles qui l'avaient secoué à bord du bateau de ce pauvre Sizikah. La crainte du heurt de l'obstacle était — ici — plus directe qu'en plein océan ; mais chez un homme qui, comme Gaëtan, a pour ainsi dire tout affronté, l'émotion dure peu.

Au fond, s'il éprouva — quelques minutes — une vague appréhension, ce fut plutôt en pensant à Jacqueline.

— Pourvu, se dit-il, que cet excellent chauffeur n'aille pas essayer de couper la queue d'un bœuf pour lui apprendre à se garer ! Un chat... passe encore !... mais une grosse bête, cela pourrait avoir pour nous quelques légers inconvénients.

Mais peu à peu, il se sentit chez lui ; et le bercement ronflant du véhicule lui fit même songer à ceci, qu'il n'avait pas fermé l'œil de la nuit.

Quand on pense à pareil détail, le sommeil devient invincible. Faradel, s'excusant, demanda et obtint l'autorisation de dormir une couple d'heures.

D'Arvil l'imita, et faute d'interlocuteur, Dariol en fit autant.

Ils ne s'éveillèrent qu'à Dijon, qu'on traversa vers 10 heures et demi, sans s'arrêter du reste et presque sans ralentir.

— Rien de nouveau ? demanda Dariol au chauffeur.

— Rien, monsieur ! répondit l'homme sans tourner la tête. J'ai démoli un chien en sortant de Tournus, et j'ai *légèrement* rejeté dans le fossé un cul-de-jatte qui traînait sur la route — un peu avant d'arriver à Chagny — mais sans lui faire le moindre mal.

— Heureusement ! lança Faradel. Voyez-vous que vous lui ayez coupé les jambes !... Ah ! le pauvre homme !... Mais dites-moi ? Comment savez-vous que vous ne lui avez pas fait de mal ?

— Ça se voit tout de suite, monsieur. Quand un homme a du mal, il ne songe pas à vous dire des sottises. Or, celui-là m'a appelé : *Outil.*

— Ah ! Très bien !... Je saisis la nuance !

— Allons, messieurs, interrompit Dariol, c'est le moment de déjeuner.

Il souleva le coussin d'arrière, ouvrit le panneau, puis la malle, et passa à ses invités des conserves, viandes froides, assiettes et gobelets, fourchettes, couteaux, etc..., plus des bouteilles de champagne.

On s'installa.

Le mécanicien ralentissant à 20 à l'heure, déjeuna lui aussi, tout en réglant sa direction, puis on desservit, et, les cigares allumés, on causa tandis que l'auto reprenait un train d'au moins 90 à l'heure.

Inutile, n'est-ce pas, d'ajouter que Dariol prenait des notes et que, vers midi, il possédait assez de documents pour écrire un volume sur Faradel.

Depuis Dijon, aucun incident ne s'était produit dans la marche. De même on traversa Sens, sans à-coup.

Mais à une vingtaine de kilomètres au delà, la route nationale devint impraticable pour les pneus du 6 507-32, en raison de travaux d'empierrement qu'y pratiquait depuis la veille l'administration des Ponts et Chaussées.

Pour la première fois, depuis Lyon, on s'arrêta.

Les voyageurs descendirent pour se dégourdir les jambes, et aussi pour s'enquérir du meilleur chemin à prendre afin de contourner cet obstacle imprévu.

Fort obligeamment, le cantonnier-chef indiqua comme « bon » un chemin qui formait un large détour sur la droite en traversant des petits villages qu'on apercevait au loin.

— Allons-y ! déclara Dariol. En route !

Les voyageurs rembarquèrent, et... frrr !... l'auto filant dans un panache de poussière disparut derrière les vignes et les blés.

En quittant la bonne route nationale, le mécanicien fut obligé de modérer l'allure en raison des sinuosités du chemin, et surtout de fréquents passages au travers de hameaux fermiers, où réunis dans une fraternité vraiment digne des éloges de la Société protectrice des Animaux, les enfants encombraient la voie, côte à côte avec les chiens, les chats, les dindes, les poules, les canards et les cochons de lait.

A vrai dire, l'apparition de la ronflante voiture produisait, en ces milieux paisibles et ultra-champêtres, une vive émotion, surtout chez les bêtes et les vieilles femmes.

Assises sur le pas des portes, ces octogénaires, au chef branlant, regardaient même avec une méfiance terrorisée cet apocalyptique animal à roulettes, auquel les trois phares d'avant formaient comme trois gros yeux menaçants. Ces braves vieilles n'avaient encore jamais vu passer pareil monstre, calfeutrées qu'elles étaient depuis tant d'années dans leur trou, et le hasard n'ayant jamais incité chauffeur à circuler en ces parages.

Pourtant, tout avait marché à souhait jusqu'au premier village ; agglomération importante dénommée Mourlis-le-Chevrier, qui possédait une église, une mairie et 812 habitants.

L'auto s'y engagea à moyenne allure, et rien ne faisait prévoir le moindre incident quand — ô mystère des fatalités ! — un cataclysme se produisit.

Comme la voiture passait devant la vaste porte d'une grande ferme, un taureau échappé en surgit.

Poursuivi par trois chiens de berger, qu'excitaient des garçons de ferme, il bondit en mugissant sur la route, et vint donner en plein dans l'éperon vitré de l'auto.

Brusquement surpris, le mécanicien avait bien donné un angle au volant de direction, mais il ne parvint pas à éviter le choc.

L'animal fut projeté de côté, et meuglant, il retomba les pattes en l'air, les reins cassés.

Un des chiens poursuivants gisait du même coup, *escharbotté*, pour employer une pittoresque expression de Rabelais, et les garçons de ferme qui, médusés par ce spectacle, s'étaient rejetés tremblants contre la muraille, virent se dérouler en quelques secondes une scène à la fois tragique et burlesque, effroyable et bouffonne.

En effet, la glace brisée en morceaux avait couvert de ses éclats le malheureux mécanicien qui, malgré lui et mû par un instinct naturel de préservation, porta ses deux mains à son visage.

Libre alors, la machine poursuivant la courbe commencée, grimpa sur le trottoir d'en face, éventra la devanture d'un épicier-marchand de vins, broya plus loin un petit mur en terre qu'elle franchit... Puis elle retomba de l'autre côté, à demi-couchée, les roues en l'air, sur un tas de fumier, où projetés par la violence et la surprise du choc, Faradel, d'Arvil, Dariol et le mécanicien s'affalèrent pêle-mêle, de ci, de là, formant une invraisemblable salade.

. . . .

La catastrophe s'accomplit en vingt fois moins de temps qu'il n'en faut pour la raconter ; et pourtant, les victimes n'avaient pas encore eu le temps de se relever ni de bien reprendre leurs esprits, que toute la population, maire et garde champêtre en tête, était déjà sur le lieu du sinistre.

Elle était du reste animée d'intentions manifestement hostiles, car pendant que — se tâtant — nos amis s'assuraient qu'en eux rien n'était cassé, ils entendirent s'élever à leur adresse les invectives les plus diverses.

Les épithètes de : Canailles !... Brigands ! Assassins ! (pour ne citer que les principales) démontraient avec évidence en quelle mésestime profonde on les tenait en ce brave village de Mourlis ; mais le plus ardent entre tous ces enragés était sans conteste l'épicier dont la devanture de boutique évoquait vaguement la maison des Dernières Cartouches... après Bazeilles.

— M'sieu Camuzot ! clamait-il en s'adressant directement au maire, vous allez les mettre en prison, j'espère bien !

— Espère ! mon gars, espère ! répondait le magistrat municipal dont les petits yeux de cochon, vrillés sous les sourcils, étincelaient de colère ; car, lui aussi, il avait sur le cœur son taureau et son chien, mis en marmelade.

Néanmoins, par dignité professionnelle, il se contenait ; mais en voyant Faradel qui, rassuré maintenant sur le bon état de ses membres, se laissait emporter par un rire homérique, une rage l'empoigna.

— Ah ! Vous pouvez rire ! Tas de galvaudeux qui viennent tout démolir chez les braves gens !. J' vas vous montrer les bonnes façons d' faire, moi ! Attendez voir ! D'abord c'est moi qu'est l' maire ici et...

— Ah ! très bien ! interrompit Dariol, eh bien, monsieur le maire, ne vous fâchez pas ! nous répondons de la casse, n'est-ce pas monsieur Faradel !

— Sans doute !

A cette affirmation, une détente s'était opérée, sur les faces finaudes. La colère se muait en cupidité.

— Payer ! C'est très bien, grogna le maire, mais mon taureau vaut ses cent pistoles, et mon chien, j'l'estime à deux cents francs ! Et toi, combien qu'on t'a commis d'délit? demanda-t-il à l'épicier.

— Oh ! gn'en a pas pour moins d'trois mille francs.

— Vous exagérez ! déclara Dariol.

Du coup, une rumeur éclata :

— C'est des voleux ! Des rien du tout ! clama-t-on.

En vain Faradel, se remémorant ses discours aux Ourondis et autres peuplades plus ou moins sauvages, voulut-il adresser une allocution aux Mourlisiens.

Il n'y put parvenir. Des huées couvrirent sa voix. Il eut beau s'écrier :

— Mais vous devez bien me connaître ! C'est moi Faradel... Gaëtan Faradel.

Hélas ! il dut se rendre à l'évidence et voir que sa célébrité n'était pas aussi universelle qu'on l'eût supposé, puisque ce nom, si populaire ailleurs, était à Mourlis, sinon tout à fait ignoré, du moins très indifférent et sans intérêt.

— Allons ! dit-il, non sans une pointe d'amertume, nul n'est prophète en son pays ; et ces braves paysans sont moins susceptibles de comprendre l'éloquence que certaines populations noires de ma connaissance. Offrons des arrhes à ces charmants compatriotes, car il nous faut maintenant regagner au plus vite une station quelconque. Notre sensationnelle entrée à Paris est bien compromise, mon cher monsieur Dariol.

— Hélas ! murmura ce dernier avec une mine furieusement désappointée.

Les fonds sociaux de la petite troupe mis en commun donnèrent un total de 2.087 francs 35 centimes. En en défalquant la somme utile pour rejoindre à quatre la bonne ville de Paris et garder quelque menue monnaie, on arriva à la somme de 1.800 francs, qui fut offerte à titre d'acompte et rageusement refusée.

— Non ! grincha le maire, nous ne vous connaissons pas ! Nous ne savons pas qui vous êtes ! Vous avez beau me donner des noms, c'est peut-être des faux noms ! Vous me présentez des papiers, c'est peut-être des faux papiers ! Faut tout payer ou bien... en prison ! Je vous arrête au nom de la loi !

— Bon sang de bon soir de saperlipopette ! gronda Gaëtan dont la patience commençait à fléchir.

— Vous nous rasez ! s'écria Dariol, qu'une rage empoignait devant tant de bêtise. Essayez voir un peu de nous arrêter et je vous promets un chien de ma chienne. Je suis journaliste, monsieur, et...

— J'm'en moque ! C'est moi qu'est maire ici ! Payez ou... en prison !

— Eh bien ! clama Gaëtan, nous ne paierons pas. Vous nous assignerez et les tribunaux décideront. Vous avez nos adresses... Au revoir ! Filons, messieurs !

Mais, sur un signe du maire, le garde champêtre lui mit la main sur l'épaule, et furieux Gaëtan levait déjà le poing, quand le docteur arrêta son geste de violence.

— Du calme ! ordonna-t-il. Tout va s'expliquer. Monsieur le maire, poursuivit-il, nous sommes à vos ordres. Arrêtez-nous, puisque tel est votre bon plaisir, mais j'exige que vous envoyiez prévenir immédiatement le procureur de la République.

— C'est bon ! Assez causé ! Emmenez-les ! riposta l'officier municipal.

— Ah ! Tout de même ! Elle est vraiment raide ! soupira Gaëtan. Et pour une aventure c'en est une !... Enfin ! Marchons !

Quant à Dariol, il en avait pris son parti. Bien mieux, il acceptait maintenant la situation sous son aspect vaudevillesque.

— C'est très drôle ! s'écria-t-il. Oui, en vérité, cela vaut la peine d'être vu ! Je vous avais promis une arrivée peu banale, n'est-ce pas ? Eh bien, je crois que c'est réussi !

Et toute colère disparut chez les prisonniers qui, ne voyant plus que le côté archi-bouffon d'une telle aventure, se mirent, au grand scandale des assistants, à rire du meilleur cœur.

Il y eut cependant chez Faradel un choc soudain d'amère tristesse ; car il venait de constater la mort de son pauvre canard, dont le cageau avait été aplati comme une galette, par le renversement de la voiture.

— Ne le plaignez pas ! dit d'Arvil. C'est une belle mort !

Cinq minutes plus tard, ils arrivaient à la mairie : et le garde champêtre leur ouvrait l'huis ferré du « violon municipal ».

— Ah ! non ! se récria Gaëtan en apercevant l'immonde réduit à la paille puante. Vous allez nous enfermer là-dedans ?

— Allons ! Faites pas de manières ! Entrez !

— Mais c'est plein de puces !

— Vous vous gratterez !... Allons ! Ouste ?

Bon gré, mal gré, ils durent se laisser incarcérer.

La porte se referma sur eux, comme deux heures sonnaient à l'église.

— Pour une étrange situation, c'en est une ! dit alors Gaëtan. Mais les plus douces facéties sont celles qui durent le moins longtemps. Combien de temps celle-ci va-t-elle durer ?... Tout est là ! car nos amis nous attendent !...

— Sans doute ! répondit Dariol. Nous devrions être du côté de Fontainebleau et dans une heure... à Paris !

— Et Hugueville ?... Pourvu que ces idiots ne nous fassent pas coucher ici ? Je raterais le conseil de guerre !

— Espérons que non ? interrompit le docteur. Si brute que soit ce maire fantoche, il va prévenir l'autorité compétente.

— Eh ! mais ça va demander du temps !

— Enfin ! conclut Dariol. Quand nous épiloguerions sur ce cas baroque, cela ne nous avancerait en rien, attendons ! Et ne nous faisons pas de mauvais sang !

— Oui ! Ma foi, vous avez raison !... Et pour passer le temps racontons des farces !

Ainsi fut fait ! Seulement... ils finirent par s'en lasser, car la nuit arriva sans qu'ils eussent obtenu aucune communication avec l'extérieur.

— Ah ! mais ! dit alors Faradel assombri. Cela devient agaçant ! Voici la nuit... Et pas de nouvelles !

Il achevait à peine sa phrase que la porte s'ouvrit. Le garde champêtre apparut, porteur de deux pains bis, et d'une cruche pleine d'eau : et par la porte entrebâillée, les prisonniers aperçurent la foule qui allongeait le cou pour les voir.

— Dites donc ! mon brave, demanda Dariol. Est-ce que par hasard vous auriez la prétention de nous faire coucher dans ce fumier.

L'attitude et le ton du reporter étaient peu engageants ; et comme Faradel s'approcha lui aussi en se frottant nerveusement les paumes l'une contre l'autre, le digne fonctionnaire posa précipitamment à terre cruche et miches : puis il bondit en arrière, ferma la porte à double tour, et tranquillisé par cette manœuvre, il déclara à travers le judas grillé :

— Monsieur le maire est allé prévenir le Parquet ! Y n' tarde que de revenir !

Et c'était vrai ! M. Camuzot, le maire en personne, avait fait atteler son cabriolet et s'en était allé à Sens.

Malheureusement, le procureur et son substitut, accompagnés du capitaine de gendarmerie, étaient partis en campagne, pour procéder à une enquête sur lieux au sujet d'un vol.

Ils avaient même dîné sur place, si bien que M. Camuzot, esclave du devoir, les attendit jusqu'à 9 heures du soir.

Il put néanmoins, malgré l'heure tardive, obtenir audience, en raison de la gravité des faits que — disait-il — il avait à signaler.

Il expliqua donc l'aventure, et donna les noms et signalements de ses prisonniers, qui — prétendait-il — devaient être des malfaiteurs dange-

reux..., probablement de ces gens qui se disent anarchistes et qui passent
partout afin de démolir les maisons !

Pendant qu'il énonçait gravement ces choses, le Procureur l'écoutait
distraitement tout en ouvrant son courrier survenu pendant son absence.

Soudain, après avoir pris connaissance d'une dépêche sur papier jaune,
c'est-à-dire officielle, il s'écria :

— Ah ! par exemple !... ah ! par exemple !... Eh bien, vous avez fait là
un beau coup !... Vous avez arrêté M. Faradel !... Le célèbre explorateur !...
M. Faradel que le Parquet de Paris fait — à la demande de ses amis —
rechercher sur toute la ligne de Lyon, attendu qu'il devait arriver aujourd'hui
même à Paris ; et que son retard — ou mieux sa disparition — paraît tout à
fait anormale !

Et sévère :

— Monsieur le maire, dit-il, on ne fait pas de ces choses-là ! On réfléchit avant d'arrêter sans motif des personnes de cette importance !

— Mais, monsieur le procureur, y z'ont cassé l'épicerie en face chez
moi avec leu mécanique, et pis tué mon taureau.

— Eh ! Ils vous auraient indemnisé ! Voilà-t-il pas une grosse affaire !...
Tandis que maintenant, c'est vous qui devez des dommages-intérêts pour
arrestation illégale et arbitraire.

— Hein ?...

— Parfaitement ! Estimez-vous heureux si, devant vos excuses,
M. Faradel vous en tient quitte, car il est fort riche. Allez ! filez !... Crevez
plutôt votre cheval, mais rentrez au grand galop à Mourlis. Mettez immédiatement ces messieurs en liberté, avec de plates excuses. Fournissez-leur le
de moyen gagner la station la plus proche ; et sachez-moi un gré infini
de ne pas demander votre révocation à M. le préfet.

M. Camuzot ne se le fit pas dire deux fois ! Il descendit, grimpa en
voiture, et cinglant son bidet, partit pour Mourils : ce, pendant que le procureur téléphonait à Paris au ministère de l'intérieur, que Faradel était retrouvé.

Une heure plus tard, un exprès envoyé par le ministre près de Jacqueline Pierson la trouvait en larmes... mais la rassurait.

C'est en effet à l'initiative désolée de la jeune fille que le Parquet de Paris avait procédé aux recherches. Mais, néanmois, la pauvre enfant avait passé toute son après-midi dans l'angoisse, et se demandait avec terreur ce qu'avaient bien pu devenir — depuis Lyon — son fiancé et son ami le docteur.

. . . .

Le père Camuzot arriva vers minuit à Mourlis... mais son cheval était fourbu. De suite, il alla réveiller le garde champêtre, le mit au courant, et tous deux se dirigèrent très penauds vers le violon.

— Bon Dieu ! grommelait le maire. Quoi que j'vas leu dire ! Ah ! Bon Dieu ! C'est-y bête !

La porte fut ouverte, et le garde champêtre éclaira le réduit, à l'aide du falot qu'il tenait au poing.

...La cellule était vide !... Et dans un coin, des gravats et des pierres s'amoncelaient en tas ! Une tige de fer arrachée au ferrement de la porte gisait sur la paille, outil avec lequel les captifs avaient descellé les barreaux du lucarneau, et agrandi l'ouverture.

Les oiseaux s'étaient envolés !...

Le lecteur, familiarisé avec l'âme de Faradel, se doute, n'est-il pas vrai ? que c'est sur l'initiative du brave garçon que l'évasion avait été décidée.

Sa proposition fut, du reste, chaudement accueillie. Dariol, en particulier, exultait.

— Superbe idée ! mon cher, déclara-t-il. Projet admirable ! Ah ! quel article j'ai là, messeigneurs !... Quel bel article !

Au demeurant, l'opération fut d'une simplicité enfantine. On avait, en effet, négligé (ou peut-être eu peur) de fouiller les incarcérés.

Le mécanicien était donc encore porteur d'une clef anglaise de poche, d'un tournevis et d'un tiers-point.

L'ÉVASION. (Page 280.)

Avec de pareils éléments, aux mains de gaillards tels que Gaëtan et ses compagnons, sortir de la cellule devenait l'enfance de l'art.

De la proposition à la pleine réussite il ne s'écoula guère que trois quarts d'heure, au bout desquels, les quatre amis étaient un peu souillés de plâtre, mais libres.

Le village dormait dans le profond silence d'une belle nuit d'été.

Ils gagnèrent la campagne, après avoir été jusqu'à leur auto versée, afin d'y prendre une carte qu'ils consultèrent une fois en rase campagne, en s'éclairant d'allumettes bougies.

S'orientant alors tant bien que mal, ils se dirigèrent vers la plus proche station distante — d'après la carte — de douze kilomètres.

Malheureusement, une marche de nuit dans un pays qu'on ignore, réserve toujours des mécomptes. Ils s'égarèrent deux fois et firent certainement des crochets inutiles.

Bref, ils arrivèrent à la voie ferrée vers deux heures du matin.

La gare était fermée, mais pénétrant hardiment sur le quai en enjambant la barrière, ils purent à la lueur de l'unique lampe encore allumée, consulter l'horaire collé au mur.

Le premier train ne passait qu'à six heures.

— Faisons bonne contenance contre la mauvaise fortune ! déclara Gaëtan ; aussi bien, voici en face une auberge. Réveillons le patron. Nous attendrons tranquillement l'heure du train.

Ainsi fut fait. Ce délai de quatre heures leur permit de prendre un peu de repos et de réparer le désordre de leurs tenues.

Mais, avouons-le, en ouvrant sa porte à ces gaillards blancs de plâtre, l'aubergiste ne les accueillit qu'à regret. Il demeura toujours convaincu que ses clients de passage étaient d'infâmes cambrioleurs, retour d'expédition : cela d'autant plus que d'Arvil avait payé la dépense avec un billet de cent francs dont l'hôte eut quelque difficulté à trouver la monnaie. Aussi, poussa-t-il un soupir de soulagement en les voyant embarquer dans le train de 6 heures.

Il n'était pas le seul!... Faradel en fit autant, en s'affalant sur les coussins du compartiment!

— Ouf!... Pas trop tôt! s'écria-t-il. Pourvu maintenant que le train ne déraille pas!... Car après tant d'incidents pénibles, je suis autorisé à douter de mon étoile. Pourvu qu'il n'ait pas de retard, car nous arrivons à 8 heures 3/4 et la séance du conseil ouvre à 8 heures!... Pour peu que nous tamponnions un train de marchandises; qu'un pont s'écroule sur notre passage; qu'un rapide nous prenne en écharpe; ou que notre mécanicien devienne fou, nous risquons d'arriver pour apprendre la condamnation de mon pauvre Paul. Ah! Tonnerre de sort!... Les ponts et chaussées avaient bien besoin, les imbéciles! de réparer la route!... Sans eux nous serions à Paris et maître Camuzot ne nous eût pas mis en communication avec les puces de son violon!

— Tranquillisez-vous, mon cher Gaëtan! ripostait le docteur. Nous arriverons à temps, et nous n'entendrons point condamner l'ami Paul.

— Le ciel vous entende!

Mais Faradel ne se tranquillisa point. Il passa son temps à regarder par la portière si Paris n'apparaissait pas dans le lointain : manœuvre aussi inutile que décevante et qui n'avança pas d'une seconde l'heure de l'arrivée.

Le train fut exact. Il stoppait à 8 heures 45 minutes à la gare de Lyon.

Les trois camarades se ruèrent vers les voitures et s'enfournèrent sans choisir dans la première qui s'offrit à eux.

C'était un *galerie* à quatre places, un de ces fiacres de nuit disloqués, brinqueballants... nauséeux, traînés par deux poneys, qui paraissaient destinés à apprendre l'ostélogie chevaline aux élèves vétérinaires d'Alfort.

N'importe! Faradel promit 10 francs — une fortune! — à l'automédon à trogne rouge, s'il ne les versait pas, de la gare de Lyon à la prison militaire du Cherche-Midi.

Et c'est en ce pittoresque équipage que Gaëtan Faradel fit son entrée en sa bonne ville de Paris.

A cette même heure, la séance du septième Conseil de guerre battait son plein.

Généralement, les séances matinales sont peu courues par l'élément féminin, si friand pourtant de causes sensationnelles. Mais, ce matin-là, la salle était bondée d'élégantes toilettes ; et la curiosité était telle que le colonel Collignon, qui présidait, avait dû organiser à la porte un service d'ordre.

Jacqueline et Jean Pierson, arrivés dès la première heure, avaient reçu une place de faveur, derrière le Conseil, près de M. Hugueville père ; et on se montrait cette jeune fille au visage à la fois si doux et si énergique, fiancée du célèbre Faradel, et qui, en cet instant, pleurait à chaudes larmes en considérant l'ami des mauvais jours assis au banc des accusés entre deux gardes, avec Mᵉ Cocardin près de lui.

Hugueville était en civil. Il était calme, sa tenue était parfaite ; et on pouvait même lire en son clair regard comme une joie.

Il avait appris, en effet, par Jacqueline la nouvelle que Faradel était retrouvé.

— Mon Dieu ! pensait-il, s'il était là ! S'il pouvait arriver ! Cela me donnerait encore plus de courage.

C'est que, si sûr soit-on de sa conscience, personne n'est à la noce dans des conditions pareilles ; et le brave Paul, avouons-le, n'en menait pas large malgré son sang-froid.

Il est toujours impressionnant de se sentir examiné, scruté, fouillé jusqu'au fond de l'âme par le regard de ces sept juges ; et — ma foi ! — ce fut d'une voix étranglée par l'émotion que Paul répondit aux questions d'usage, que lui adressait le président.

Néanmoins, comme le président lui posait cette dernière question :

— Accusé Hugueville, regrettez-vous ce que vous avez fait ?

— Oui ! mon colonel, répondit-il — très ferme — oui ! J'ai eu tort !

Pourtant... je le confesse, je suis fier des années que j'ai vécues après avoir quitté l'armée. Elles m'ont trempé. Elles ont fait de moi un homme qui peut redevenir — je l'affirme — un vrai soldat.

Une rumeur flatteuse salua ces paroles ; un des juges, un jeune lieutenant, eut un sourire ; le lieutenant Manceau, commissaire du gouvernement, hocha la tête avec l'air d'approuver, et Mᵉ Cocardin fourragea, joyeux, à pleines mains dans ses favoris, tandis qu'un titi du « public debout » lançait à mi-voix un « chouette » qui provoqua chez le sergent appariteur un froncement de sourcils.

Sur ce, Hugueville se rassit et le greffier lut l'acte d'accusation, puis le colonel Collignon donna la parole au commissaire du gouvernement.

Le lieutenant Manceau se leva, très ému.

— Messieurs, dit-il, j'ai mission de requérir justice, et je le fais comme c'est mon devoir. Le cas de l'accusé d'aujourd'hui sort des règles de la désertion normale. Il fut, passez-moi ce mot, un emballé plutôt qu'un mauvais soldat. Si je retraçais ici les aventures qu'il traversa, je croirais sortir de mon rôle d'accusateur, et vous pourriez me reprocher d'endosser l'hermine de l'honorable défenseur.

Au surplus, vous avez, sous les yeux, tout le dossier. Ce que je pourrais ajouter n'éclairerait pas les faits, ni la philosophie de cette cause d'un jour plus lumineux.

Je me borne donc, pour tout réquisitoire, à m'en remettre, en toute confiance, à la sage appréciation des faits par le Conseil.

Il se rassit, et Mᵉ Cocardin, se levant, étala largement les pièces de sa plaidoirie.

En voyant qu'il s'agissait d'un lot de paperasses du cube d'un volume du Dictionnaire Larousse, le colonel et les juges devinrent visiblement perplexes. Le regard du président se porta un moment et alternativement du dossier à l'horloge, comme pour une supputation mentale du temps qu'allait durer le discours.

Mais, après avoir d'un large mouvement retroussé sa manche qui se déploya comme une aile, M⁰ Cocardin commença :

— Messieurs...

Et à cet instant, une rumeur violente arriva de la cour.

D'abord confuse, elle grandit, s'enfla, et monta comme une vague à travers les couloirs et les escaliers, pour venir en moins d'une minute battre la porte même de la salle des séances.

Toutes les têtes s'étaient d'instinct tournées de ce côté. On écoutait et M⁰ Cocardin lui-même attendait pour continuer sa phrase.

Mais soudain la porte s'ouvrit avec violence et, de la foule qui, n'ayant pu trouver place stationnait, compacte, sur le péristyle, une clameur formidable s'éleva, emplissant la salle.

Des poings dressés agitaient des chapeaux ; des cannes, des ombrelles pointaient au-dessus des têtes, et dans le bruit assourdissant passèrent ces cris heurtés :

— C'est lui !... Faradel !... Le voilà ! Faradel !.. Vive l'explorateur !... Le Champion du Tour du Monde !... Place ! Faites place !... Laissez passer, tonnerre !... Vive Faradel !... Ce vieux Gaëtan !... Pas trop tôt !

Hugueville s'était dressé tout pâle. Il regardait... cherchait dans la houle multicolore... et pleurait silencieusement.

Jacqueline, pâle aussi, était montée sur son siège, soutenue par Jean Pierson rouge d'émotion.

Devant cette effervescense soudaine, le colonel se couvrit :

— La séance est suspendue ! cria-t-il.

Mais sa voix se perdit dans la clameur.

Néanmoins il avait fait signe d'emmener l'accusé, et s'apprêtait à sortir lui-même en compagnie des juges.

Déjà Hugueville, docile, sortait de son banc, non sans regarder en arrière, quand une bousculade frénétique se produisit à l'entrée. Il y eut quelques cris apeurés, mais un sillon s'ouvrit dans la foule... et Gaëtan, suivi de d'Arvil et de Dariol, apparut, tête nue (il avait dans le flot humain perdu sa casquette) et avec une manche de moins à son cache-poussière ! Elle était restée aux mains de quelque enthousiaste !

Le colonel Collignon et les juges s'étaient arrêtés, empoignés eux-mêmes d'une curiosité aiguë. Ils en oubliaient les strictes règles de l'étiquette judiciaire, et machinalement le président revint vers le bureau, fit un signe de la main... et comme par enchantement le silence tomba, profond.

Faradel et Hugueville ne s'étaient rien dit. Ils avaient échangé un regard... Mais quel regard ! Un de ces mystérieux traits d'union où communient les âmes. Puis, sur un signe de Paul, Gaëtan avait regardé... et vu Jacqueline là-bas.

Un sourire doux comme un baiser lui vint aux lèvres, puis, pour demeurer maître de lui, il ne la regarda plus.

Debout, dans l'hémicycle, les talons joints dans la vieille attitude militaire, il attendait plantant son bon et loyal regard sur celui du président.

Dariol, heureux comme un roi, avait été emmené par d'Arvil auprès de Jacqueline.

Le colonel s'était rassis. Il morigéna, par acquit de conscience, cette manifestation intempestive, « déplacée », ajouta-t-il, « dans un sanctuaire de justice », puis, plus doux, presque paternel :

— Monsieur, dit-il, s'adressant à Faradel je devrais, conformément à mon devoir strict, vous faire expulser pour scandale. Je n'en ferai rien, en raison de votre personnalité si en vue et si sympathique ; en raison aussi de ce que sait le Conseil sur les liens d'amitié qui vous unissent à l'accusé. Veuillez, monsieur Faradel, prendre place ici, derrière le Conseil, près de vos amis.

— Mon colonel, déclara Gaëtan, j'arrive de fort loin. Je dirai même que je reviens de loin, et ce serait encore plus exact ! Or, si je suis la cause involontaire de la manifestation qui a failli troubler la séance, c'est qu'à tout prix je voulais arriver à temps pour défendre mon ami... mon frère !

— Failli est un joli euphémisme, pensa en souriant le lieutenant Manceau.

— J'ai donc l'honneur de demander à votre bienveillance de vouloir bien m'autoriser à être son défenseur.

Ici, Mᵉ Cocardin, jusqu'alors rayonnant, fit la grimace. Le colonel qui s'en aperçut sourit.

— Soit ! dit-il, mais l'honorable Mᵉ Cocardin était, je dois vous le dire, chargé déjà de ce soin.

— Oh ! protesta gentiment Faradel, qu'à cela ne tienne ! mon colonel, Mᵉ Cocardin pourra parler... lui aussi !

— Hum ! murmura tout bas le président.

Puis, tout haut, il déclara :

— Monsieur Faradel... Vous avez la parole !

Alors, après l'habituel murmure flatteur d'un auditoire sympathique et tandis que le pauvre Cocardin, abominablement vexé, paraissait se plonger dans l'étude du dossier, Gaëtan commença :

— Messieurs, je n'ai pas la prétention de chercher à démontrer que Paul eut raison de quitter son poste, mais il existe une différence entre quitter son poste par lâcheté ou l'abandonner pour courir vers le danger et les aventures.

Vous oublierez la faute première pour ne voir que la bravoure ultérieure qu'il déploya. Incorporé de force — comme je le fus moi-même — dans l'armée anglaise, nous nous évadâmes pour aller combattre en faveur de l'indépendance boër. Le destin nous en empêcha, vous savez comment, puisque le dossier avec les interrogatoires ont dû vous renseigner. Je ne vous raconterai donc pas nos multiples aventures, puisque fatalement Paul a dû en parler à l'instruction.

37

Mais ce qu'il n'a pas dit, par modestie, c'est que, pendant près de six années, il fut l'homme le plus brave et le plus vaillant, le plus dévoué des camarades, l'ésprit le plus inventif, le tempérament le mieux équilibré qui soit au monde! Je fus son chef et j'en sais quelque chose.

Sans lui, sans sa belle humeur et son éternel courage, jamais nous n'aurions vaincu les difficultés dont ses récits n'ont pu vous donner qu'une faible idée.

Il a fait mieux! Nous avons fondé ensemble, en pleine Afrique, un royaume qui a pour drapeau le drapeau français! Hugueville, l'accusé d'aujourd'hui, fut roi reconnu de ce peuple noir chez lequel nous pourrions trouver, un jour venant, un appui certain pour toute œuvre coloniale française.

Je vous en supplie, messieurs, au lieu d'annihiler une pareille force, utilisez-la! Laissez Paul redevenir soldat, et permettez-moi de le dire... vous m'en direz des nouvelles!. . Vous verrez dans quelques années quel bel officier colonial il fera!

Je m'arrête, messieurs. On a dit souvent que les meilleurs discours sont les plus courts. Néanmoins, permettez-moi de vouloir bien faire entrer en ligne de compte, pour obtenir votre indulgence, le mal que j'ai eu personnellement à parvenir jusqu'ici en temps utile. Voyez, messieurs, dans quel état le voyage m'a mis! Songez que je viens de faire le tour du monde en vingt-huit jours à travers des angoisses, dont les moindres ne sont pas celles que j'ai subies depuis vingt-quatre heures, car M. Dariol, rédacteur au *Bon Journal*, qui m'accompagnait, pourra vous dire que de Lyon à Paris mon voyage fut plutôt mouvementé. Mais ce n'est rien puisque je suis arrivé à temps pour vous entendre acquitter Hugueville, car, n'est-ce pas? vous allez l'acquitter!

Vous ne voudriez pas, messieurs! qu'après vingt-sept jours de transes, j'aie encore dû faire en l'espace de vingt-quatre heures le trajet de Marseille à Paris, en omnibus, en wagon puis en auto qui chavire, encore en wagon, et enfin dans un affreux sapin qui sentait la vieille pipe, pour ne pas avoir tout à l'heure le bonheur d'embrasser Paul, mon frère, en pleine liberté !

Un rire nuancé d'émotion secoua toute la salle et les juges eux-mêmes.

Gaëtan alla ensuite s'asseoir près de M⁺ Cocardin qui s'était levé, et pendant que par-dessus la barre, les deux amis se serraient fiévreusement la main, le digne avocat commença :

— Messieurs ! lança-t-il, messieurs !...

Mais il ne put en dire davantage.

— La cause est entendue, maître ! déclara sans ambages le colonel Collignon.

Pauvre M⁺ Cocardin... Il s'affala sur le banc de la défense, et, navré, se mit à ranger ses feuillets désormais inutiles.

En effet, un quart d'heure plus tard, le Conseil qui s'était retiré pour délibérer, rentrait en séance et rendait, aux applaudissements de l'assistance, un jugement acquittant Paul Hugueville.

Peu après, grâce à la bienveillance du président, tous nos amis, héros de tant d'aventures, étaient réunis dans une salle séparée où, après une chaleureuse étreinte, ils attendirent que le flot populaire se fût écoulé, et quand la rue du Cherche-Midi eut repris son aspect si calme de rue provinciale, Faradel, Hugueville, dûment muni d'une permission de la place, Jean Pierson, le docteur d'Arvil et Jacqueline montaient dans un omnibus que Dariol avait été quérir ; puis, en dehors des manifestations bruyantes, tout à la joie émue, tendre et prenante des retours inespérés, ils regagnèrent la villa de Neuilly.

Le bonheur ne se raconte pas, dit le proverbe. Nous n'insisterons donc pas sur les effusions de tendresse qui suivirent l'arrivée de ce groupe d'amis en leur villa.

Seuls enfin, ils purent sans contrainte échanger leurs pensées, la main dans la main, verser aussi ensemble des douces larmes mêlées de sourires, qui sont l'hommage reconnaissant des hommes envers la bonne destinée.

Inutile d'ajouter que ni Jus-de-Réglisse, ni Fanoche, ne furent oubliés par Faradel.

Au reste, pendant quarante-huit heures, la porte fut consignée à toute visite, et aucun de nos héros ne mit le pied hors de l'habitation.

Seul, Jean Dariol fut admis dans l'intimité des explorateurs. Il s'improvisa même le secrétaire de Gaëtan, et renseigna ses confrères avides d'informations, sans leur permettre toutefois des interviews directes qui eussent rompu pour nos amis le charme d'un repos bien mérité.

Cette claustration volontaire de quarante-huit heures, outre qu'elle leur fut douce, eut cet autre mérite d'abattre un peu chez le public l'exubérance de curiosité, provoquée par le retour sensationnel de Gaëtan.

Cette curiosité se canalisa dans un autre sens. Elle se reporta sur les comptes rendus des journaux, et notamment sur les articles de Jean Dariol. De la sorte, la célébrité de Faradel n'y perdit rien, en même temps que sa tranquillité personnelle y gagnait beaucoup.

C'est ainsi que le troisième jour, il put sortir sans être remarqué.

Il avait, en effet, des visites à rendre, en réponse aux multiples cartes de félicitations reçues depuis deux jours, notamment au président de la Société Coloniale Française, qui s'était présenté sept fois à Neuilly sans réussir à être reçu.

Quand notre camarade arriva au siège de la Société, le Conseil d'administration était justement réuni en séance extrordinaire.

Dès que l'huissier eut aperçu Faradel, qui le reconnaissant lui tendait la main avec un familier : « Bonjour mon vieux ! Ça va toujours ? », le digne fonctionnaire ouvrit à deux battants la porte du bureau. Il cria :

— Messieurs !... Monsieur Faradel !

Et alors ce fut du délire. Pendant cinq minutes Gaëtan fut littéralement étouffé sous les accolades de messieurs les membres du conseil.

Puis, le président le pria de s'asseoir et lui annonça qu'à l'unanimité le conseil venait de le nommer président d'honneur de la Société.

Remerciant avec modestie, Gaëtan accepta, et une causerie s'engageant, il demanda un renseignement qui lui tenait à cœur, à savoir : quel mystère planait donc sur cette histoire de pseudo-faillite de la Société Coloniale ?

Il apprit alors avec stupeur (à quoi tiennent parfois nos destinées!) que ses six années d'aventures étaient le résultat d'un malentendu, savamment exploité par un concurrent de la Société Coloniale.

La fameuse dépêche (1) qui, à Libéria, lui avait fait couper son crédit, était une fausse dépêche lancée de New-York par le représentant de la *Compagnie Coloniale* (ne pas confondre *compagnie* avec *société*) qui, elle, avait été réellement mise en faillite à la date indiquée.

Or, ce représentant très roublardement canaille, ayant justement une grosse commande à fournir sur Libéria, avait voulu se donner la possibilité de terminer son marché en créant, pendant vingt-quatre heures, un quiproquo dont bénéficierait sa maison.

Il avait réussi sa malhonnête opération. Toutefois, le lendemain, la supercherie fut découverte, mais, hélas! il était trop tard... Faradel était déjà loin!... Le malheureux président nègre de la *Monrovia-Bank*, percé d'outre en outre par la balle de Gaëtan, était entre la vie et la mort. Et ce n'est pas tout!... on destituait le pauvre noir, rendu financièrement responsable de l'incident.. si bien qu'une fois guéri, il s'était relevé de son lit de souffrance, complètement ruiné... autant dire : sur la paille.

Quant à la disparition de Gaëtan, elle avait navré ces messieurs du conseil. Pourtant ils n'avaient point désespéré de le revoir un jour.

— Notre représentant, avait déclaré le président, notre excellent représentant n'est pas un homme ordinaire! Il s'en tirera! Nous le reverrons! Et

1. Se reporter au début de *Gaëtan Faradel, explorateur malgré lui.*

je propose de le maintenir — même en cours d'absence — sur les cadres de la Société aux mêmes appointements !

Cette proposition, acceptée et votée à l'unanimité, avait produit le résultat suivant :

Faradel, au moment de sa disparition, avait droit à 52.641 fr. 49 pour commissions, plus 3.000 francs d'appointements assurés. Ces sommes furent placées à son nom dans les opérations de la Société, et il en fut de même pour les quatre années d'appointements qui suivirent, soit 24.000 francs.

— Il en résulte, déclara le président, que vous participâtes aux bénéfices qui furent — je le dis avec orgueil — très considérables aux cours des quatre derniers exercices. Nous avons, en effet, pour ne citer qu'un exemple de nos opérations, réalisé 112,042 fr. 38 centimes de bénéfices net, sur une seule fourniture de chaussettes russes, au sultan d'Athorgah, sur la côte Ouest de... .

— Oui ! Je sais ! déclara Gaëtan. C'est un de mes clients. Il me doit encore 17 fr. 95 pour un chapeau haut de forme à cocarde que je lui ai livré le 17 janvier, l'année de ma disparition.

— Quelle mémoire !... Quel cerveau ! murmurèrent flatteusement les administrateurs.

Donc, pour conclure, reprit le président, vous possédez, mon cher président d'honneur, un compte courant à notre caisse. Il se monte à 109.228 fr. 09 centimes.

— Enchanté, messieurs !

— Enfin, déclara le président, j'ai le plaisir de vous annoncer que, sur la demande du conseil, M. le ministre de l'Agriculture Extérieure a bien voulu me promettre pour vous les palmes académiques.

— C'est trop d'honneur, déclara modestement Faradel, très flatté au fond.

Et, en terminant, le président annonça que toutes les sociétés commerciales, toutes les associations de voyageurs ultra et extra-Européens, organisaient un banquet monstre en son honneur.

Faradel remercia, prit congé de ces aimables personnages, et partit heureux comme un roi.

Désireux de reprendre contact avec l'asphalte parisien, il lâcha le sapin qui l'avait amené et descendit à petits pas au milieu de la foule.

Parfois, un badaud le considérait attentivement. Reconnaissant en lui le Faradel dont les journaux avaient publié le portrait, il saluait en souriant.

Ces marques de déférence flattaient l'amour-propre de notre héros, mais elles l'inquiétaient aussi.

— Pourvu qu'on n'aille pas manifester tout à l'heure autour de ma célèbre personne ! pensait-il.

Il n'en fut rien. Gaëtan parvint sans être importuné jusqu'au pont des Arts, qu'il traversa.

Or, en arrivant aux marches qui font face au perron de l'Institut de France, il remarqua un pauvre diable d'aveugle, porteur d'une immense visière verte et de bésicles bleues à protecteur.

Cet homme agenouillé possédait ces deux particularités que : 1° il jouait — abominablement faux, du reste, — sur une clarinette, un air dont il était difficile de saisir le sens mélodique ; 2° il avait la peau noire.

— Un nègre ! songea Faradel ! Voilà qui m'en rappelle, des souvenirs !... Ah ! pour sûr !... Si c'était seulement un *Ourondi?*... Mais non ! celui-ci n'en a pas le type. N'importe ! Il bénéficiera de mon passage... Le pauvre négro ! J'y vais de mon louis ! Maintenant que nous sommes millionnaires, il ne faut pas regarder à une bonne action.

S'approchant, il jeta dans le chapeau que l'aveugle avait placé à terre, devant lui, une pièce de vingt francs ; mais, au même instant, le noir eut un geste de stupeur.. Il lâcha sa clarinette et s'écria avec un fort accent anglais.

— Aoh !... C'était sir Gaëtan Faradel !

— Chut ! Veux-tu te taire, espèce d'animal ! gronda Gaëtan, qui ajouta :

— Pour un aveugle... tu y vois joliment clair !

Mais l'autre s'était redressé. Il enleva sa visière et ses lunettes... et Gaëtan le reconnut !... C'était l'ex-directeur de la Monrovia-Bank ! !

Les deux hommes se regardèrent un instant, sans dire un mot, puis Faradel lui saisit le bras et l'entraîna. Le noir suivit, sans même songer à ramasser son chapeau, ni sa clarinette.

Un fiacre passait ; Gaëtan le héla, et y montant avec le faux aveugle, il jeta l'adresse de la Société Coloniale et, chemin faisant, le malheureux lui conta son histoire.

Ruiné, sans ressources, il avait dû accepter les offres d'un barnum venu en Afrique pour y récolter un lot d'exotiques, destinés à représenter dans les cirques ou music-halls d'Europe... des cannibales.

C'est ainsi que l'honorable sir Samuel Jonas, ex-directeur de la Monrovia-Bank, avait dû, tant à Londres qu'à Amsterdam, tant à Berlin qu'à Bruxelles, tant à Vienne qu'à Paris, absorber en public des quantités inénarables de mou de veau tout cru... O déchéance !

— Je vous plains ! déclara Faradel, ça devait vous rester sur l'estomac !

— On s'habitue à toute nourriture, monsieur, répondit ce nègre philosophe, mais ce à quoi on ne peut se faire, c'est à ne pas manger du tout. Or, cela faillit m'arriver. Notre impresario nous lâcha en plan, ici même, à Paris. Je voulus gagner ma vie : mais ne pouvant trouver un emploi, je dus avec mes derniers sous m'établir « aveugle » sur le pont des Arts. On ne s'y enrichit pas ! non certes ! mais enfin la profession nourrit son homme ! C'est égal, monsieur Faradel, vous auriez mieux fait de me tuer tout à fait.

— Dites pas des bêtises, honorable Jonas ! Vos malheurs sont finis. Je vous prends comme caissier.

AOH!... M. FARADEL! S'ÉCRIA L'AVEUGLE EN LACHANT SA CLARINETTE. (Page 296.)

Il le fit comme il le disait.

S'arrêtant d'abord dans un magasin de confections, il *frusqua* proprement son ex-victime, qu'un quart d'heure plus tard, en sa qualité de président d'honneur, il installait lui-même derrière le grillage d'une des caisses de la Société Coloniale,

.   .   .   .

En rentrant à Neuilly, Gaëtan trouva son courrier que Dariol venait de classer.

Il y avait 6.780 lettres ou cartes... Des invitations, des demandes de subsides, des demandes d'audience, et un nombre invraisemblable de nominations à titre honoraire dans une multitude de Sociétés savantes, commerciales, industrielles, agricoles, françaises ou étrangères, voire même lointaines, car, pour exemple, l'Association philanthropique des Vétérinaires du Turkestan lui adressait ce jour son brevet de membre correspondant pour la France.

Devant ce flot trop envahissant de missives, Faradel coupa le mal dans sa racine : il pria Dariol de faire une note pour les journaux.

Dariol rédigea celle-ci :

« Dans l'impossibilité où il se trouve de répondre à ses innombrables
« correspondants, M. Faradel les prie, par notre intermédiaire, d'agréer ses
« remerciements... Du reste, bien que millionnaire comme chacun sait, il ne
« pourrait leur répondre que par lettre non affranchie sous peine de
« compromettre gravement sa fortune.

« De plus, il est, — nous sommes renseignés, — absorbé en ce moment
« par une affaire des plus importantes et qui exige tous ses soins ; le temps
« lui manque donc, on le comprendra, pour recevoir les nombreuses
« personnes désireuses de l'interviewer. »

Cette fin de note disait l'exacte vérité.

Faradel était très absorbé... par les préparatifs de son mariage avec Jacqueline, et tous ceux qui ont passé par là conviendront, qu'en pareille occurence, on n'aime guère les importuns.

Pourtant, ce n'étaient point les cadeaux ni les bouquets, non plus que les visites guindées classiques qui préoccupaient Faradel. Non ! Ce qui l'inquiétait, c'est que Paul Hugueville venait de recevoir de la place de Paris sa feuille de route pour rejoindre, en qualité de simple bibi, le 4ᵉ bataillon du 2ᵉ régiment de la Légion étrangère ; or, ledit bataillon tenait pour l'instant garnison à Figuig, dans l'extrême Sud-Oranais.

D'Arvil et Faradel lui-même avaient bien tenté une démarche au Ministère de la guerre ; non pas pour faire changer la destination du réincorporé, mais pour faire allonger sa permission jusqu'au mariage.

On leur avait opposé une fin formelle de non-recevoir.

En l'absence du Ministre en tournée, le Chef de cabinet n'avait pas voulu accorder cette faveur.

— M. Hugueville, avait-il dit, se doit à lui-même et à la discipline de ne pas sembler un favorisé. Qu'il rejoigne ! C'est, je le répète, une question de dignité pour lui-même, et cela d'autant plus que c'est sur sa demande expresse, et à titre de faveur, que M. le Ministre a consenti à l'envoyer à la Légion.

Mais cela ne faisait pas le compte de Faradel qui voulait à tout prix l'avoir comme premier témoin.

Néanmoins, il fallut faire contre mauvaise fortune bon cœur. On reconduisit donc l'ami Paul à la gare de Lyon. Mais, après son départ, Gaëtan eut — comme c'était son habitude — une idée géniale.

Un soir, après le café, il se leva, et sortant son éloquence des grands jours :

— Mes chers amis, dit-il, on veut bien reconnaître en moi *le plus exagéré des globe-trotters !* On me baptise — non sans raison — *le Champion du tour du Monde !* Depuis des années, vous et moi nous avons évolué en pleine brousse africaine ! Nous ne sommes plus, à proprement parler, des Parisiens, mais des êtres particuliers appartenant à cette race neuve que nous avons créée et dont nous sommes les prototypes : L'EXPLORATEUR QUINTESSENCIÉ !

— Tout cela est très juste, interrompit d'Arvil, mais où voulez-vous en venir ?

— A ceci : je pourrais me marier à la mairie de Neuilly, à la Madeleine ou à Notre-Dame. Je pourrais donner à cette solennité l'éclat et la note artistique maximum !

— Bon !... Après ?

— Eh bien ! malgré tout, ce serait un mariage banal !... Un mariage à landaus !... Le mariage, en un mot, de M. N'importequi. Surtout si nous commettions l'ineptie légendaire de la promenade en file indienne au Bois de Boulogne ! Et je ne veux pas de tout ça !

— Ah ! ah !

— C'est comme j'ai l'honneur de vous le dire ! Et voici le projet auquel je me suis arrêté... Nous partons pour Figuig.

— Oh !

— Parfaitement ! Comme cela, Paul sera mon premier témoin ! Vous, docteur, vous serez le premier témoin de ma chère Jacqueline ; et comme Jean est trop jeune pour être mon deuxième témoin, nous prierons Dariol de nous accompagner ; un officier de là-bas complètera sans doute volontiers le chiffre réglementaire et légal !

— Quel original vous faites !... Et qu'en pense Mlle Pierson ?

— Moi ! répondit en souriant la jeune fille, je trouve, comme toujours, que M. Faradel a raison.

Et, s'animant :

— Oui ! poursuivit-elle, je vous avoue que le cadre d'une grande ville, même exceptionnellement beau comme celui de Paris, me semble morne, malgré sa vie intense ! Ah ! combien je préfère nos grands horizons brûlés, avec leur faune et leur flore incomparables ! Ici tout est calme, réglé, monotone ! Aucun aléa ne surgit dans l'existence, et ce qui — je l'avoue — me manque le plus... c'est le danger, l'imprévu !... la vie libre !

Elle s'arrêta, Faradel souriait en la contemplant, et d'Arvil se sentait envahi d'une rêverie étrange.

— Monsieur Gaëtan, reprit la jeune fille après un silence, si je vous eusse épousé là-bas... dans mon beau pays... qui n'est plus, hélas ! il n'y aurait eu ni landaus, ni habits noirs ! Le cortège eût été tout simple, et les carrosses auraient été remplacés par nos grands chariots, escortés par nos jeunes gens à cheval qui eussent en notre honneur brûlé pas mal de poudre !

Elle pensa une seconde et dit avec une nuance de tristesse :

— C'eût été bien plus beau !... Aussi, monsieur Gaëtan, votre idée me charme, car elle s'harmonise avec nous-mêmes. Oui, je veux devenir votre femme sous le beau ciel bleu d'Afrique !

— Ah !... Que vous êtes belle !... Et comme je vous aime ! s'écria Faradel qui, tombant à genoux, saisit les mains de Jacqueline, et pieusement, — fiévreusement aussi, — les baisa.

.   .   .   .

.   .   .   .

Vingt jours plus tard, la petite colonie quittait Paris, sans tambour ni trompette !

Jean Dariol était du voyage ainsi que Jus-de-Réglisse.

Seule, Fanoche, trop encombrante, avait été confiée aux bons soins du Jardin d'Acclimatation, où elle fit, du reste, la joie des bébés !

Et dans les derniers jours d'août, le colonel commandant le cercle de Figuig (soumis maintenant... ou à peu près) enregistra en qualité d'officier de l'état civil, le mariage de Jacqueline Pierson avec Faradel, *le Champion du Tour du monde !*

Ah ! ce fut un beau mariage !

Comme toile de fond, le minaret de Zénaga, tranchant de sa blanche silhouette sur le bleu intense du ciel : et comme église la voûte adorable de l'oasis avec les branches de ses dattiers.

Au fond, un autel, savamment et artistement échafaudé à l'aide de selles arabes brodées formaient une pyramide, environnée de trophées d'armes... Les légionnaires, guidés par l'*élève-caporal* Paul Hugueville, s'étaient surpassés.

La mariée n'avait point arboré la traditionnelle robe blanche, ni le marié l'habit noir.

Faradel et Jacqueline portaient le même costume qu'autrefois.

Ce fut un vieil aumônier militaire qui leur dit la messe, servie, en guise d'enfants de chœur, par deux grands légionnaires barbus.

Tout autour d'eux, un cercle d'officiers, de soldats et de chefs arabes.

Et c'était bien là le cadre qu'il fallait au mariage de Faradel, Explorateur malgré lui et Champion du Tour du Monde.

. . . .

Qu'on n'attende pas de nous le récit de la diffa qui suivit. A cet égard, nous laisserons l'imagination du lecteur vagabonder à son aise ; et, du reste, ni Gaëtan, ni Jacquelique, ni Jean Pierson, ni Jus-de-Réglisse, n'y prirent part.

Faisant à Paul, au docteur et à Dariol leurs adieux momentanés, ils avaient, à cheval, regagné la voie ferrée et pris le train pour Alger.

De là, ils devaient gagner Lisbonne où ils s'embarqueraient pour le Cap.

Hugueville — lui — prenant à cœur son métier de soldat d'avant-garde et de colonisation, allait de son côté courir d'aventure en aventure à travers les colonies de France. Les dangers n'allaient point lui manquer, et cela dans des conditions bien étranges... bien exceptionnelles où son humour, son sang-froid, son proverbial courage, devaient trouver leur application utile. Ce fut, en effet, sur l'initiative de Paul et de Faradel que s'accomplit, sous les auspices du gouvernement français, cette œuvre grandiose : *la création du Transcontinental Nord-Sud-Africain*.

Et c'est là — peut-être — que nous les retrouverons un jour !

TABLE DES MATIÈRES